中華傳統文化核心讀本

余秋雨 題

传承中华文化精髓

建构国人精神家园

挺经

全集

原著 【清】曾国藩
注译 陈开善 安睿
主编 唐品

天地出版社 TIANDI PRESS

图书在版编目（CIP）数据

挺经全集／唐品主编. —成都：天地出版社，2017.5（2021年2月重印）

（中华传统文化核心读本）

ISBN 978-7-5455-2569-4

Ⅰ. ①挺… Ⅱ. ①唐… Ⅲ. ①曾国藩（1811-1872）—谋略 ②《挺经》—通俗读物 Ⅳ. ①K827=52

中国版本图书馆CIP数据核字（2017）第037046号

挺经全集

出 品 人	杨 政
主　　编	唐 品
责任编辑	陈文龙　刘 倩
封面设计	思想工社
电脑制作	思想工社
责任印制	葛红梅

出版发行	天地出版社
	（成都市槐树街2号　邮政编码：610014）
网　　址	http://www.tiandiph.com
	http://www.天地出版社.com
电子邮箱	tiandicbs@vip.163.com
经　　销	新华文轩出版传媒股份有限公司

印　　刷	河北鹏润印刷有限公司
版　　次	2017年5月第1版
印　　次	2021年2月第4次印刷
成品尺寸	170mm×230mm　1/16
印　　张	16.75
字　　数	282千字
定　　价	29.80元
书　　号	ISBN 978-7-5455-2569-4

版权所有◆违者必究

咨询电话：（028）87734639（总编室）

购书热线：（010）67693207（市场部）

如有印装错误，请与本社联系调换。

序言

　　上下五千年悠久而漫长的历史，积淀了中华民族独具魅力且博大精深的文化。中华传统文化是中华民族无数古圣先贤、风流人物、仁人志士对自然、人生、社会的思索、探求与总结，而且一路下来，薪火相传，因时损益。它不仅是中华民族智慧的凝结，更是我们道德规范、价值取向、行为准则的集中再现。千百年来，中华传统文化融入每一个炎黄子孙的血液，铸成了我们民族的品格，书写了辉煌灿烂的历史。

　　中华传统文化与西方世界的文明并峙鼎立，成为人类文明的一个不可或缺的组成部分。中华民族之所以历经磨难而不衰，其重要一点是，源于由中华传统文化而产生的民族向心力和人文精神。可以说，中华民族之所以是中华民族，主要原因之一乃是因为其有异于其他民族的传统文化！

　　概而言之，中华传统文化包括经史子集、十家九流。它以先秦经典及诸子之学为根基，涵盖两汉经学、魏晋玄学、隋唐佛学、宋明理学和同时期的汉赋、六朝骈文、唐诗宋词、元曲与明清小说并历代史学等一套特有而完整的文化、学术体系。观其构成，足见中华传统文化之广博与深厚。可以这么说，中华传统文化是华夏文明之根，炎黄儿女之魂。

　　从大的方面来讲，一个没有自己文化的国家，可能会成为一个大国甚至富国，但绝对不会成为一个强国；也许它会强盛一时，但绝不能永远屹立于世界强国之林！而一个国家若想健康持续地发展，则必然有其凝聚民众的国民精神，且这种国民精神也必然是在自身漫长的历史发展中由本国人民创造形成的。中华民族的伟大复兴，中华巨龙的跃起腾飞，离不开中华传统文化的滋养。从小处而言，继承与发扬中华传统文化对每一个炎黄子孙来说同样举足轻重，迫在眉睫。中华传统文化之用，在于"无用"之"大用"。一个人的成败很大程度上取决于他的思维方式，而一个人的思维能力的成熟亦绝非先天注定，它是在一定的文化氛围中形成的。中华传统文化作为涵盖经史子集的庞大思想知识体系，恰好能为我们提供一种氛围、一个平台。潜心于中华传统文化的学习，人们就会发现其蕴含的无穷尽的智慧，并从中领略到恒久的治世之道与管理之智，也可以体悟到超脱的人生哲学与立身之术。在现今社会，崇尚中华传统文化，学习中华传统文化，更是提高个人道德水准和构建正确价值观念的重要途径。

近年来，学习中华传统文化的热潮正在我们身边悄然兴起，令人欣慰。欣喜之余，我们同时也对中国现今的文化断层现象充满了担忧。我们注意到，现今的青少年对好莱坞大片趋之若鹜时却不知道屈原、司马迁为何许人；新世纪的大学生能考出令人咋舌的托福高分，但却看不懂简单的文言文……这些现象一再折射出一个信号：我们现代人的中华传统文化知识十分匮乏。在西方大搞强势文化和学术壁垒的同时，国人偏离自己的民族文化越来越远。弘扬中华传统文化教育，重拾中华传统文化经典，已迫在眉睫。

本套"中华传统文化核心读本"的问世，也正是为弘扬中华传统文化而添砖加瓦并略尽绵薄之力。为了完成此丛书，我们从搜集整理到评点注译，历时数载，花费了一定的心血。这套丛书涵盖了读者应知必知的中华传统文化经典，尽量把艰难晦涩的传统文化予以通俗化、现实化的解读和点评，并以大量精彩案例解析深刻的文化内核，力图使中华传统文化的现实意义更易彰显，使读者阅读起来能轻松愉悦并饶有趣味，能古今结合并学以致用。虽然整套书尚存瑕疵，但仍可以负责任地说，我们是怀着对中华传统文化的深情厚谊和治学者应有的严谨态度来完成该丛书的。希望读者能感受到我们的良苦用心。

前言

曾国藩是中国近代史上备受人们关注的风云人物。他以一介儒生，昂然崛起于湘楚之间，后来挽狂澜于既倒，扶大厦于将倾，平定动乱，再造"中兴"，被誉为"中兴第一名臣"。他持一定之规，为人、为官、为民、为国，处处体现出强大的精神感召力，成为时人推崇的末世圣人，被誉为"立德立功立言三不朽，为师为将为相一完人"。

《挺经》一书是曾国藩总结自身人生经验和成功心得而成的一部传世奇书，它是曾国藩诚意、正心、修身、齐家、治国、平天下的最高法则。因其具有极强的实用性、启迪性和借鉴性而受到各界人士的重视和喜爱。

"挺经"，意即言"挺"之经。"挺"，是所言的内容；"经"，指关于"挺"的原则、经验、秘诀。何谓"挺"？所谓"挺"是指一种立身状态、处世态度，即"守身用世"的态度。具体说，"挺"就是指刚烈强硬、坚劲挺拔这样一种立身处世的态度，即势不可用尽，功不可独享，也就是盛时要做衰时想，刚柔相济，无为而无不为。曾国藩以盖世之功而能于众说诋毁中全然保身，全赖这一"挺"字。他在困厄中求出路，在苦斗中求挺直。如此方能在为人、为官方面卓然出众。

如果说《挺经》是曾国藩为人、为官的典范之作，那么用他的学生李鸿章的话来说，《挺经》也是曾国藩精通造化、守身用世的秘诀。

《挺经》本身就是一面镜子。世人对照其中论述，皆可清晰地看到自己有哪些优点可以获得成功，有哪些缺点可以导致失败。总之，它的作用可以归结为两点：识人以用事，自知以修身。

当今社会，人际关系与每个人的生活、事业息息相关，如何在多样化、复杂化的人际关系中既游刃有余，又不失仁爱与真诚，既立志于事业，又不失家庭的和谐？在《挺经》中，你能看到曾国藩顺境中的修养与知足，逆境中的坚挺与忍耐，做事时的勇毅与勤廉，决策时的虚心与明强。

本书以独特的视角，从阐述曾国藩《挺经》原文入手，解剖和展示曾国藩的内心世界，系统地阐述曾国藩的思想和智慧，展示他严于治军、治家、修身、养性的一生，而这也使他最终实现了立德、立功、立言的封建士大夫的最高追求。这本经典著述是他修身、齐家、治国、平天下的经验总结。他的处世理论和智谋心得在当今社会仍值得学习和借鉴。

目录

卷 一 / 内圣 …………… 001

卷 二 / 砺志 …………… 015

卷 三 / 家范 …………… 029

卷 四 / 明强 …………… 043

卷 五 / 坚忍 …………… 059

卷 六 / 刚柔 …………… 077

卷 七 / 英才 …………… 093

卷 八 / 廉矩 …………… 107

卷 九 / 勤敬 …………… 119

卷 十 / 诡道 …………… 135

卷十一 / 久战 …………… 149

卷十二 / 廪实 …………… 161

卷十三 / 峻法 …………… 175

卷十四 / 外王 …………… 189

卷十五 / 忠疑 …………… 199

卷十六 / 荷道 ……………………… 211

卷十七 / 藏锋 ……………………… 223

卷十八 / 盈虚 ……………………… 239

卷一 内圣

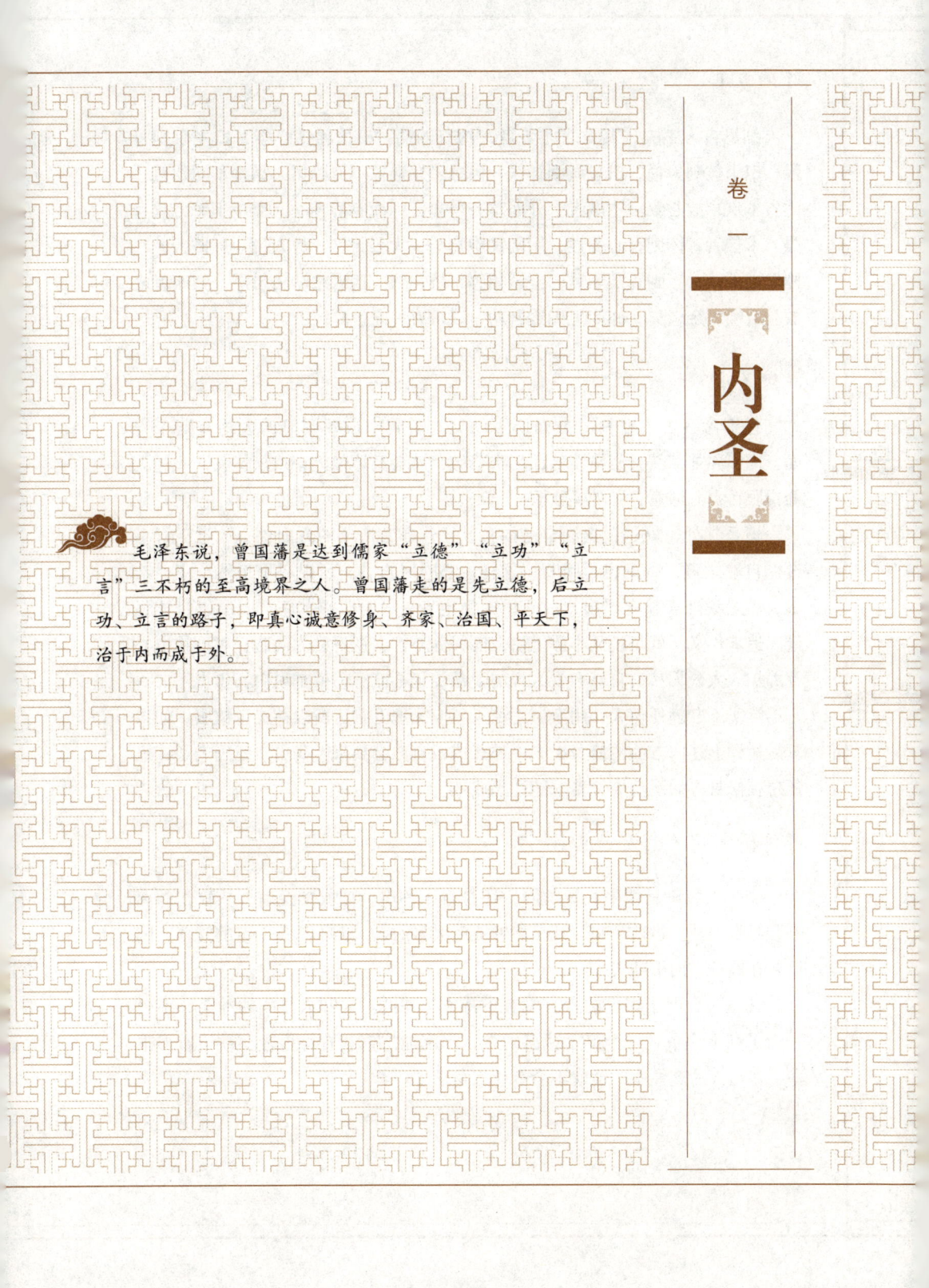

毛泽东说，曾国藩是达到儒家"立德""立功""立言"三不朽的至高境界之人。曾国藩走的是先立德，后立功、立言的路子，即真心诚意修身、齐家、治国、平天下，治于内而成于外。

【原文】

细思古人工夫，其效之尤著者，约有四端：曰慎独则心泰，曰主敬则身强，曰求仁则人悦，曰思诚则神钦。慎独者，遏欲不忽隐微，循理不间须臾，内省不疚，故心泰。主敬者，外而整齐严肃，内而专静纯一，斋庄不懈，故身强。求仁者，体则存心养性，用则民胞物与，大公无私，故人悦。思诚者，心则忠贞不贰，言则笃实不欺，至诚相感，故神钦。四者之功夫果至，则四者之效验自臻。余老矣，亦尚思少致吾功，以求万一之效耳。

【译文】

仔细考察古人在修身方面所下的功夫，其中成效明显的大约有四个方面：谨慎独处，就会心胸泰然；端肃恭敬，就会身体强健；追求仁义，人们就会悦服；真心诚意，则神灵钦服。

慎重独处，就是说遏制自己的私欲，连非常微小的方面也不放过，行事遵循自然之理，一刻也不间断，这样内心时时自省，所以心里坦然。庄严恭敬，就是说外表整齐严肃，内心思虑镇定专一，时时端恭庄严，所以身体强健。追求仁义，就是说从本体上讲，能保养心性，视百姓为同胞，对万物也心存养护。大公无私，自然会受人民的爱戴。正心诚意，就是说内心忠贞不二，言语笃实不欺瞒任何人，用至诚之德来感应天地万物，所以神灵也钦服。如果真能达到上述四方面的修身工夫，那么成效自然会到来。我虽然已经老了，也还想在修身方面下功夫，希求能达到成效。

【评析】

一个人无论是读书、做学问，还是打工种田，抑或是经商、从政，都离不开修身养性。古往今来，凡是能够成就大事的人，无不具备一定的修养，因此要在修身方面下功夫。

凡是一个严于律己的人，没有不待人忠恕的。人和人之间的冲突，不过是为了利害关系，一个严于律己的人，一定能把权利看得很轻，欲望看得很薄，在与人的交往中，他就不会有什么苛求了。

【史例解读】

富弼百忍成金

富弼是北宋仁宗时的宰相，年轻的时候，因聪明伶俐，巧舌如簧，常常在无意之间得罪一些人，事后深为不安。经过长时间的自省，他的性格变得宽厚谦和。所以当有人告诉他有人在背后说他的坏话时，他总是笑着说，他们怎么会随便说我。

一次，一个秀才想当众羞辱他，向他请教一个问题。富弼知道来者不善，但也不能不理会，只好答应了。众人见他被人拦在街上，都过来看热闹。

秀才问富弼："请问，欲正其心必先诚其意，所谓诚其意即毋自欺也，是即为是，非即为非。如果有人骂你，你会怎样？"

富弼答道："我会装作没听见。"

秀才哈哈大笑，原来你不过如此！大笑而去。富弼的仆人埋怨道："真是难以理解，这么简单的问题我都可以对上，怎么您却装作不知呢？"

富弼说道："此人乃轻狂之士，若与他辩论，他必会言辞激烈，无论对错，都是口服心不服。书生心胸狭窄，必会记仇，徒劳无益，又何必呢？"

果然几天后，秀才在街上遇见富弼。富弼主动上前打招呼，秀才却不理，扭头而去。走了不远，又回头看着他大声说，富弼只不过是一只缩头乌龟而已。

有人告诉富弼，那个秀才在骂他，他却认为天下同名同姓的人太多了，是骂别人，丝毫不理会秀才。秀才深感无趣，低头走开。

富弼当了宰相后常教育子孙说："'忍'之一字，是办好一切事情的窍门。家族要想和睦，一定要注意这个字。倘若一个清正节俭的人再加上这一忍字，做任何事都会势如破竹，没有能难住他的。大凡朝廷用人，唯才是举，但在任用宰相时，又以'大度'二字衡量。所谓相者，要有天地之气魄，能容万物。如果不能忍，何异于青蛙，一触即跳，一跳便叫，如何是好？"

忍一时，风平浪静。不忍者，冲冠一怒，比如项羽，终难免自刎乌江，一剑成鬼雄。有忍者，却不多见，比如刘邦，一忍百忍，天下终姓刘。所以最大的智慧是诚于中，绝不形于外，富弼即是如此。

卷一 · 内圣

孙叔敖甘守贫贱

春秋时期，楚国令尹孙叔敖才识卓绝，居官清廉，平生不与权贵同流合污。他虽身居高位，却不恃此而骄，常常把自己的家财拿出来救济穷人，所以做了多年的令尹，一直深得民心。

楚庄王对孙叔敖更是倚重，凡军国大计，无不向他请教。楚国也因为有这样一位贤能的令尹而日益富强。

周定王十二年春，孙叔敖年高体衰，一病不起。他知道自己将不久于人世，于是叮咛儿子孙安说："楚庄王为嘉奖我多年的功劳，曾多次要我选一处地方作为封邑，我都坚决谢绝了。我死后，如果他封你官爵，你千万不能接受。我了解你，你没有多大才能，难以担当治国安邦的大任。楚王若封给你一处好地作封邑，你要坚决推辞。如果推辞不掉，你就请求把'寝丘'封给你。这个地方土地贫瘠，而且叫'死者停处'这种地名，显得不吉利，是不会有人来争夺的，可以长保子孙后代平安。"

孙叔敖死后，楚庄王亲临送葬，抚棺痛哭，从行者莫不垂泪。

葬礼结束后，楚庄王立即要封孙安做大官。孙安遵从父命，力辞不受，回到乡下种田为生，日子过得艰苦。时间一久，楚庄王便把这件事忘了。

有一天，宫中优伶作戏唱道："廉吏高且洁，子孙衣单而食缺。君不见，楚之令尹孙叔敖，生前私产无分毫，子孙丐食栖蓬蒿……"

楚庄王问："孙安真的穷困到这种地步吗？"

优伶回答道："不穷困，不见前令尹之贤。"

楚庄王急忙派人召孙安进宫，要封他万户之邑。孙安说："大王如果惦念先父尺寸之劳，要赏赐我衣食，愿得封寝丘。这是先父的遗命，非此地不敢接受。"

楚庄王只好把寝丘封给他。寝丘这个地方，位置偏僻，名字也不吉利，王公权贵都不屑一顾。所以楚国几代政治动乱，好的封邑频频易主，只有寝丘无人理会。孙叔敖的先见之明，使后代子孙得以安然无恙。

为政要推行仁义

王蕴，字叔仁，东晋孝武帝定皇后的父亲，晋阳（今山西太原市西南）人。曾任佐著作郎、尚书吏部郎、吴兴太守、光禄大夫等职。

王蕴性情平和，任人大度，不压制出身寒微的平民，只以才德为选任的标准。当时简文帝为会稽王，王蕴辅政。王蕴对于治内的情况十分熟悉，而且经常推荐有德才的人，使其得以举用。他所荐举的人，都能充分发挥所长，因此，那些得不到进用的人也没有怨言。

王蕴任吴兴太守的时候，政绩卓著，民众感念其为政之德。

一次，境内发生灾荒，百姓缺粮，生活无着。王蕴下令打开粮仓，赈济灾民。主簿劝阻说：这样做是违反朝廷规定的，要承担擅权的责任。他坚决请求王蕴按规定程序，先列出报表上报，在得到朝廷批准后再行实施。

王蕴说："现在百姓急难，嗷嗷待哺。民以食为天，人是要吃饭的，路上逃荒的人中已经有不少人饿死。如果按部就班地履行程序，先列出报表，再逐级上报请示，等到朝廷批准后再予以救济，那时，将有多少人魂归西天。专任擅权的罪过，由太守一个人承担，而饥荒流离却威胁着全城百姓的生存。我想，只要所作所为合乎仁义，能够救助百姓，度过灾难，即使被追究责任而撤职，也是坦然的，心里也没有什么值得遗憾的。"

于是，王蕴下令即刻开仓救民，很多吴兴百姓因此保住了性命。

朝廷以违反条规法律为由，免去了王蕴的职务。这种不公平的责处，激起了平民百姓的义愤，很多百姓和读书人都为王蕴抱不平。皇上只好又颁布诏令，给予王蕴降职处分，改任他为晋阳太守。

只以民生疾苦为重，不以个人官位为意，这样的官不论在什么样的历史条件下，都会得到百姓拥戴，都会被百姓记在心里，也必然会流芳百世。而那种只为了个人升迁和只为了保全自己的官位，而无视民众的生计，以至于弄虚作假的人，只能被百姓唾弃。

【原文】

尝谓独也者，君子与小人共焉者也。小人以其为独而生一念之妄，积妄生肆，而欺人之事成。君子懔其为独而生一念之诚，积诚为慎，而自慊之功密。其间离合几微之端，可得而论矣。

盖《大学》自格致以后，前言往行，既资其扩充；日用细故，亦深其阅历。心之际乎事者，已能剖析乎公私，心之丽乎理者，又足精研其得失。则夫善之当为，不善之宜去，早画然其灼见矣。而彼小人者，乃不能实有所见，而行其所知。于是一善当前，幸人之莫我察也，则趋焉而不决。一不善当前，幸人之莫或伺也，则去之而不力。幽独之中，情伪斯出，所谓欺也。惟夫君子者，惧一善之不力，则冥冥者有堕行；一不善之不去，则涓涓者无已时。屋漏而懔如帝天，方寸而坚如金石。独知之地，慎之又慎。此圣经之要领，而后贤所切究者也。

【译文】

曾经有人说过"独"这个东西，是君子和小人共同感受到的。小人认为自己是独自一人时，会产生非分的念头，非分之想积聚多了就会任意妄为，由此欺人的事就会发生。君子自己单独一人时，会严格要求自己，才能生出真诚的意念。真诚念头积聚多了就会处事谨慎，从而下功夫提升自己不满意的道德修养。尽管君子和小人都是独自处事，两者的差距却可由此得到证明。

《大学》自从探究事物的原理法则而总结为理性知识以后，前代的言行都可以作为个人扩大眼界充实知识的资料，日常处理的琐事问题，同样可以加深个人的阅历见识。君子这样做了，他的心在遇到事情时，已能剖析公私的区别；他的心在联系道德时，又足以精辟地研究其得失。那么对于善事应当做，不善的坏毛病应去掉，早已经形象鲜明地认识到了。而那些小人们，却不能有实在的见识，去实行他所知道该做的事。于是一件好事，唯恐别人不知道是自己干的，去办时迟疑不决。一件坏事，侥幸以为别人可能窥视不到，改正得很不得力。背地里自己独处时，虚假的弊病自然会产生，这就是欺骗啊！而君子，唯恐办一件善事办得不彻底，在冥冥中有损自己的道德行为；一个坏毛病不改正，就会像涓涓的流水连续不断。暗室之中懔然不动邪念，如同面对天神，主心骨坚硬如同金石。在自己工作的地方单独行事，一定要慎之又慎。这就是圣人遵奉的准则要点，也是后世贤人切实研究的问题呀！

【评析】

态度谦虚，言行谨慎，是个人修养的一方面。古语讲"纶言如汗"，"汗"指说出的话绝无挽回的余地，就像流出的汗水一样，无法收回。正因如此，做人必须修炼内圣之法，谨言慎行。就像从前，当周公的儿子伯禽受封为鲁国国王时，周公曾告诫他："我身为宰相，碰到有人来访时，即使是正在吃饭也得赶紧中断，尽量不要对客人太失礼。尽管如此，仍然担心有不周到的地方，或是疏忽了优秀的人才。现在你到鲁国去，虽然身为一国之君，也绝不能有任何骄傲失礼的地方。"这种谦虚的态度对于一个欲有所作为的人来说十分重要。

【史例解读】

义之所在，不畏灾祸

李固（94—147），字子坚。东汉大臣。汉中南郑（今陕西省南郑县）人。《后汉书》称其"少好学，常步行寻师，不远千里。遂究览书籍，结交英贤，四方有志之士，多慕其风而来学"。他曾指斥时政，要求"权去外戚，政归国家"。初官议郎，历任荆州刺史、太山太守、大司农、太尉等职。

李固主张"以仁义治天下，实现社会和谐"。针对东汉后期腐败混浊的官场，他尖锐地指出："古代提拔人，有德才的人方能授予官职；现在任用人，只看重谁有钱有势……古代施政务求宽大博爱；现在当官，多以严酷出名；那些天性正直心存宽厚温和而没有派系支持的人，总是受到排挤贬斥……这样，即使增多刑律条文，也没有作用。"接着，他又指出："政令教化稍有不慎而出现差错，那是一百年也挽救不了的损失。争利之门一开，则求仁义的路就被堵塞了。"

李固的这些言论，穿透千年时空，仍然闪耀着睿智的光辉。

李固任太尉时，因坚持反对外戚专权，与大将军梁冀有隙，遭梁冀诬陷谋反，被逮捕治罪，遂死于狱中。梁冀又下令将李固陈尸通衢，并威胁说："如果谁敢前去哭吊，那么就以同谋加重治罪。"

李固弟子，汝南人郭亮，刚十五岁，在洛阳游学，就带着刑具上书朝廷，要求皇上准许收敛老师的尸首。遭到拒绝后，他就到老师的尸体旁痛哭吊祭，申述冤状，日夜守候，不肯离开。李固的另一个学生，南阳人董班，也冒着生命危险前来哭吊李固。

监守尸体的官吏被他们的师生情谊深深感动，叹息着对郭、董二人说："生在衰乱的时代，苍天虽高，然而有雷霆又怎么敢不弯腰呢？大地虽然宽厚辽阔，也有沦陷之处，不敢不收脚止步。耳目只能挑选适当的内容去看去听，舌头也不敢说一句那些不该说的话。"太后也被他们的真情打动，允许他们收殓李固的尸体。于是，他们便将老师的尸体运回故里安葬。

李固说："阳关之曲，和者必寡。盛名之下，其实难副。"毛泽东常引用这句话告诫干部应谦虚、谨慎，正确对待自己。

　　一个能够被世人称颂为有仁德的人，他的抱负必然是以天下为己任，他的修养更是恢宏大度，他的器识也必然超出常人，他的言行绝不是为了求取声名和自身的安全。他们注重的是确立取舍标准，意在树立和端正天下的风气，用自己的努力来唤醒天下人的良知，从而愿为维护真理而生，愿为坚持真理而死。因此，他们生为天下承担，死为天下楷模。

赵叔平用黑白豆检验修身

　　赵叔平，北宋人，自幼学习刻苦，天圣年间考中进士。他一生注重品德修养、乐善好施，受到世人好评。

　　赵叔平认为，人生一世应该多做善事，不做恶事。无论做善事还是做恶事，都受思想支配。因此，他特别注重正心克己，不断清除私心杂念，使善心永远战胜恶意。

　　为了检验自己的善恶之心，赵叔平找来三个器物，用一个器物装黑豆，一个器物装白豆，中间的器物空着。头脑中若有一善念萌生，他就取一个白豆投入中间的空器物中，若有一点儿私念或恶意，就取一个黑豆投入中间的空器物中。到了晚间，再把空器物中的白豆和黑豆倒出来数数，以检验一天中的善念和私心杂念各有多少。

　　第一天过去了，赵叔平数了数空器物中的白豆和黑豆，结果是黑豆多而白豆少，知道自己克己修养功夫还差得远。

　　第二天，赵叔平又数了数空器物中的白豆和黑豆，仍然是黑豆多而白豆少，但和第一天比起来，黑豆少了一个，白豆增加了一个。

　　第三天，仍然是黑豆多白豆少，但和第二天比起来，黑豆又少了一个，白豆又增加了一个。

　　过了一段时间，白豆和黑豆一样多了。

　　又过了一段时间，白豆多而黑豆少了。

　　又过了一段时间，空器物中只有白豆而无黑豆了。赵叔平的心中只有善念而无私心杂念了。

　　赵叔平就是这样严于律己，只要头脑中私心杂念一闪现，就立即去掉，永远使心地纯善，一辈子不做坏事。

德行是根本

廉希宪（1239—1280），字善甫，号野云。元代杰出的政治家。出生时，正值其父拜燕南诸路廉访使，遂以官为姓，于是子孙皆姓廉。其祖上为高昌世臣。廉希宪十九岁入侍元世祖，累官中书平章政事。至元中以平章行省事于荆南。后复召为相。元世祖至元十七年，在上都病故。谥"文正"。大德八年，追封魏国公，加封恒阳王。倡导孟子性善义利之说，禁剥夺，兴商贩，兴利除害。

当初元世祖还是亲王时，廉希宪就得到元世祖的信任。廉希宪爱好读书，常常手不释卷，一次正在读《孟子》，元世祖有事召见他，廉希宪未及放下书，就带着《孟子》急忙赶去。元世祖于是就问《孟子》是一部什么书，书中讲的是什么，廉希宪于是给元世祖详细讲解了《孟子》的宗旨，元世祖称廉希宪为"廉孟子"。

廉希宪奉命去荆南行省主持政务，励精图治，率民治水垦田，兴利除害，为民所拥戴。

他刚到任，就立即下令禁止强取豪夺，保护正当的商业贸易，使军民相安以处，官吏各司其职。然后登记原来的南宋官员，量才任用，给予信任。

当时，凡是在宋朝做过官的人，在进见元朝太守以上的官员时，必须先送上珍贵的珠宝文物，才能被接待，但只有廉希宪不这样做。他对来拜访的人说："你们以前如果是清廉为官，那么可以继续担任原职，甚至有可能得到破格录用。你们应当明白，这是我朝皇上对你们的恩德，要以加倍地努力做事来作为报答。你们不必拿那么多宝物给我。如果这些宝物本来就是你们的祖先传下来的，我收下归为己有，那么就不合乎道义；如果这些宝物是你们做官时利用职权从官府中占取的财产，我收下后，那么我就如同你们一样成为偷窃的合谋了；如果这些宝物是你们从百姓中间搜刮来的，我如果收下，那么这就是有罪的。希望你们善自珍重。"那些受时风所迫而送礼的宋朝官员听了之后，心里十分感激。

在任期间，廉希宪开发护城河用于御敌的河水，发展灌溉；将数万亩良田分给贫民耕种；遇到灾荒，及时发粮救济饥民。在地方秩序恢复稳定后，廉希宪就兴办学校，亲自讲课，训导激励学生学以报国，使当地经济和社会生活很快呈现了勃勃生机，从而使那些远在西南地区的宋将闻风归降。元世祖听到后，感慨地说："先朝用兵不能征服的，现在廉希宪不用一兵却让几千里外的人都来奉送土地，廉孟子其名不虚啊！"

廉希宪厌恶奸邪，不礼权贵，对儒士则十分尊重，以礼善待。宋朝降臣刘整已被任命为行省、都元帅，前来求见，廉希宪有意给以羞辱，不予理睬。他对刘整说："这是我的家宅，你如果有公事需要汇报，那么，明日就到政事堂来见。"但是，当那些流落京城、饥寒困顿的南宋儒士持诗求见时，他立即铺设坐椅，亲自出门迎接，整备酒茶款待。他的弟弟对此很不理解：刘元帅为皇上所任命，你反而菲薄鄙视，却对江南穷秀才礼遇如此。他说："我作为国家大臣，言行举止，无不关系天下重轻。刘整虽然官居富贵，但他是出卖国家的叛逆贰臣，因此给以折辱，使他明白君臣义重。而天下寒士，他们诵读圣贤之书，是孔夫子的门徒。在宋朝时，公朝没有位置，公宴无资格参与，但他们却满腹经纶，胸怀乾坤，因此应当礼敬尊崇。况且现在国家崛起于朔漠，读书人已经很少了，我如果不能对他们尊重礼敬，那么儒术就将断送了。"廉希宪先后举荐、起用很多人才。在这些人才的辅助下，他的政声治绩得到人们的称颂。

【原文】

修己治人之道，止"勤于邦，俭于家，言忠信，行笃敬"四语，终身用之有不能尽，不在多，亦不在深。

古来圣哲胸怀极广，而可达于德者，约有四端：如笃恭修己而生睿智，程子之说也；至诚感神而致前知，子思之训也；安贫乐道而润身晬面，孔彦曾孟之旨也；观物闲吟而意适神恬，陶白苏陆之趣也。自恨少壮不知努力，老年常多悔惧，于古人心境，不能领取一二。反复寻思，叹喟无已。

【译文】

自身修养和治理国家的道理，仅凭"勤于政事，节俭治家，话语忠信可靠，行事诚恳无欺"这四句话，可以终身适用而受益无穷。所谓话不在多，也不在深，有用即可。

古往今来圣哲们的胸怀极为宽广可达到大德的，大概有四种境界：诚恳谦恭，注重自我修养而萌生出聪明睿智，是二程（程颢和程颐）的主张；诚恳到了极点以至于感动神灵，进而达到可预知前事的境界，这是子思的遗训；安贫乐道而身体健康面色光润，是孔子、颜回、曾子、孟子等人学说的要义；欣赏大自然的美景，吟诗作赋，而意志安适、精神愉悦，是陶渊明、白居易、苏轼、陆游的人生乐趣。我常常常悔恨自己少年时不知道努力，而到老年往往多出悔惧之感，对于古代圣哲们的心境情态，不能领略获取一二。所以我只能反复寻思，叹息感喟不已。

【评析】

由俭入奢并不可怕，可怕的是由奢入俭；由俭入奢人人都可以做到，但由奢入俭并不是每个人都能做到的。一个人很少有这种幸运，从生到死不为生计愁，一辈子发达、亨通、一帆风顺，总有拮据的时候，总有艰难困苦的时候。因此，人们就该理性地去生活，居安思危，从长计议，常将有日思无日。

【史例解读】

以棋为喻劝庄公

春秋时期，齐相国晏婴，是一位家喻户晓、德高望重的政治家，人们尊称他为晏子。他博闻强记，知古通今，历经齐灵公、庄公、景公三世，共计五十七年。他提倡节俭，并能以身作则，尽忠劝谏，对国君从来是知无不言，言无不尽。

一日，齐庄公在花园里与妃子下棋，听说晏子前来求见，便撇下妃子，与这位棋坛高手在棋盘上厮杀起来。

晏子也不多话，稳稳坐在那里，出车跃马，摆开阵势，一会儿工夫就吃了庄公不少棋子，占尽优势。但不知为什么，晏子连连用强，走了几步棋，棋局却发生了变化。庄公沉着应战，居然转败为胜，赢了一局。

齐庄公疑惑地问："为什么这局棋你会下得如此差呢？"

"臣有勇无谋，输棋自在情理之中。"晏子手指棋盘说，"下棋是这样，治理国家也是这样，如今各国的状况，对我而言已经很难胜任相国的重任了。"

庄公吃了一惊，晏子又说："近年来，由于您偏爱孔武有力的大臣，使武夫们骄傲情绪滋长，傲视文臣，欺压百姓，闹得京城临淄乌烟瘴气。许多有才干的文臣得不到重用，官风民风越来越坏。若这些人不加以严格约束，势必出乱子。"

齐庄公有些自知之明，但身为国君，怎可轻易接受一个臣下的批评呢？

于是不服气地问:"请相国直言,古时候有没有哪一个国君,依靠武力而安邦治国的呢?"

晏子说:"夏朝末年有大力士推侈、大戏,殷朝末年有勇士弗仲、恶吏,这些人都是神力无边、万夫莫挡之辈,可他们却不能挽救夏桀、殷纣的灭亡。夏、殷的覆灭告诉后世一个道理:光靠勇力而不行仁政,是行不通的。"

庄公仔细体会晏子的肺腑之言,认为他说的很对,于是便同意从今往后省刑轻赋,施仁政以固国本,让万民敬仰自己,让文臣亲近自己。

上梁正则下梁正

从前,晋国流行一种讲排场、摆阔气的坏习气,晋文公便带头用朴实节俭的作风来纠正它,他穿衣服决不穿价格高的丝织品,吃饭也决不吃两种以上的肉。不久之后,晋国人就都穿起粗布衣服,吃起糙米饭来。

楚灵王喜欢纤细腰身,因此,朝中大臣都唯恐自己腰肥体胖,失去宠信,不敢多吃饭,把一日三餐改为只吃一餐。每天起床整装,先要屏住呼吸,然后把腰带束紧。时间久了,一个个都饿得头昏眼花,扶住墙壁才能站起来。一年之后,满朝文武都成了面黄肌瘦的废物了。

朱元璋由于出身贫苦农家,所以他不仅深深体谅农民生活的艰辛、物力的艰难,而且他还身体力行,带头倡导节俭。明朝建立后,按计划要在南京营建宫室。负责工程的人将图样送给他审定,他当即把雕琢考究的部分全去掉了。工程竣工后,他叫人在墙壁上画了许多触目惊心的历史故事做装饰,让自己时刻不忘历史教训。有个官员想用好看的石头铺设宫殿地面,被他当场狠狠教训了一顿。

朱元璋用的车舆器具服用等物,按惯例该用金饰的,但他下令以铜代金。主管官员说,这用不了多少金子,朱元璋说:"朕富有四海,岂吝惜这点黄金。但是,所谓俭约,非身先之,何以率天下?而且奢侈的开始,都是由小到大的。"他睡的御床与中产人家的睡床没有多大区别,每天早膳,只用蔬菜就餐。

在朱元璋的影响下,宫中后妃也十分注重节俭。她们从不刻意梳妆打扮,穿的衣裳也是洗过几次的。有个内侍穿着新靴子在雨中行路,被朱元璋发现了,气得他痛哭了一顿。一个散骑舍人穿了件十分华丽的新衣服,朱元璋问他:"这衣服用了多少钱?"舍人回答:"五百贯。"朱元璋痛心地说:"五百贯是数口之家的农夫一年的费用,而你却用来做一件衣服。如此骄奢,实在是太糟蹋东西了。"

卷二 砺志

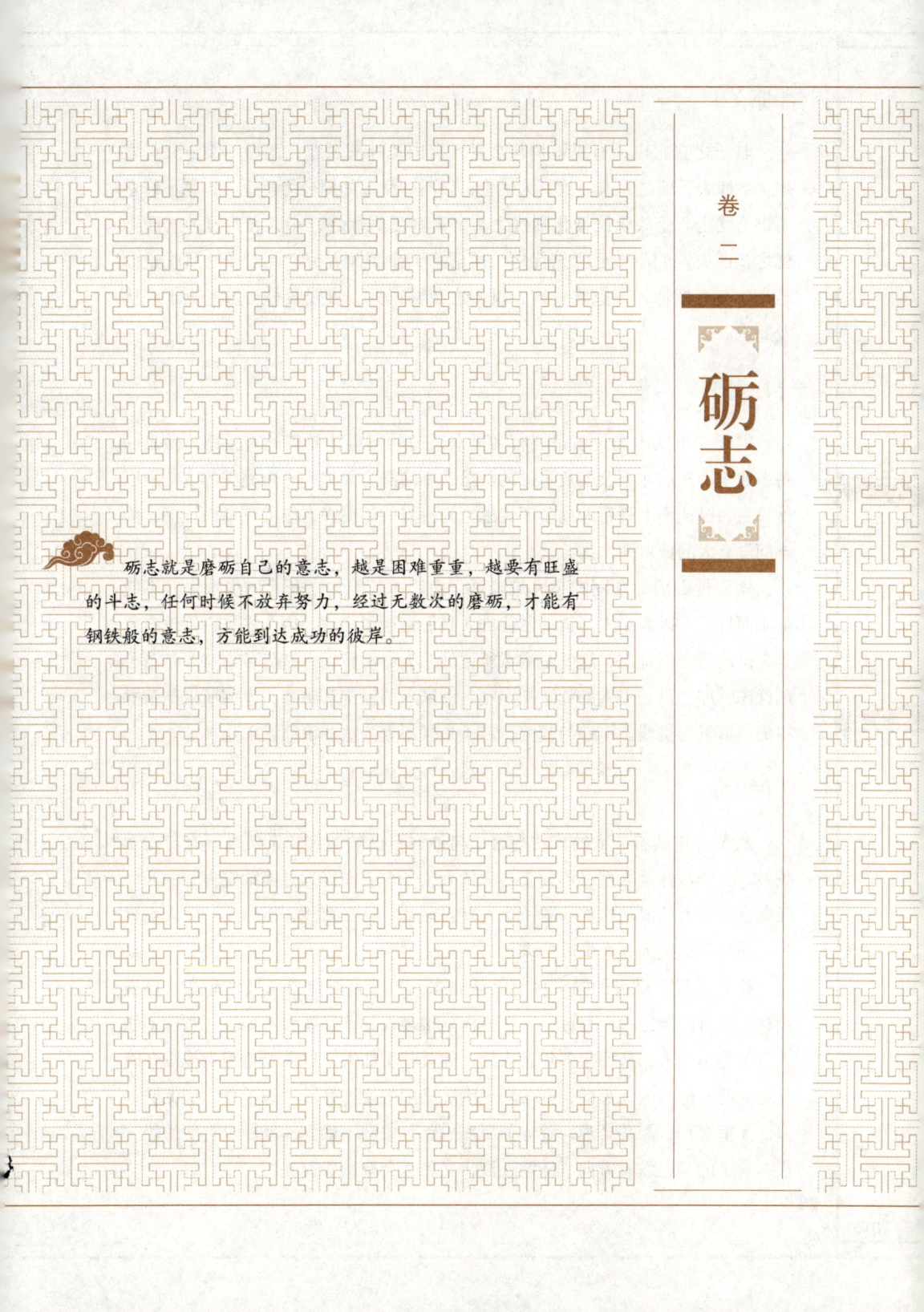

砺志就是磨砺自己的意志,越是困难重重,越要有旺盛的斗志,任何时候不放弃努力,经过无数次的磨砺,才能有钢铁般的意志,方能到达成功的彼岸。

【原文】

君子之立志也，有民胞物与之量，有内圣外王之业，而后不忝于父母之生，不愧为天地之完人。故其为忧也，以不如舜不如周公为忧也，以德不修学不讲为忧也。是故顽民梗化则忧之，蛮夷猾夏则忧之，小人在位贤才否闭则忧之，匹夫匹妇不被己泽则忧之，所谓悲天命而悯人穷，此君子之所忧也。若夫一身之屈伸，一家之饥饱，世俗之荣辱得失、贵贱毁誉，君子固不暇忧及此也。

【译文】

君子立下的志向，就是要有为民众请命的器量，要有圣人品德，做出一番事业来，然后才不会辜负自己的父母，不愧身为天地间一个完美的人。所以他只为自己比不上舜帝和周公而忧虑，为自身的品德没有修养完备而忧虑，为学问没有大的成就而忧虑。

所以他们因为顽固的小民难以感化而忧虑，因为未开化的少数民族不能征服而忧虑，因为小人当道而贤德的人只能逃避而忧虑，因为平民百姓没有得到自己的恩泽而忧虑，这就是通常所说的悲天命而怜悯百姓穷苦，这才是君子的忧虑。如果只是个人的如意和困顿，一家人的温饱和贫寒，世俗所说的荣辱得失、富贵与贫贱、诽谤与赞美，君子是顾不上为这些事而忧虑伤神的。

【评析】

从个人角度看，人的成功与否，与他对自己的期许和定位高下有着密切关系。一个目标远大但又不狂妄自大的人，一个志向高远并能踏实肯干的人，无疑会有更大的成功机遇。若一个人妄自菲薄，目光短浅，以做一个庸人而自乐，无疑则会成为一个失败的人。

换句话说，做人的第一件事就是立志，也就是要使自己振作起来，抖擞精神，给自己制定一个目标，一个方向。很多人并不是智力不如人、意志不如人、条件不如人，然而很多年过去后，他就是不如人，这主要是因为他没有确立远大的志向。人无志向，则柔弱无刚。王阳明说得好："志不立，如无舵之舟，无衔之马，漂荡奔逸，终亦何所底乎？"志向不确立，就像没有舵的船，没有嚼子的马，没有方向，随波逐流，又怎么会有所成就呢？

【史例解读】

王浚不改志向

王浚（206—286），字士治，弘农湖县（今河南灵宝西南）人。西晋著名军事家，官至抚军大将军。王浚博通典籍，姿容修美，只是不拘小节，不为乡邻所称。年长之后，幡然悔悟，毅然改变原来的处事风格，严格要求自己，人也变得通达事理，胸襟开阔。

王浚在还未得到任用而僻处家乡之时，在家中造房子，就表现出他的远大志向。据《晋书·王浚传》说，他"开门前路广数十步"（在宅院门前开辟了一条数十步宽的路），乡人不解，问："你在家门口修这么宽的路有什么用？不是过分了吗？"王浚说："以后成就事业了，仪仗扈从出入方便啊。"人们听了冷笑而去。

面对乡人的嘲笑，王浚并未表示出不快，他只是引述《史记》中的话："陈胜不是说过'燕雀安知鸿鹄之志'的话吗？"以此来重申他的志向。

王浚的婚姻也颇具传奇色彩。凉州刺史徐邈的女儿，贤淑有主见，一直没有遇到如意郎君。一次，徐邈在家中设宴款待宾客，他的女儿在内室观察，她指着一个人对母亲说："就是他。"她遴选的如意夫君就是王浚，而当时王浚还只是一名地位低微的小吏。

王浚初为河东郡从事，为羊祜所赏识，转巴郡太守、广汉太守，有"惠政"，迁益州刺史。泰始八年（272），晋武帝司马炎谋攻东吴，经羊祜推荐，授王浚龙骧将军，监益、梁诸州军事。并且奉诏修建战舰，训练水师，做战争准备。史书说当时"舟楫之盛，自古未有"。公元280年，王浚率军沿长江东下，开始伐吴。当年三月，王浚大军开进吴国都城建业（今南京），东吴政权宣告结束。王浚在平吴战役中立了大功，又升迁为抚军大将军、开府仪同三司加特进散骑常侍、后军将军。

唐朝诗人刘禹锡在《西塞山怀古》中写道："王浚楼船下益州，金陵王气黯然收。"说的就是王浚攻陷吴国都城的历史事实。

马革裹尸还

马援，东汉名将，从小立志，立功边疆，后来马援果然成为一员大将。

但是，马援并不汲汲于功名利禄，他担心的只是自己无功受禄，才德不能称位，因而，总想尽可能多地为国家出力。经常回到京城不久就披挂上阵出征去了。

在马援六十多岁的一天，他正在饮酒，突然一名将军跑来报信说："刘尚老将军在武陵遭遇叛军袭击，全军覆没啦！"马援一拍桌子，愤然站起来说："我要去见皇上！"说罢，拔腿就走。

金殿之上，马援言辞恳切地说："陛下，臣愿意立即带兵平叛！为刘尚老将军报仇。"光武帝迟疑着，众臣也都纷纷议论。马援知道众人嫌自己年老，不堪重任，于是大声说道："老怕什么？大丈夫立志，越穷意志越坚定，越老气概越豪迈！老臣早年曾远途征战，南方地形颇为熟悉，臣自信朝中无一人可以代替！"他边说边扫视众人。马援接着说："臣早年跟随陛下，从来都是不顾身家性命，更不在乎什么名誉，臣一生的志向就是战死沙场，为国效忠！好男儿当战死疆场，马革裹尸还！"光武帝看到马援威风不减当年，便答应了。

在前往武陵郡的时候，马援见到不少士兵水土不服，陆续倒下，他心急如焚，深夜，副将前来商量战事，看到马援竟然口吐鲜血，吓了一跳。原来马援早染上了疾病。马援叮嘱道："这件事千万不能跟别人讲！战事正在紧要关头，军心不可涣散。"

第二天清晨，马援骑上了战马，精神抖擞地来到军前，鼓励将士们说："今日一战，誓决生死，我们要一鼓作气，扫平叛军！"士兵高呼："一鼓作气，扫平叛军！"余音响彻不绝。这一战杀得天昏地暗，马援率领大军将叛军全部消灭。马援回到军中犒赏三军，营帐里一片喜气洋洋的气氛，忽然马援昏倒，口吐鲜血。副将急忙扶住马援，向大家道明实情："其实将军早就染上了重病，他怕军心不稳，就不让我说……"这时，副将见马援嘴巴在嚅动，急忙将耳朵贴近，只见马援张了张嘴，就闭上了眼睛。众将急忙问："将军说了什么？"副将含着热泪说："将军说，'马……革裹尸……还！'"

在其位，利其民

薛胄，字绍玄。隋代汾阳（今山西万荣县西南）人。北周大将军薛端之子。薛氏从东晋时就是豪门世族，历代显赫。薛胄虽然生在豪门显族，但他聪颖好学，经常借阅那些束之高阁、无人翻阅的深奥古籍。每览奇书，对于其中所载的奇人逸事，都细究深摩，直到了然于胸，晓解其意。少年时代的刻苦攻读，为薛胄日后实现救世济民的理想奠定了良好的基础。

周明帝时薛胄世袭爵位，赐为元城郡公，累迁司金大夫，加开府。周亡入隋，于隋文帝开皇年间任兖州刺史。任内惠政德民，遂升任大理寺卿。到任后，薛胄发现监狱里人满为患，积案数年，无人过问，数百人多年监禁，仍未定案判决。于是他逐案审查，发现在押犯人大部分都是贫苦无助的百姓，因为诸如欠税逃租之类的原因而被羁押。薛胄只用了十余天即处理完毕，将无罪百姓释放归田。隋文帝说："赵绰断案多以法，薛胄断案多以情。"薛胄平暴除乱，执法宽平，昭雪冤案，深得民心。因此，他又被召回京师，任刑部尚书。但是，终因他性情刚正，坚持原则，政见与当朝权贵不合，被贬出京。由于薛胄长年奔波迁徙，心力交瘁，病卒于途中。

薛胄在任兖州刺史时，曾治理泗河水患，修筑丰兖渠，变害为利。

兖州地势平缓，城东有两条河，一条叫沂河，一条叫泗水。在此汇合后转向南流，形成大泽，泛滥成灾，吞没农田、房舍，给百姓带来很大的危害。

从北魏元匡修筑泗津桥堰到薛胄时，已历八十余年。经过无数次的洪水冲蚀，当年元匡所建泗津桥堰已被毁坏无余。又由于战乱，东魏米昭攻取瑕丘城时，决泗河水灌城，致使提防遭受严重破坏。数十年间，无人修治，使泗水河成了瑕丘城的一大祸患。每到雨季，河水泛滥，沿河流域尽成泽国，居民无以为生。

薛胄到任后，实地进行勘察了解，组织当地民众恢复成为良田，并利用堰水灌溉兖州的田地，免去了水患，发展了农业生产。之后，薛胄又开通淮河至渤海的通路，开发航运，进一步发展水利，使兖州的经济贸易逐渐发展起来，给淮海一带的人民带来了很大的好处。百姓感念他的德政，至今百姓仍把淮河至渤海所开通的航路称为"薛公丰兖渠"。

薛胄治理泗水河，兴修丰兖渠，不仅保证了兖州农业的丰收，在此后的历史进程中也发挥了重要作用。元代时为发展漕运，开掘了会通河，多次对丰兖渠加深疏浚，通过丰兖渠引泗水补给济运。数百年中，既通航运，又有灌溉和排涝的功能。

【原文】

明德、新民、止至善，皆我分内事也。若读书不能体贴到身上去，谓此三项与我身了不相涉，则读书何用？虽使能文能诗，博雅自诩，亦只算得识字之牧猪奴耳！岂得谓之明理有用之人也乎？朝廷以制艺取士，亦谓其能代圣贤立言，必能明圣贤之理，行圣贤之行，可以居官莅民、整躬率物也。若以明德、新民为分外事，则虽能文能诗而于修己治人之道实茫然不讲，朝廷用此等人作官，与用牧猪奴作官何以异哉？

【译文】

明析道理、教化人民、做善事，这些都是我的分内的事。如果不能将读书的道理落实到自己身上，认为上三项与自身毫不相干，那么读书还有什么用呢？虽然读了书能写文章作诗篇，夸赞自己学识渊博，其实也只算得认识几个字的牧童而已，哪能称得上明白事理而且能起作用的人呢？如今，朝廷依据科举文章的优劣录取人才，正是认为这些人能解析圣贤言论写文章，必能明白有益于社会的道理，做出圣贤的行为，所以能做官管理民众，鞠躬尽瘁地管理办事。如果把明析道理、教化民众看成是分外的事，那么虽能写文作诗，但对修养自身、治理国家的道理茫然不懂，国家用这种人做官和任用牧童做官又有什么区别呢？

【评析】

学问，以每日增长新的知识而不忘记为关键；文章，以多读书懂道理为关键。读书的志向，一定要困而勉之，奋发向上。

人生首要的任务是做人，而做人的首要任务在于读书，正如吴兢在《贞观政要·崇儒学》中所说，人的本性中包含着聪明灵巧，只是要到学业完成时才能显现出美的本质。人不教化何以成人？人不学习何以做人？古往今来，看无数英雄，凡成大器者必要励志，必要读书。所以古代中国帝王中不少人都把读书视为治国之本，立国之基。

[史例解读]

十年破产为读书

教育家徐特立从18岁开始,抱着读书明理的志趣开始了他的塾师生涯。当时,徐特立只读过6年的私塾,学识很有限,可是要买书学到更多的学问又没有钱,徐特立为此十分苦恼。恰在此时,徐特立从祖母那里继承了一点田产,每年可收20石谷。徐特立想:看来要想读书,就得"破产"。要么"破产"读书,要么守财不学。他再三权衡,终于决定,用自己每年教书的收入维持家庭用度,把祖母田产逐年变卖,用来买书。他坚信:十年苦读,到30岁时,书读通了,谋生问题也就解决了!

从此,徐特立不顾他人的议论,抛弃"八股",立志苦读求学问,坚定不移地按着自己的计划走下去,连《十三经注疏》《读史方舆纪要》《御批资治通鉴》等贵重书籍,他都毫不犹豫地用变卖祖母田产的钱买了回来。

徐特立读书十分刻苦。在攻读古典书籍的过程中,徐特立还认真学习了地理、代数、几何、历史。1905年,清政府取消"八股",在科举考试中改试经义,加试历史、地理。这时,徐特立破产读书已进入了第8个年头,祖母的田产已变卖得只剩下一年收4石谷,眼看已无"产"可"破"。为了生计,徐特立报名参加了科考。

初试三千多人,徐特立名列第19;复试结束,徐特立也取得了好成绩。徐特立的地位顿时提高,年薪由14串钱一跃升为60串钱,"十年破产读书"终于结出了硕果。凭着"十年破产读书"学到的知识,徐特立在时代的风雨中逐步成长起来,他先后创办了梨江高等小学堂和长沙师范。在湖南第一师范执教期间,徐特立是毛泽东、蔡和森、李维汉等一大批优秀人才的老师,成为一代杰出的教育家。

学如磨刀之石

晋代大诗人陶渊明辞去彭泽令退居田园后过着自耕自种、饮酒赋诗的恬淡生活。

相传,一天,有个少年前来向他求教,说:"我十分敬佩你渊博的学识,很想知道你少年时读书的妙法,敬请传授,晚辈不胜感激。"

陶渊明听后，大笑道："天下哪有学习妙法？只有笨法，全靠下苦功夫，勤学则进，辍学则退。"

陶渊明见少年并不懂他的意思，便拉着他的手来到自家种的稻田旁，指着一根苗说："你蹲在这儿，仔细看看，告诉我它是否在长高。"那少年注视了很久，仍不见禾苗往上长，便站起来对陶渊明说："没见长啊！"

陶渊明反问道："真的没见长吗？那么，矮小的禾苗是怎样变得这么高呢？"

陶渊明见少年低头不语，便引导他说："其实，它时刻都在生长，只是我们肉眼看不到罢了。读书学习，也是一样的道理，知识是一点一滴积累起来的，有时连自己也觉察不到，但只要勤学不辍，就会积少成多。"

接着，陶渊明又指着溪边的一块磨刀石问少年："那块磨刀石为何像马鞍一样有凹面呢？""那是磨成这样的。"少年随口答道。

"那它究竟是哪一天磨成这样的呢？"少年摇摇头。

陶渊明说："这是我们大家天天在上面磨刀，磨镰，日积月累，年复一年，才成为这样的。学习也是如此，如果不坚持读书，天都会有所亏欠啊。"

少年恍然大悟，忙向陶渊明行了个大礼说："先生指教，学生再也不去求什么妙法了。请先生为我留几句话，我当时时刻刻记在心上。"

陶渊明欣然命笔，写道："如春起之苗，其增，有所长；学如磨刀之石，见其损，有所亏。"

【原文】

累月奔驰酬应，犹能不失常课，当可日进无已。人生惟有常是第一美德。余早年于作字一道，亦尝苦思力索，终无所成。近日朝朝摹写，久不间断，遂觉月异而岁不同。可见年无分老少，事无分难易，但行之有恒，自如种树畜养，日见其大而不觉耳。进之以猛，持之以恒，不过一二年，精进而不觉。言语迟钝，举止端重，则德进矣。作文有峥嵘雄快之气，则业进矣。

【译文】

成年累月地奔走应酬，还能坚持学习，当然能大有长进，不会停息。人生唯有做事持之以恒是第一美德。我早年对于书法一道，也曾苦力探索，却终无成就，近日来天天摹写，从无间断，就觉得字有长进，可说日新月异。年龄无论大小，事情无论难易，只要持之以恒地做了，就像种树养禽一般，天天看它长大却感觉不到。尽力前进，坚持不懈，不过一二年工夫，自然有无形的长进。言语沉稳，举止端重，则品德性情有长进。文章有峥嵘雄骏之气，则学业有长进。

【评析】

  中国人向来推崇那种坚持不懈、自强不息的精神。古代文人的必读书籍《孟子》中便有"一曝十寒"的典故，意在告诫每个人做事必须坚持不懈、持之以恒。中国先秦时期的杰出思想家荀子说过这样一段话："骐骥一跃，不能十步；驽马十驾，功在不舍。锲而舍之，朽木不折；锲而不舍，金石可镂。"意思是说，只要有恒心，平凡的人也可以创造出骄人的成绩，缺乏恒心，即使天才也将一事无成。古今中外无数鲜活的事例都证明了"恒心"对一个人事业成功的极端重要性。

  做事持久是一大美德，要成就一番事业，就必须要有持久的恒心。尤其是在经历千辛万苦后有了一点成功的曙光时，就更需要恒心了。王充曾说过："凿不休则沟深，斧不止则薪多。"从现在开始就该培养自己的恒心，这样我们才有美好的未来。

【史例解读】

范仲淹苦读成才

  宋太宗端拱二年（989）八月初二，范仲淹在徐州降生。他的父亲范墉，当时是宁武军节度掌书记（徐州军事长官的秘书）。范墉先娶陈氏，后娶谢氏。范仲淹是他第三个儿子。范仲淹出生第二年，父亲便病逝了。谢氏贫困无依，只好抱着襁褓中的范仲淹，改嫁山东淄州长山县（今山东邹平县附近）一户姓朱的人家。范仲淹也改从其姓，取名朱说，在朱家长大成人。

  范仲淹从小学习就十分刻苦，朱家是长山县的富户，但他为了磨砺自己，常去附近山上的醴泉寺寄宿读书。他苦读不懈的精神，给僧人留下深刻的印象。那时，他的生活极其艰苦，每天只煮一锅稠粥，凉了以后划成四块，早晚各取两块，拌几根腌菜，调半盂醋汁，吃完继续读书，后世便有了断齑画粥的美誉。但他对这种清苦生活却毫不介意，而是用全部精力在书中寻找着自己的乐趣。

这样过了差不多三年，当地的书籍已渐渐不能满足他的需要。后来一个偶然的事件，暴露了范仲淹的身世。他惊愕地发现，自己原是苏州范家之子，这些年来，一直靠继父维持生活。这件事让范仲淹深受刺激，愧愤交集之下，他决心离开朱家，自立门户，待将来功成名就，再接母归养。于是他匆匆收拾了几件简单的衣物，带上琴剑，不顾朱家和母亲的阻拦，流着眼泪，毅然辞别母亲，离开长山县，徒步求学去了。

真宗大中祥符四年（1011），二十三岁的范仲淹来到睢阳应天府书院（今河南省商丘市睢阳区）。应天府书院是宋代著名的四大书院之一，共有校舍一百五十间，藏书很多。更重要的是，这里聚集了许多有志青年和名师。到这样的学院读书，既可以向名师请教，又可以和同学互相切磋，还有大量书籍可供阅读，书院免费就学，这更是经济拮据的范仲淹求之不得的。

范仲淹十分珍惜时间，昼夜不息地攻读。范仲淹的一个同学、南京留守（南京最高长官）的儿子看他终年吃粥，便送些美食给他，他竟一口不尝，听任佳肴发霉，直到人家怪罪起来，他才长揖致谢说："我习惯过喝粥的生活，一旦享受美餐，日后怕吃不得苦。"范仲淹有点儿像孔子的贤徒颜回：一碗饭，一瓢水，在陋巷，他人叫苦连天，颜回却不改其乐。

范仲淹连年苦读，从春至夏，经秋历冬；凌晨舞一通剑，夜半和衣而眠。别人看花赏月，他只在"六经"中寻乐。偶然兴起，也吟诗抒怀："白云无颖帝乡遥，汉苑谁人奏洞箫？多难未应歌凤鸟，薄才犹可赋鹪鹩。瓢思颜于心还乐，琴遇懂君恨即销。但使斯文天未丧，涧松何必怨山苗。"数年之后，范仲淹对儒家经典，诸如《诗经》《尚书》《易经》《三礼》《乐经》《春秋》等书主旨，已然堪称大通，吟诗作文，也慨然以天下为己任。

司马光警枕夜读

司马光，字君实，北宋陕州夏县人。7岁时，听老师讲《春秋左氏传》，产生浓厚兴趣，回家之后，便讲给家人听，讲得头头是道，没有丝毫差错。他虽然聪颖过人，但并不骄傲自满，相反，他总感到自己不如人，因而比人家更多地下功夫。

小时候他和哥哥弟弟们一起学习，觉得自己记忆力比较差，便想办法克服这个弱点。每当老师讲完书，哥哥弟弟们读上一会儿，一个个便丢开书本，跑到院子里玩耍，只有他不肯走，轻轻地关上门窗，集中注意力高声朗读，读了一遍又一遍，直到读得滚瓜烂熟。合上书，便能够流畅地、一字不漏地背诵，之后才去休息。后来，他根据亲身的体会，时常劝告青年人说："读重要的书，不可不背诵。因为只有能够背诵，才能利用一切空闲时间，比如骑马赶路的时候，或者半夜里睡不着觉的时候，一面默诵字句，一面揣摩它的意义，这样自然得益多、进步快。"

司马光一生都在坚持不懈地学习，往往忘记了饥渴寒暑。做官之后，反而更加刻苦读书。他住的地方，除了书箱和卧具，再没有其他珍贵的摆设。卧具很简单：一架木板床，一条粗布被子，一个圆木枕头。为什么要用圆木做枕头呢？说来很有意思。当读书太困倦的时候，一睡就是一大觉，而硬邦邦的圆木头放在硬邦邦的木板床上，却有个好处：容易滚动。只要一翻身，或者稍微动一下，那枕头就滚走了。头跌在木板床上，惊醒了，又立刻爬起来读书。他把那半截圆木看成有思想感情的东西，给它起了个名字："警枕"。

司马光长期勤学苦练，扩大了知识视野，提高了认知水平，使得他有充分的条件著书立说。他一生著作多得惊人，其中最有价值的，要算那部巨著《资治通鉴》。据说他著书的时候，白天不肯放过，晚间也很少休息。晚上点灯写作，直到半夜，才熄灯就寝。睡一会儿，一听到打五更，又赶快爬起来继续写作。

王充嗜书

王充（27—约97），字仲任，会稽上虞人，东汉时期杰出的哲学家、思想家。

王充之所以能成为杰出的思想家，还得从他的少年时代说起。

少年时代的王充聪慧好学，虽然家境贫寒，父母却节衣缩食千方百计供他上学馆念书。从8岁到15岁，王充一直是学馆里学习最刻苦、成绩最优秀的学生。15岁那年，乡亲们看他有出息，纷纷捐钱，送他到京都洛阳太学深造。

太学是当时最高学府，也是一所贵族学校，里面都是挥金如土的显贵子弟，可是王充并不因为自己家境贫寒而自卑。王充拜当时在太学执教的东汉名儒班彪为师，在史学大家班彪的影响下，他埋头书堆，遍览太学的藏书，但是他从不囫囵吞枣。渐渐的，爱独立思考的他开始不满足于在太学里学到的东西了。

同学们发现，只要没有课，王充便独自一人出门，而且一去就是半天。他会干什么去呢？有几个好事的同学感到捉摸不透，就悄悄地尾随其后想看个究竟。

当时东汉王朝正处于鼎盛时期，首都洛阳城里更是一片繁荣。只见王充三拐两拐地就来到城中的闹市区。

"好哇，原来这小子不在太学里老老实实温习功课，却天天跑出来逛大街！我们都以为他每天点灯熬油用功到半夜，原来他大白天里串街走巷好逍遥啊！"几个同学偷偷商量着，打算当场捉住他，并羞辱他。

正说着，却突然不见了王充的影子。奇怪，他躲到哪儿去了呢？几个同学连忙一个铺子一个铺子地寻找起来。

终于，他们在一个书坊里发现了目标，只见王充站在一排书架前，捧着一本书，正在全神贯注地阅读着。

"好一个王充，原来你躲在这里用功哪！"一个同学从背后拍着王充的肩膀说，"怎么，太学里的书还不够你读的吗？"

王充吓了一跳，转身见是自己的同学，连忙做了个手势，朝着坐在账柜后面的书坊老板努了努嘴，小声说："别大声嚷嚷！这儿的书又多又好，很多是太学里看不到的，我没有那么多钱，买不起，只得常常跑到这儿来看。要是让老板发现我这个人光看不买，会把我轰出去的。"

其实，老板早就注意到这个青年人。他差不多三天两头来，一翻开书，似乎就什么都忘记了，一会儿点头微笑，一会儿紧蹙双眉，一会儿又沉思默想。有好几次，书坊老板托着店门板，不得不对他说："年轻人，我该关门啦。你要是还拿不定主意该买哪一本书的话，明天再来吧！"

王充听着，依依不舍地合上书，不好意思地朝老人笑了笑，离开书坊。

如今，老人知道他是太学里的学生，如此好学，就越加喜欢他。老板径直走到王充的跟前，亲切地拍着他的脑袋说："小伙子，你喜欢读书，以后只管来，只要书不弄坏就行了。"

得到书坊主人的允诺，王充便把课余时间全用在了书坊，几乎读遍了这里的每一册书。

当时的洛阳有许多规模较大的书坊，王充经常读完了这家，就到另外一家，只要见到他喜欢的书，他一定会想办法把它读完，通常都是书坊的门一打开，他就进去，直到关门为止。很多书坊老板都被王充刻苦学习的精神所感动，为他大开方便之门，有的还在中午的时候给他准备一杯水。

就这样，王充几乎读遍洛阳大小书坊的书，这让他精通了百家之言，也打破了当时腐儒死抠经书、唯章守句的学风。

后来，王充花了30多年的心血，熟练运用各种自然科学知识，写出了85篇20多万字的巨著《论衡》。这是一部充满哲理的论著，给后人留下了一份珍贵的精神遗产。

卷三

家范

　　古人说：欲治国者，必先齐其家。"齐家"是封建士人的必修课，所以历来大家都非常重视。曾国藩也不例外，他总结了一套治家理念以及修身养性、为人处世之道。文中的治家、修身格言，对我们颇有启发。

【原文】

家中兄弟子侄，惟当记祖父之八个字，曰："考、宝、早、扫、书、蔬、鱼、猪。"又谨记祖父三不信，曰："不信地仙、不信医药、不信僧巫。"余日记册中又有八本之说，曰："读书以训诂为本，作诗文以声调为本，事亲以得欢心为本，养生以戒恼怒为本，立身以不妄语为本，居家以不晏起为本，作官以不要钱为本，行军以不扰民为本。"此八本者，皆余阅历而确有把握之论，弟亦当教诸子侄谨记之。无论世之治乱，家之贫富，但能守星冈公之八字与之八本，总不失为上等人家。

【译文】

家中兄弟子侄们，应当牢记祖父训诫的八个字："考、宝、早、扫、书、蔬、鱼、猪"，又当谨记祖父的三不信："不信地仙，不信医药，不信僧巫。"我的日记中又讲到八本的说法，是："读书以训诂为本，作诗文以声调为本，事亲以得欢心为本，养生以戒怒为本。立身以诚信为本，居家以不晚起为本，做官以不要钱为本，行军以不扰民为本。"这八本，都是我亲身经历、行之有效的经验之谈，弟们应当教育子侄，让他们谨记教诲。不管是盛世还是乱世，家境贫寒还是富裕，只要能守住祖父的八字和我的八本，都不失为受人尊敬的上等人家。

【评析】

曾国藩将其家规编为"考、宝、早、扫、书、蔬、鱼、猪"八字。考：就是祭祀；宝：就是善待亲族邻里；早：就是早起；扫：就是扫除；书：就是读书；蔬：就是蔬菜；鱼：就是养鱼；猪：就是养猪。曾国藩的家书家训，传播广泛，相当于家庭教科书。曾国藩的家庭教育，以八本堂的八句话为经，以这八个字为纬，经纬连贯，脉络相通，形成一套治家理论体系。除八本之外，他还有三不信："不信地仙，不信医药，不信僧巫。"这也是曾国藩的祖父的教诲，他祖父对于医药、僧巫、地仙，一见即恼，因此曾国藩这一生也不爱这些。

【史例解读】

皇甫绩守信求责

　　皇甫绩是隋朝著名的大臣。三岁时父亲便去世了，母亲一个人难以维持生计，就带着他回到娘家住。外公见皇甫绩聪明伶俐，又没了父亲，因此格外疼爱他。

　　外公叫韦孝宽，韦家是当地的大户人家，家境富裕。由于家里上学的孩子多，外公就请了个教书先生，办了个私塾，皇甫绩就和表兄弟们在私塾上学。

　　外公是个很严厉的老人，尤其是对孙辈们，更是严加管教。开学之初，私塾就立下规矩，谁要是无故不完成作业，就按照家法重打二十板子。

　　有一天，上午上完课后，皇甫绩和他的几个表兄躲在一个已经废弃的小屋子里下棋。一贪玩，不知不觉就到了下午上课的时间，大家都忘记做老师上午留的作业。

　　第二天，这件事被外公知道了，他把几个孙子叫到书房里，狠狠地训斥了一顿，然后按照规矩，每人重打二十板子。

　　外公看皇甫绩年龄最小，平时又很乖巧，再加上没有父亲，不忍心打他。于是，就把他叫到一边，语重心长地对他说："你还小，这次我就不罚你了。不过，以后不能再犯这样的错误。不做功课，不学好本领，将来怎么能成就大事？"

　　皇甫绩和表兄们相处得很好，小哥哥们都很爱护他。看到小皇甫绩没有被责罚，心里都挺高兴。可是，小皇甫绩心里却很难过，他想：我和哥哥们犯了同样的错误，耽误了做功课，外公没有责罚我，这是心疼我。可是我自己不能放纵自己，应该也按照私塾的规矩，被重打二十板子。

　　于是，皇甫绩就找到哥哥们，求他们代外公责打自己二十板子。哥哥们一听，都笑出声来。皇甫绩一本正经地说："这是私塾里的规矩，我们都向外公保证过触犯私塾规矩甘愿受罚，不然的话就是不遵守诺言。你们都按规矩受罚了，我也不能例外。"

　　哥哥们都被皇甫绩这种信守私塾规矩，诚心改过的精神感动了。于是，就拿出戒尺打了皇甫绩二十板子。

　　后来，皇甫绩在朝廷里做了大官，但是这种从小养成的信守诺言、勇于承认错误的品德一直没有丢，这使得他在文武百官中享有很高的声望。

一诺千金，诚信做人

秦朝末年，在楚地有一个叫季布的人，性情耿直，为人侠义，只要是他答应过的事情，无论有多大困难，他都想方设法办到，因此备受乡里乡亲的赞扬。

楚汉相争时，季布是项羽的部下，曾几次献策，使刘邦的军队吃了败仗，刘邦当了皇帝后，想起这事，十分气愤，便下令通缉季布。

这时，敬慕季布的人，都在暗中帮助他。不久，季布经过化装后逃到山东一家姓朱的人家当佣工。朱家明知他是季布，仍然收留了他。后来，朱家又到洛阳去找刘邦的老朋友汝阴侯夏侯婴说情。在夏侯婴的劝说下，刘邦不仅撤销了通缉令，还封季布做了郎中，不久又改为河东太守。

季布有一个同乡人叫曹邱生，专爱结交权贵人士，借以炫耀和抬高自己，季布一向看不起他。听说季布又做了大官，他就马上去见季布。

季布听说曹邱生要来，就阴沉着脸，准备打发他几句话，让他下不了台。谁知曹邱生一进厅堂，不管季布的脸色多么阴沉，说话多么难听，立即对着季布又是打躬，又是作揖，要与季布拉家常叙旧，并吹捧他说："我听到楚地到处流传着'得黄金千两，不如得季布一诺'这样的话，您怎么能有这样好的名声传扬在梁、楚两地的呢？我们既是同乡，我又到处宣扬你的好名声，你为什么不愿见到我呢？"季布听了曹邱生这番话，心里顿时高兴起来，留他住了几个月，作为贵客招待。临走，还送给他一笔厚礼。

后来，曹邱生又继续替季布到处宣扬，季布的名声也就越来越大了。

诚信，不战而屈人之兵

鲁僖公二十五年（前634），晋国攻打一个小国原国。原因是原国不愿臣服于晋国，而且不断地挑衅，制造事端。晋文公为平息动乱，完成霸业，决定讨伐原国。

晋文公在战前亲自部署作战方案，并在出发前说："根据我们国家的实力，我们能够速战速决。以七天为期，降服原国。"晋文公命令部队携带七天粮食，说七天打不下来就撤军。可是，到了第七天，原国还是没有投降。原国的将士在强大的晋国面前，虽然死伤惨重，给养不足，陷于困境，但人人都在顽强抵抗。

七天期限已经到了，晋文公面临两个选择：一是继续打下去直到胜利；二是遵守诺言，撤兵。虽然，再坚持攻打，原国很快就会攻克，晋文公派往原国的间谍回来报告说，原国正在准备投降。军队统帅也请求，等原国投降后再撤。可是晋文公不顾这种情况，还是下令撤退。晋文公说："信用，是立国的根本，百姓靠它来生存。如果为了得到原国而失去信用，百姓失去了依靠，那我们是得不偿失的。"尽管晋文公没有用武力征服原国，但是他言而有信的名声传到了周围许多国家。第二年，晋文公又发兵攻打原国，这次他没有告诉士兵期限，而是说："我们必须坚持到底，达到彻底征服原国的目的后再返回。"

原国人听到这个消息，知道晋文公不达目的不罢休，于是战争还没打响就宣布投降了。另外一个不肯投降的卫国也投降了，不久，其他国家纷纷投降，推举晋文公为霸主。

【原文】

士大夫之家不旋踵而败，往往不如乡里耕读人家之耐久。所以致败之由大约不出数端。家败之道有四，曰：礼仪全废者败；兄弟欺诈者败；妇女淫乱者败；子弟傲慢者败。身败之道有四，曰：骄盈凌物者败；昏惰任下者败；贪刻兼至者败；反复无信者败。未有八者全无一失而无故倾覆者也。

【译文】

士大夫的家庭很快衰败，往往不如村耕读人家的家运持久。士大夫家庭衰败的原因大概有以下几个方面，使家庭衰败的途径有四个：不讲礼仪的家庭会衰败；兄弟之间相互欺诈的家庭会衰败；女子淫乱的家庭会衰败；子弟傲慢横行的家庭会衰败。使自己身败名裂的途径有四个方面：骄横傲慢、恃才傲物的人必败；是非不明、放纵下属的人必败；贪婪苛刻、求全责备的人必败；反复无常、没讲诚信的人必败。从没听说过在以上这八个方面都没有过失而无故败家的人。

【评析】

　　曾国藩熟读古人书籍，自然知道自古以来，许多士大夫家庭相继败落，都是因为子孙骄奢淫逸所致。所以他最担心子孙后代长处于富贵乡里，习惯过一种寄生虫的生活，渐渐蜕化到无可救药的地步。他经常言传身教，对家中子弟谆谆告诫。

【史例解读】

周幽王失信身亡

　　周幽王，又叫姬宫涅。他光知道吃喝玩乐，派人到处寻找美女，从不过问国家政事。有个叫褒响的大臣劝说周幽王要过问朝政，周幽王不但不听，反而把褒响关入大牢。褒家的人千方百计要把褒响救出来，就在乡下买了一个非常漂亮的姑娘，教会她唱歌跳舞，把她打扮起来，献给周幽王，替褒响赎罪。这个姑娘算是褒家人，叫褒姒。

　　周幽王十分宠爱褒姒，可是褒姒自从进入皇宫以后，从来没有笑过，整天闷闷不乐。周幽王送她各种珍奇礼物，想尽各种古怪的办法逗她笑，但都没有成功。

　　于是周幽王在宫中悬赏："有谁能让娘娘笑一下，就赏他一千两黄金。"

　　有个叫虢石父的人，替周幽王想了一个主意。原来，周王朝为了防备西部一个叫犬戎的少数民族部落的进攻，在骊山一带造了二十多座烽火台，每隔几里地就有一座。如果犬戎打过来，把守第一道关口的士兵就把火烧起来，第二道关口的士兵见到烟火，也把烽火烧起来。这样一个接一个地烧着烽火，附近的诸侯见到了，就会带兵来救。

　　虢石父对周幽王说："大王可以跟娘娘上骊山玩几天。到了晚上，咱们把烽火点起来，让附近的诸侯见了赶来，上个大当。娘娘见了许多兵马扑了个空，肯定会笑的。"

　　周幽王拍着手说："好办法，就这么办吧！"他们上了骊山，真的把烽火点了起来。临近的诸侯得到了这个警报，赶紧带兵来救援，没想到赶到那儿，却听到山上一阵阵欢快的奏乐声和唱歌的声音，大伙儿都愣住了。诸侯知道上了当，憋了一肚子气收兵回去了。褒姒见此情景真的笑了。周幽王见褒姒笑了，就赏给出主意的那个人一千两黄金。

周幽王为了讨得褒姒的欢心，后来干脆把王后和太子废了，立褒姒为王后，立褒姒生的儿子伯服为太子。被废王后的父亲是申国的诸侯，知道了这个消息，就联合犬戎进攻周朝的都城镐京。

周幽王连忙下命令把骊山的烽火点起来，烽火台上白天冒着滚滚浓烟，夜里火光通明，可是诸侯们因为上次上了当，谁也没有理会，更没有一个派救兵。犬戎兵一至，就把周幽王、虢石父和褒姒生的儿子伯服杀了，把褒姒也抢走了。这时候，诸侯们才知道犬戎真的打进了镐京，这才联合起来，带着大队人马来救，但已经太迟了。

关羽骄傲自满丢性命

三国时期，蜀国大将关羽骁勇善战，为蜀国立下过不少汗马功劳，后来他"大意失荆州"，实际上并非一时的疏忽大意所致，而是他自高自大、不听规劝造成的悲剧。

建安二十四年，关羽出师北进，俘虏了魏国左将军于禁，并将南征将军曹仁围困在樊城。为了防止吴国趁机袭击自己的后方，他在荆州留有一部分很强的兵力。此时，镇守陆口的吴国大将吕蒙听说后，假称有病需要回建业休养。回去后，就与陆逊密谋趁机攻打荆州。

陆逊说："关羽这个人一贯刚愎自用，现在又立下大功，就更加骄傲自满了，再加上听说你生病了，对我们的防范极有可能松懈下来。此时我们出其不意地进攻，肯定能打他个措手不及。"为了进一步麻痹关羽，吴国还派"无名小辈"陆逊代替老将吕蒙镇守陆口。年轻的陆逊一到陆口，马上给关羽写信，说："前不久，您巧袭魏军，只用了极小的代价，便获得了很大的胜利，立下了赫赫战功，这是多么了不起呀！敌军大败，对我们盟国也十分有利。我刚来此地任职，没什么经验，学识也浅薄，一直很敬仰您，所以恳请您指教。以前晋文公在城濮之战中所立的功劳、韩信在灭赵之战中所用的计策，都无法与您所用的战略相比。"先前吕蒙镇守陆口时，关羽还存有防范戒备之心，而今换了年轻的陆逊，加上陆逊信中谦卑的词语，就使关羽产生了极大的虚荣自满之情，使他对吴国彻底放心了。他丝毫未把陆逊放在眼里，认为陆逊是一区区小人物，奈何不了荆州，他甚至还嘲笑孙权："仲谋见识短浅，用此孺子为将！"于是他撤出了原来留守荆州的主力，一心一意对付魏军去了。

由于关羽刚愎自用、目空一切，根本不去想为什么吕蒙偏偏在此关头离开陆口，东吴又为什么特意派一无名小卒镇守要塞陆口，陆逊上任后为什么第一件事就是给自己致信送礼。刚愎蒙住了他的双眼，使他对东吴的这一系列行动与迹象都不加任何分析，更听不进手下谋士的劝说，执意撤走荆州大部分兵力，从而最终造成荆州的失守。

他刚撤走荆州兵力，陆逊就秘密调遣部队，轻而易举地攻下了荆州。吕蒙同时带军进入江陵，控制了关羽及其将士的家属。对这些人，吕蒙采取了安抚政策，不仅向军中公布了有关纪律，不准干扰百姓、夺取财物，而且派出亲近的人去慰问救济老人，生病的给吃药治疗，挨冻受饿的给衣服和食物，从而赢得了民心。

关羽刚听到南郡被攻破的消息时，还不相信，仍振振有词地说："此敌人讹言，以乱我军心耳！东吴吕蒙病危，孺子陆逊代之，不足为虑！"接二连三的探马到来，才使他不得不接受这个事实，立即往襄阳逃去。中途听到襄阳失守，迫不得已又改投公安，可是公安守将已投降吴国。形势如此危急，刚愎固执的关羽还依然自负地率军企图从陆路收复荆州。但没走多远，就遇到强大的吴军的阻拦，加上后面魏军的追杀，可说是进退无路，大势已去了。此时，他才痛苦地对手下谋士司马王甫说："后悔不听足下之言，今日果有此事！"到此孤立无援境地，不得已，他只好率领残兵败将往西退守麦城，最后只剩下十多个骑兵。

关羽被围困麦城多日，不见援军，不得已只好准备弃城突围，潜入西川以等待时机。他听说有一偏僻的山间小路可通西川时，就决定从小路突围。谋士司马王甫知道后，连忙劝阻，认为一旦敌人在那里藏有埋伏，后果不堪设想，但关羽依然自恃武艺高强，听不进司马王甫的意见，甚至扬言："虽有埋伏，或何惧哉！"执意走小路。结果钻进了吴军的口袋，关羽父子等人轻而易举地就被吴国伏兵捉住了。不久，关羽父子就被杀掉了。

聚敛钱财，大难临头

和珅大概是中国历史上最大的贪污犯。他与一般贪污犯不同的是，他不仅受到皇帝的信任，掌握着财权，还掌握着相当大的军权和人事权。由于其多年的经营，他的周围已经形成了一个很大的关系网。处理这样的人，必须慎重，而且必须具备决绝的手腕，否则稍有不慎，就会引来不测之祸。

嘉庆四年（1799）正月初二日，清高宗乾隆帝病逝，仁宗亲政。初四日，他命令和珅和户部尚书福长安昼夜守值殡殿，不得擅自出入，这样一来，就限制了和珅的自由，也就等于免去了和珅的军机大臣、九门提督之职。接着，仁宗又下了一道谕旨，暗示由于内外文武大臣通同为弊，在剿办白莲教起义中辱国丧师，有的大臣视朝廷法律如同儿戏，长此以往，国体何存？威信何在？且查历年兵部，国家坐耗巨饷，非养兵也，乃为权臣谋取，希望各部院大臣要着实下力查办。此旨一下，给事中王念孙等人心领神会，明白皇帝要惩治和珅，立即纷纷上疏弹劾和珅。于是，清仁宗下令将和珅革职，逮捕入狱，并宣布他的二十大罪状。逮捕和珅后，又从他的家里搜出大量钱财珠宝，其数量之大，令人瞠目结舌。

和珅聚敛了如此多的钱财，在惊讶之余，我们不禁要问：和珅究竟用了何种手段，竟然在乾隆皇帝眼皮底下，神不知鬼不觉地将清朝几乎15年的国库收入卷入私囊？

由于和珅罪行重大，仁宗起初要将和珅凌迟处死，但由于皇妹和孝公主再三涕泣求情，加之大臣董诰、刘墉等人的劝阻，最后决定赐令和珅狱中自尽，并将没收的和珅家产赐给宗室，故而民间流传着这样的谚语："和珅跌倒，嘉庆吃饱。"

和珅被处决后，其党羽和一些亲近的官员皆惴惴不安，害怕受到牵连。有的朝廷大臣也上疏主张追究余党。为了安定人心，仁宗为此发布上谕说，和珅专擅蒙蔽，罪在和珅一人，其余一时失足者，只要痛改前非，既往不咎。此谕一出，人心大定。

铲除和珅纵然没有经过什么惊心动魄的大的斗争，但其间也存在着相当的风险。当时，全国各地烽烟遍起，由于和珅的长期经营，其党羽遍布朝野，如果处理不当，就会出现为渊驱鱼、为丛驱雀的局面。一旦如此，朝廷将会四面树敌，虽不致有多大的危险，起码也要大费周折。而仁宗筹划若定，在不动声色中举重若轻地除掉了和珅，实属不易之举。

【原文】

凡天下官宦之家，多只一代享用便尽，其子孙始而骄佚，继而流荡，终而沟壑，能庆延一二代者鲜矣。商贾之家，勤俭者能延三四代；耕读之家，谨朴者能延五六代；孝友之家，则可以绵延十代八代。我今赖祖宗之积累，少年早达，深恐其以一身享用殆尽，故教诸弟及儿辈，但愿其为耕读孝友之家，不愿其为仕宦起见。

若不能看透此层道理，则虽巍科显宦，终算不得祖父之贤肖，我家之功臣。若能看透此道理，则我钦佩之至。澄弟每以我升官得差，便谓我肖子贤孙，殊不知此非贤肖也。如以此为贤肖，则李林甫、卢怀慎辈，何尝不位极人臣，焄奕一时，讵得谓之贤肖哉？予自问学浅识薄，谬膺高位，然所刻刻留心者，此时虽在宦海之中，却时作上岸之计。要令罢官家居之日，己身可以淡泊，妻子可以服劳，可以对祖父兄弟，可以对宗族乡党。如是而已。

【译文】

天下官宦人家，大多只是一代就将家业享用殆尽，他们的子孙刚开始的时候还骄横懒散，继而漂泊浪荡，最终困死在沟壑旁，能够维持一二代的实属罕见。

做生意的巨富人家，勤俭持家的能够延续享用三四代；贫穷人家，谨慎俭朴的能够延续五六代；孝敬长辈、和睦友善的人家，则能延续十代八代。今天我仰仗祖先累积的功德，能够少年得志、家业兴旺，但是我非常担心我一个人享用耗尽，所以教导各位弟弟和子侄们，希望大家都立志图强，使我们家成为耕读、孝悌、友善和睦的家庭，而不愿它成为一般的官宦人家。如果不能看透这一层道理，那么即使登科入仕，官位显赫，也算不上是祖父贤能孝义的子孙、我们家族的功臣。如果能看透这番道理，那我将钦佩之至。澄弟一直认为我升官得志，便是孝子贤孙，殊不知这并不是贤德孝义啊！如果以此为贤孝之举，那么李林甫、卢怀慎这些人，何尝不是位极人臣、红极一时的大人物，岂不可以说他们也是贤孝之人吗？我自知才学不高，误登高位显爵，于是事事留心在意。此时我虽身在仕途宦海之中，却时刻做着弃官归田的打算。希望能在弃官回家的时候，自身可以淡泊名利，妻子也可以担任劳作，这样才对得起祖父和各位兄弟，也对得起宗族乡亲。仅此而已。

【评析】

在廉俭方面，曾国藩是这样说的，也是这样做的。这方面的事例不少。

曾国藩终生过着俭朴的生活，他早起晚睡，布衣粗食，死守寒素家风。吃饭，每餐仅一荤，如果没有客人，不会另增一荤。他30岁生日时，缝了一件青缎马褂，平时舍不得穿，只逢喜庆或新年时才穿，这件衣服到他死的时候，还跟新的一样。

俭而不奢，为官清廉，这是中国的古训，也是曾国藩谆谆告诫子弟的重要内容之一。曾国藩治家有方，兄弟多有建树，子孙也人才辈出，家人和睦，尊老爱幼，子孝妻贤，世世代代广为流传。

【史例解读】

法真淡泊名利得善终

吃家常饭，穿粗布衣，能达到这一境界的为官之人不多，但是有这种志向的官员并不少。以一颗朴实的心待人，这样的官员算是明白了为官的真谛，这样不仅会得到百姓的称赞，自己也自得而潇洒。贪图钱财、拍马奉迎的官员不能长久，甚至不会有踏实的睡眠，得到的只能是百姓的唾弃。百姓心中有杆秤，每一个为官者老百姓都能称出分量。与其上蹿下跳地迎合，倒不如脚踏实地做事。

法真字高卿，是扶风郡（今陕西兴平东南）人，他的父亲法雄曾任南郡太守。法真好学，百家纵览，博通各家学问，是关西地区有名的大儒。

法真虽出身官宦之家，但性格恬淡寡欲，不愿参与政事。扶风郡太守闻其名，希望与他见面，法真便应邀前往。太守说："春秋时，鲁哀公虽然不是贤君，但孔仲尼却对他称臣。如今，我德薄名虚，但想委屈你任郡功曹，怎么样？"法真回答："太守您待人有礼，所以我才做您的宾客。如果您要以我为吏，那我就要躲到北山之北，南山之南了。"太守听了这话，再也不敢勉强他了。

后来，朝廷举他为贤良，法真也没有应承。同郡人田弱也多次荐举他，有一次顺帝西巡，田弱又乘机推荐，于是顺帝前后四次征召他。

法真不但没有前往，反而隐居起来，始终没有露面，法真的朋友郭正称赞他说："法真这个人呀，可闻其大名，却难见其本人。他不愿出名而名声却老伴随着他，逃避功名而功名老追着他跑。他真可以为百世之师了。"

法真生活在东汉后期，朝廷内宦官外戚之争、党人之禁屡屡发生，真可谓昨为人上人，今为阶下囚。丢官、坐牢、禁锢、杀身，经常有这样的悲剧发生。法真却远离这些政治争斗、是是非非，视功名利禄如粪土，这体现了他看透了社会人生的大睿大智。在东汉后期险恶的政治环境里，他能以89岁高龄善终，不能不认为是他隐逸立身的成功。

吴隐之清廉为官

广州背山面海，温暖多雨，光热充足，是个出产奇珍异宝的地方。魏晋时期，凡是担任广州刺史的人，都有过贪赃枉法的行为，因为那些奇珍异宝，只要带上一匣，就可以几世享用。但是，广州又是一个流行瘴疠疾疫的地方，一般人都不愿意去那里做官，去那儿做官的人，基本都是些难以自立又想发财的人。

晋安帝隆安年间，朝廷决定革除这儿的弊政，便派有清官美称的吴隐之担任广州刺史。吴隐之年轻的时候就是一个孤高独立、操守清廉的人。当时，他虽然家中穷困，每天只有到傍晚的时候才能煮豆子当晚餐，但他再饿再穷，也决不吃不属于自己的饭菜，不拿不合乎道义的东西。后来他虽然担任了各种显要的职务，却仍能保持俭朴的优良品质。他曾经把自己得到的俸禄和赏赐，都拿出来分给亲戚和族人，以至于冬天时自己都没有被子盖。有时候因为缺少替换的衣服，洗衣服的时候，他就披上棉絮待在家里。

吴隐之奉命去广州上任。在离广州治所20里的一个叫作石门的地方，他看到了一道泉水淙淙流去。有人告诉他，这条泉水被称作"贪泉"。传说，只要喝了这"贪泉"的水，无论是谁，都会产生贪婪的欲望。吴隐之听后不信，跨下马来，对随从们说："如果不看见能够让人产生贪欲的东西，人的心境就不会慌乱。我们一路上见到了那么多的奇珍异宝，现在，我终于知道了为什么一越过五岭，人们就会丧失清白的原因了。"说完，便跑到"贪泉"边，舀起泉水，非常坦然地喝了起来，还吟诗一首："古人云此水，一饮怀千金。试使夷齐饮，终当不易心。"他用此诗，清楚表达了自己要像伯夷、叔齐一样坚守节操。

到了广州任上，他果真一尘不染，而且更加清廉。他平常的食物不过是些蔬菜和干鱼，而帷帐、用具、衣服等物品全都交付外库。刚开始，许多人见他这样，都在背后议论说他是故意这样做的，以显示自己的俭朴，做个样子给别人看。但是时间一长，人们发现，原来他真的是一个清官，之前的一切也并不是故作姿态。他从广州回京城时，也没有带走任何东西。当他看到妻子刘氏带了一斤沉香的时候，马上把它取出来，扔到河里。

由于他以身作则，广州长年以来的贪污陋习大为改观。朝廷为了嘉奖他，封他为前将军。贪婪者虽富亦贫，知足者虽贫亦富。为了获取财富，不择手段，贪得无厌，最终只能沦为财富的奴隶，这样的人生也便失去了意义。吴隐之虽然生活清贫，但他精神上富有，也因此获得了"清官"的美誉。

卷四

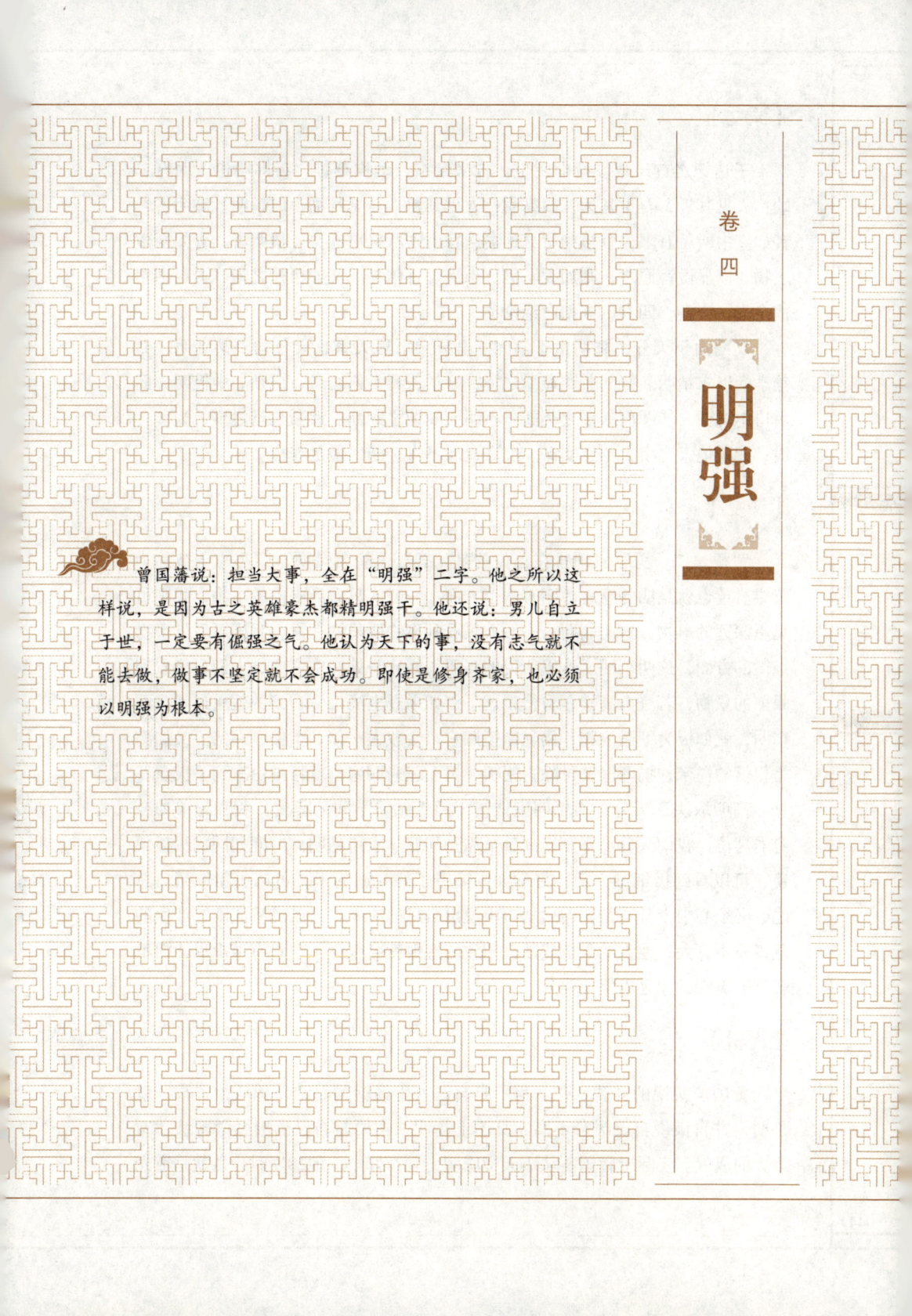

明强

曾国藩说：担当大事，全在"明强"二字。他之所以这样说，是因为古之英雄豪杰都精明强干。他还说：男儿自立于世，一定要有倔强之气。他认为天下的事，没有志气就不能去做，做事不坚定就不会成功。即使是修身齐家，也必须以明强为根本。

【原文】

三达德之首曰智。智即明也。古来豪杰，动称英雄。英即明也。明有二端：人见其近，吾见其远，曰高明；人见其粗，吾见其细，曰精明。高明者，譬如室中所见有限，登楼则所见远矣，登山则所见更远矣。精明者，譬如至微之物，以显微镜照之，则加大一倍、十倍、百倍矣。又如粗糙之米，再舂则粗糠全去，三舂、四舂，则精白绝伦矣。

高明由于天分，精明由于学问。吾兄弟忝居大家，天分均不甚高明，专赖学问以求精明。好问若买显微之镜，好学若舂上熟之米。总须心中极明，而后口中可断。能明而断谓之英断，不明而断谓之武断。武断自己之事，为害犹浅；武断他人之事，招怨实深。惟谦退而不肯轻断，最足养福。

【译文】

"智、仁、勇"三项排在首位的是"智"。智就是明，豪杰志士被称为英雄。英也就是明的意思。明有两个方面：一般人只看到眼前的事物，我则可见更深远的事物，这叫高明；一般人只看到事物明显的一面，我则可看见事物细微的方面，这叫精明。这里所说的高明，好比身处一室之中，人们只能看到眼前的景物，若登上高楼，看得就远了，如果登上高山，看到的就更远了。而精明，就如极为细微之物，用显微镜照它，会放大一倍、十倍、百倍。又如满是粗糠的糙米，捣两遍就可除去粗糠，捣上三遍四遍，就精细白净到了极点。

高明取决于天分，而精明则依赖于后天钻研学问的程度。我和兄弟如今身居高位，我们天分都不算很高，全靠勤问好学求得精明。好问如同购买显微镜，可以看到极细微方面；好学如同捣舂了好几遍的米，可以去粗取精。总之，必须心中十分清楚，而后从口中说出自己的决断。自己的事武断，产生的危害还不算大；他人的事情武断，招致的怨恨就会很深了。只有谦虚退让而不轻易下决断，才足以保住福分。

【评析】

曾国藩所说的"智、仁、勇"是自己人生经验的总结。他认为"智"就是明，并自谦说自己天分不高，算不上高明，主要是自己后天勤学苦练才有今天的成就。实际上曾国藩从小天资聪明，勤奋好学。他28岁时，也就是道光十八年（1838），考中了同进士，从此之后，他一步一阶地踏上仕途之路。曾国藩就是沿着这条仕途之道，步步升迁到二品官位。十年七迁，连跃十级。这样的升迁速度在当时是很少见的。

【史例解读】

荀攸自谦避祸

荀攸是曹操的一个谋士，他自谦避祸，处处与人为善，能与人和谐相处，很善于隐蔽锋芒。他担任军师，跟随曹操征战疆场，筹划军机，克敌制胜，立下了汗马功劳。曹操非常器重他，对他的贡献给予了很高的评价。后来，他又转任中军师。曹操成为魏公之后，他又被任命为尚书令。

荀攸有着超人的智慧和谋略，不仅在政治斗争和军事斗争中表现突出，在安身立业、处理人际关系等方面，都能很明显地看出来。

他在朝20余年，处理政治旋涡中上下左右的复杂关系，从容自如；身处极其残酷的人事倾轧中，始终地位稳固，立于不败之地。曹操向来以爱才著称，但是他作为封建统治阶级的铁腕人物，在铲除功高盖主和略有离心倾向的人方面，却从来不犹豫不手软。一个典型的例子就是一号谋臣，荀攸的族叔荀彧。荀彧力保汉室，不支持曹操做魏公，被逼自杀。但是荀攸就很注意将自己超人的智谋应用到防身固宠、确保个人安危方面。

曹操有一段反映荀攸具有特别谋略的话，很形象，很精辟，他是这样写的："公达外愚内智，外怯内勇，外弱内强，不伐善，无施劳，智可及，愚不可及，虽颜子、宁武不能过也。"可见，荀攸平时非常注意周围的环境，对内对外、对敌对己都有不同的方式。参与军机谋划之时，他智慧过人，频出妙策；迎战敌军之时，他奋勇当先，不屈不挠；面对曹操、同僚之时，他却不露锋芒、不争高下，将自己的才能、智慧、功劳谨慎地掩藏起来，显得很谦卑、文弱甚至愚钝、怯懦。

荀攸这种大智若愚、随机应变的处世方略，虽然不免有故意装愚卖傻之嫌，但不能不说其效果极佳。他与曹操相处20余年，一直深受宠信，双方关系非常融洽，而且从来没有人对他谗言陷害，最后善终而死。他死后，曹操仍痛哭流涕，对他的品行推崇备至，并且赞誉他为谦虚的君子和完美的贤人。

归隐山林孟浩然浑然忘我

　　孟浩然是唐代很有名气的文人，富有灵气，其文采卓尔不凡。他年轻时和其他文人一样，希望靠自己的诗书才华求取功名，光耀门楣。但是年轻气盛的他锋芒太露，结果因为一首诗惹怒了唐玄宗，从此仕途不济。孟浩然见做官无门，就怅然地离开了长安。

　　经过一段时间的静坐冥思，他参透了人生之味和宦海沉浮，于是归隐田园，寄情于山水，过着逍遥自在的生活。

　　当时，朝中有一位清官韩朝宗，身兼数职：既是荆州大都督府长史，又担任着襄州刺史，还是山南东道来访处置使。他久闻孟浩然的才华，也深知孟浩然的遭遇，于是想举荐他。韩朝宗深得皇上信赖，曾经为朝廷发掘了许多栋梁之材，如果这次孟浩然和他一同去长安，应该有很大的希望。在韩朝宗的劝说之下，孟浩然答应了，并和他约好出发的时间。

　　可在临行前，有一个和他意气相投的朋友前来拜访，孟浩然兴致勃勃地和他把酒谈笑，竟然把去长安的事忘了。韩朝宗左等也不见人来，右等还是没有半个人影，大失所望，只好一个人走了。

　　从此，孟浩然彻底地摆脱了仕途的俗念，忘情于变幻多姿的大自然中，从中汲取灵感，并以山峦、树木、松月、飞鸟和鸣蝉等为素材，创造了意象万千的诗歌。

　　一天，孟浩然与一位朋友走在乡村小道上，道旁修竹幽篁，别有一番韵致，孟浩然禁不住驻足观赏。远处的渔夫收拾好渔网，在暮色中归来。孟浩然赶忙上前，询问渔夫的收获，然后仔细端详篓子里的鱼，看完后，莫名其妙地笑了。朋友觉得他举止有些怪异，问："你在想什么呢？有什么好笑的事情吗？"

　　孟浩然开心地说："刚才看到翠竹，诗兴大发，琢磨出两句，其中有竹和鱼。只是平时没有注意竹有多少节，鱼有多少鳞，所以刚才看了个明白，心中甚是高兴！"说完就爽朗地笑了。

　　孟浩然在淳朴的田园中生活了大半辈子，以山水为伴，浑然忘我，创作出许多流传后世的名篇佳作。这位隐逸之士一直隐居至终老，诗人李白称赞他为"白首卧松云"。

孙膑装疯为逃生

孙膑，战国时期杰出的军事理论家和军事指挥家，齐国人。孙膑与庞涓同是鬼谷子门下弟子。庞涓先下山，并做了魏国的军师。孙膑是鬼谷子最好的学生，满腹经纶，总想施展一番。庞涓自知才学不如孙膑，便写信把孙膑骗下山来。

魏惠王本来想拜孙膑为副军师，可是庞涓以各种理由加以阻挠，使得魏惠王只给孙膑拜了个客卿，暂时住在军师府。

在此之后，庞涓不断地向魏惠王说孙膑的坏话，有一次齐国的使者慕名而来，欲聘请孙膑去齐国施展才能，被忠于魏国的孙膑拒绝。可是庞涓知道后，利用这个机会再次向魏王进谗言说："孙膑虽然表面上来到了魏国，但是他的心中却仍然挂念他的齐国。比如这次来的齐国使者，就是来和他私通的。"

魏王一听，大怒道："把孙膑给我抓起来，重重治罪！"孙膑就这样莫名其妙地被处以去掉膝盖骨的重刑。受刑后，孙膑成了废人，住在庞涓府中，一日三餐，拉屎撒尿全得靠军师府中一个叫诚儿的仆人伺候，时间久了，孙膑觉得很是过意不去，庞涓抓住时机，则央求孙膑传授孙子兵法的鬼谷子的注解。孙膑答应给他写，每天费力写个二到三篇，庞涓急不可耐，让诚儿催促，诚儿疑惑，问庞涓的内侍，才得知原来是庞涓用诈准备骗取兵书，诚儿良心未泯，可怜孙膑，偷偷地将实情告诉了孙膑，孙膑至此恍然大悟，然苦思无脱身之计。正彷徨时，想到了师傅临别授予的锦囊，打开一看，"诈疯魔"三个字提醒了孙膑。自此孙膑开始了他的计谋，当晚便开始了疯魔表演，痰粪涂面，一会儿大哭，一会儿大笑，还骂不绝口，浑然一疯子，庞涓多次试探，孙膑也以疯人疯语作答，庞涓还让人把孙膑拖到猪圈里，孙膑表演得丝毫不漏破绽，在猪粪尿里打滚，吃猪食，啃臭泥。这样无所不用其极的致命表演，才让庞涓不再疑惑孙膑诈疯，反倒懒得管他了。庞涓放松了警惕，任孙膑卧于猪圈和游历于市井之间，不再理会。

后来鬼谷子的好友墨翟在齐国元帅田忌家里做客，得知了孙膑的遭遇，懊悔不已，没有想到想帮孙膑反害了他，遂向田忌举荐孙膑，田忌以偷梁换柱之法，从魏国救回孙膑，齐王看到孙膑学识渊博，正是朝廷需要的有胆有识、博古通今的胸藏兵书的奇谋之士，便任他做军师。孙膑后来屡建奇功，并最终

卷四·明强

·047·

在作战中打败了庞涓，为自己报了仇。

【原文】

担当大事，全在明强二字。《中庸》学、问、思、辨、行五者，其要归于愚必明，柔必强。凡事非气不举，非刚不济，即修身养家，亦须以明强为本。难禁风浪四字譬还，甚好甚慰。古来豪杰皆以此四字为大忌。吾家祖父教人，亦以懦弱无刚四字为大耻。故男儿自立，必须有倔强之气。惟数万人困于坚城之下，最易暗销锐气。弟能养数万人之刚气而久不销损，此是过人之处，更宜从此加功。

【译文】

担当大事，全在明强两个字上。《中庸》中的学、问、思、辨、行五个方面，最重要的就是要使愚昧变聪明，使柔弱变刚强。天下的事，没有志气就不能去做，做事不坚定就不会成功。即使是修身养家，也必须以明强为根本。"难禁风浪"这四个字说得很好，大慰我心。自古豪杰之士都以这四个字为大忌。我祖父教导我们，也以"懦弱无刚"四字为大耻。所以男儿自立于世，一定要有倔强之气。只是好几万人被困于坚固的城池之下，最容易暗中消磨锐气。你能使数万人的刚强士气，长时间不被消磨折损，这正是你的过人之处，以后更要在这一点上下功夫。

【评析】

曾国藩一生刚强，坚而不摧，他认为：担当大事，全在"明强"两个字上。所谓"明"就是明于事，明于己。以明为基础的倔强，其实就是一种定见，是一种看清问题坚持到底的决心。所谓"强"，就是为维护正确的道理而勇往直前，这才是真正的强。曾国藩的"明强"之法，可以修养心性，还能训练自己处事不烦，不急不躁，清醒，果断。尤其在遇到困难时，能够审时度势，深谋远虑，决不求一时之功。相反，逞强斗狠只会招致失败。

【史例解读】

一身正气万古流芳

文天祥（1236—1283），吉州庐陵（今江西吉安）人，原名云孙，字履善，又字宋瑞，自号文山，民族英雄。选中吉州贡士后，他以天祥为名，宝祐四年（1256）中状元，历任签书宁海军节度判官厅公事、刑部郎官、江西提刑、尚书左司郎官、湖南提刑、知赣州等职。有《文山先生集》传世。

文天祥19岁时获庐陵乡校考第一名，次年（宝祐四年）入吉州白鹭洲书院读书，同年中吉州贡士，并随父前往南宋首都临安应试。在殿试中，他作"御试策"切中时弊，提出改革方案，表达政治抱负，宋理宗亲拔为第一，也成为权相贾似道门生。后历任签书宁海军节度判官厅公事、刑部郎官、江西提刑、尚书左司郎官、湖南提刑、知赣州等。咸淳六年（1270）因得罪权相贾似道而遭罢斥。

宋恭帝德祐元年（1275）正月，因元军大举进攻，宋军的长江防线全线崩溃，朝廷下诏让各地组织兵马抵抗外敌。文天祥立即捐献家资充当军费，招募当地豪杰，组建了一支万余人的义军，赶赴临安。朝廷委任文天祥知平江府，命令他发兵援救常州，又命令他驰援独松关。由于元军攻势猛烈，江西义军虽英勇作战，但最终也未能挡住元兵。

次年正月，元军兵临南宋首都临安，文武官员纷纷逃出城外。谢太后任命文天祥为右丞相兼枢密使，派他出城与伯颜谈判，意图与元军议和。文天祥到了元军大营，却被伯颜扣留。谢太后见大势已去，只好献城向元军投降。

元军占领临安，但两淮、江南、闽广等地还未被元军完全控制和占领。于是，伯颜企图诱降文天祥，利用他的声望来尽快收拾残局。文天祥宁死不屈，伯颜只好将他押解北方。行至镇江，文天祥冒险逃出。经过诸多艰难险阻，于景炎元年（1276）五月二十六日辗转到达福州，被小皇帝宋端宗赵昰任命为右丞相。

七月，文天祥对张世杰把持朝政极为不满，又与陈宜中意见不合，于是离开福州，以同都督的身份在南剑州（今福建南平）开府聚兵，指挥抗击元兵。

十月，文天祥转移到汀州、莲城等地，派使参赞吴浚取雩都（今江西于都）联络各地抗元义军，坚持抗击元军。

景炎二年（1277），元兵入汀关，文天祥想要依莲城拒敌。二月，文天祥率兵攻复梅州，四月斩杀跋扈大将二人后至夏，由梅州出兵，进攻江西，此时各地豪杰响应抗元，号令通于江淮。在雩都获得大捷后，又转战至赣州，以偏师进攻吉州，陆续收复了许多州县。元江西宣慰使李恒在兴国县发动反攻，文天祥兵败，妻妾子女都已失散，后奉老母之命再入莲城，以图再举，后转战到循州。

祥兴元年（1278）夏，文天祥得知端宗已死，继位的弟弟赵昺移驻崖山，文天祥被任命少保，信国公。为摆脱艰难的处境，他便要求率兵前往，与南宋行朝会合。由于张世杰坚决反对，文天祥只好放弃，率兵退往潮阳县。同年冬，元军大举来攻，文天祥在率兵向海丰撤退途中遭到元将张弘范攻击，兵败被俘。

文天祥服毒自杀未遂，被张弘范押往崖山，让他写信招降张世杰。文天祥说："我不能保护父母，难道还能教别人背叛父母吗？"张弘范看文天祥不愿意，一再强迫他写信。于是文天祥将自己前些日子所写的《过零丁洋》抄录给张弘范。张弘范读到"人生自古谁无死，留取丹心照汗青"两句时，不禁也受到感动，不再强逼文天祥了。

写《过零丁洋》20天后，南宋在崖山海战大败，陆秀夫背着八岁幼帝赵昺跳海自尽，南宋灭亡。张弘范向元世祖请示如何处置文天祥，元世祖说："谁家无忠臣？"命令张弘范对文天祥以礼相待，并将文天祥送到大都（今北京），软禁起来，决心劝降文天祥。

元世祖首先派降元的原南宋左丞相留梦炎劝降文天祥。文天祥一见留梦炎便怒不可遏，留梦炎只好悻悻而去。元世祖又让降元的宋恭帝赵㬎来劝降，文天祥北跪于地，痛哭流涕，对赵㬎说："圣驾请回。"宋恭帝无话可说，快快而去。元世祖勃然大怒，于是下令将文天祥的双手捆绑，戴上木枷，关进兵马司的牢房。文天祥入狱十几天，狱卒才给他松了手缚，又过了半月，才给他取下木枷。

元朝丞相孛罗亲自开堂审问文天祥，文天祥被押到枢密院大堂，昂然而立，只是对孛罗行了一个拱手礼。孛罗喝令士兵强制文天祥下跪，文天祥竭力抗争，坐在地上，始终不肯下跪。孛罗问文天祥："你现在还有什么话可说？"文天祥回答："天下事有兴有衰，国亡受戮，历代皆有。我为宋尽忠，只愿早死！"孛罗大发雷霆，说："你要死？我偏不让你死，我要关押你！"文天祥毫不畏惧，说："我愿为正义而死，关押我也不怕！"

此后，文天祥在监狱中度过了三年。在狱中，他收到女儿柳娘的来信，得知妻子和两个女儿都在宫中为奴，过着囚徒般的生活。文天祥深知女儿的来信是元廷的暗示：只要归降，家人即可团聚。然而，文天祥尽管心如刀割，却不愿因妻子和女儿而丧失气节。他在写给自己妹妹的信中说："收柳女信，痛割肠胃。人谁无妻儿骨肉之情？但今日事到这里，于义当死，乃是命也。奈何？奈何！……可令柳女、环女做好人，爹爹管不得。泪下哽咽哽咽。"

狱中生活很苦，文天祥强忍痛苦，写出了不少诗篇。《指南后录》第三卷、《正气歌》等气壮山河的不朽名作都是在狱中写出的。

元世祖至元十九年（1282）三月，权臣阿合马被刺，元世祖下令没收阿合马的家财，追查阿合马的罪恶，并任命和礼霍孙为右丞相。和礼霍孙提出以儒家思想治国，颇得元世祖赞同。八月，元世祖问议事大臣："南方、北方宰相，谁是渠能？"群臣答："北人无如耶律楚材，南人无如文天祥。"于是，元世祖下了一道命令，打算授予文天祥官职。文天祥的一些降元旧友立即向文天祥通报了此事，并劝说文天祥归降，却遭到文天祥拒绝。十二月八日，元世祖召见文天祥，亲自劝降。文天祥对元世祖仍然是长揖不跪，元世祖也没有强迫他下跪，只是说："你在这里的日子久了，如能改心易虑，用效忠宋朝的忠心对朕，那朕可以在中书省给你一个位置。"文天祥回答："我是大宋的宰相。国家灭亡了，我只求速死，不当久生。"元世祖又问："那你想要怎么样？"文天祥回答："但愿一死足矣！"元世祖十分恼火，于是下令立即处死文天祥。

次日，文天祥被押解到刑场。监斩官问："你还有什么话要说？回奏还能免死。"文天祥喝道："死就死，还有什么可说的？"他问监斩官："哪边是南方？"有人给他指了方向，文天祥朝向南方跪拜，说："我的事情完结了，心中无愧了！"于是引颈就刑，从容就义。死后在他的衣带中发现一首诗："孔曰成仁，孟曰取义，唯其义尽，所以仁至。读圣贤书，所学何事？而今而后，庶几无愧。"文天祥死时年仅四十七岁，他杀身以成仁，其浩然正气万古流芳。

生是大汉人，死是大汉臣

苏武（前140—前60）字子卿，杜陵（今陕西西安西南）人，代郡太守，苏建之子。公元前100年，匈奴政权新单于即位，汉武帝为了表示友好，派苏武率领一百多人，带了许多财物和礼物，出使匈奴。不承想，就在苏武完成出使任务，准备返回祖国时，匈奴内部发生动乱，苏武一行受到牵连，被关押起来，匈奴还欲使其臣服单于。

起初，单于派人向苏武游说，许以丰厚俸禄和高官，苏武严词拒绝。匈奴人见劝说没有用，就决定用酷刑。当时正值严冬，天上下着鹅毛大雪。单于命人把苏武关入一个露天的大地窖，断绝食物和水，希望这样可以改变苏武的信念。时间一天天过去，苏武在地窖里受尽折磨。渴了，他就吃一把雪，饿了，就嚼身上穿的羊皮袄。过了好几天，单于见苏武快要死了，仍然没有屈服的意思，只好把苏武放出了地窖。

单于知道无论软的还是硬的，劝说苏武投降都没有希望，越发敬重苏武的气节，不忍心杀苏武，但也不想让他返回自己的国家，于是决定把苏武流放到西伯利亚的贝加尔湖一带，让他去牧羊。临行前，单于召见苏武说："既然你不投降，那我就让你去放羊，什么时候公羊生了羊羔，我就让你回到中原去。"

与他的同伴分开后，苏武被流放到人迹罕至的贝加尔湖边。在这里，单凭个人的能力是无论如何也逃不掉的。唯一与苏武做伴的，是那根代表汉朝的旌节和一小群羊。苏武每天拿着这根旌节放羊，心想总有一天能拿着它回到自己的国家。这样日复一日，年复一年，旌节杆上的装饰都掉光了，苏武的头发和胡须也都变白了。

就这样，苏武在贝加尔湖牧羊长达十九年之久。当初下命令囚禁他的匈奴单于已去世了，汉朝的汉武帝也死了，汉昭帝继任皇位。这时候，新单于执行与汉朝和好的政策，汉昭帝立即派使臣把苏武接了回来。

当初，苏武与李陵都为侍中。苏武出使匈奴的第二年，李陵投降了匈奴，不敢访求苏武。时间一久，单于派遣李陵去北海，为苏武安排了酒宴和歌舞。李陵趁机对苏武说："单于听说我与你交情一向深厚，所以派我来劝说足下，愿虔诚地相待你。你终究不能回归本朝了，却要白白地在荒无人烟的地方受苦，你对汉廷的信义又怎能有所表现呢？当年你的大哥苏嘉做奉车都尉，跟随皇上到雍的棫宫，扶着皇帝的车驾下殿阶，碰到柱子，折断了车辕，被定为大不敬的罪，你大哥用剑自杀了，皇帝只不过赐钱二百万用以下葬。你弟弟孺卿跟随皇上去祭祀河东土神，骑着马的宦官与驸马争船，把驸马推下去掉到河中淹死了，骑着马的宦官逃走了。皇上命令孺卿去追捕，他抓不到，因害怕而服毒自杀。我离开长安的时候，你的母亲已去世，我送葬到阳陵。你的夫人年纪还轻，听说已改嫁了，家中只有两个妹妹、两个女儿和一个男孩，如今又过了十多年，生死不知。人生像早晨的露水，何必长久地这样折磨自己！我刚投降时，终日若有所失，几乎要发狂，自己痛心对不起汉廷，加上老母拘禁在保宫，你不想投降的心情，怎能超过当时我李陵呢！并且皇上年纪大了，法令随时变更，大臣无罪而全家被杀的有十几家，安危不可预料，你还打算为谁守节呢？希望你听从我的劝告，不要再说什么了！"

苏武说："我苏武父子无功劳，都是皇帝栽培提拔起来的，官职升到列将，爵位封为通侯，兄弟三人都是皇帝的亲近之臣，我愿意为朝廷牺牲一切。现在得到牺牲自己以效忠国家的机会，所以即使受到斧钺和汤镬这样的极刑，我也心甘情愿。大臣效忠君王，就像儿子效忠父亲，儿子为父亲死，没有什么可遗憾的，希望你不要再说了！"

李陵与苏武共饮了几天，又说："你一定要听我的话。"苏武说："我料定自己已经是死去的人了！单于一定要逼迫我投降，那么就请结束今天的欢宴，让我死在你的面前！"李陵见苏武对汉朝如此忠诚，慨然长叹道："啊，义士！我李陵与卫律的罪恶，上能通天！"说着眼泪直流，浸湿了衣襟，告别苏武而去。李陵不好意思亲自送礼物给苏武，让他的妻子赐给苏武几十头牛羊。

后来李陵又到北海，对苏武说："边界抓了云中郡的一个俘虏，说太守以下的官吏百姓都穿白的丧服，说是皇上死了。"苏武听到这个消息，面向南放声大哭，吐血，每天早晚哭吊，达几个月之久。

汉昭帝即位，几年后，匈奴和汉达成和议。汉廷寻找苏武等人，匈奴撒谎说苏武已死。后来汉使者又到匈奴，常惠请求看守他的人同他一起去，终于在夜晚见到了汉使，他原原本本地述说了几年来在匈奴的情况，同时告诉汉使者要他对单于说："天子在上林苑中射猎，射得一只大雁，脚上系着帛书，上面说苏武等人在北海。"汉使者万分高兴，按照常惠所教的话去责问单于。单于向汉使道歉说："苏武等人的确还活着。"于是，李陵安排酒筵向苏武辞别，说："今天你还归，在匈奴中扬名，在汉皇族中功绩显赫。那些古代史书所记载的事迹，图画所绘的人物，怎能超过你！"说完泪下纵横。单于召集苏武的部下，除了以前已经投降和死亡的，总共跟随苏武回来的有九人。

苏武于汉昭帝始元六年（前81）春回到长安。昭帝下令让苏武带一份祭品去拜谒武帝的陵墓和祠庙。任命苏武做典属国，俸禄中二千石，赐钱二百万，官田二顷，住宅一处。常惠、徐圣、赵终根都任命为皇帝的侍卫官，赐给丝绸各二百匹。其余六人，年纪大了，让其回家，每人赐钱十万，终身免徭役。常惠后来做到右将军，封为列侯，他自己也有传记。苏武被扣在匈奴十九年，当初壮年出使，等到回来，胡须头发全都白了。

【原文】

凡国之强，必须多得贤臣工；家之强，必须多出贤子弟。此亦关乎天命，不尽由于人谋。至一身之强，则不外乎北宫黝、孟施舍、曾子三种。孟子之集义而慊，即曾子之自反而缩也。惟曾、孟与孔子告仲由之强，略为可久可常。此外斗智斗力之强，则有因强而大兴，亦有因强而大败。古来如李斯、曹操、董卓、杨素，其智力皆横绝一世，而其祸败亦迥异寻常。近世如陆、何、肃、陈亦皆予知自雄，而俱不保其终。故吾辈在自修处求强则可，在胜人处求强则不可。福益外家，若专在胜人处求强，其能强到底与否尚未可知。即使终身强横安稳，亦君子所不屑道也。

【译文】

凡是国家要强盛，一定是得到众多贤良的群臣相辅佐；家庭的兴旺，一定是出了很多贤良忠孝的子孙。这有关系中天道运命，不全靠人来谋划。至于一个人的刚强，则不外乎北宫黝、孟施舍、曾子三种情形。孟子能聚义而慊慨，等同于曾子自我反省而屈伸有度。只有曾子、孟子与孔子告诉仲由的刚强道理，才可以久长。此外斗智斗力的刚强，则有因为刚强而十分兴旺，也有因为刚强而惨败的。古往今来如李斯、曹操、董卓、杨素，他们的智力过人，而他们的灾难与失败也超乎寻常。近代如陆、何、肃、陈也都是胆力超群，而他们都不能保持刚强到最后。所以我们在自我修养上，谋求比别人刚强是可以的，在自己胜过别人的地方，谋求比别人刚强就不好。福气和利益都是身外之物，一个人如果专门在胜过别人的地方逞强，那么是否能刚强到底还不得而知。即使他终身都强横乡里安稳度日，也是君子不屑一顾的。

【评析】

曾国藩提倡自强、倔强，这都是大丈夫立世所不可缺少的。引人注目的是，曾国藩在自强、倔强的基础上提出了明强的概念。明强的意思，不外乎既要自强，又不能盲目自强；既要超过别人，又要注意一定的条件和场合。在这里，曾国藩以历史上的人物为例，提出要坚持孟子的集义而强、曾子的从自我反省中崛起，反对李斯、曹操、董卓、杨素那样的强，因为他们的强都用于谋一己私利上，最后却不得好下场。

【史例解读】

近美色功业难成

东汉昭宁元年，并州牧董卓率兵入洛阳，废少帝，立献帝，独揽朝中大权。曹操、袁绍起兵反抗，董卓又挟持献帝到长安，自任太师。

司徒王允对董卓的残暴专横十分不满，想除掉董卓，但苦于无计可施。王允家有一歌伎名叫貂蝉，貌若天仙，能歌善舞。王允平时把貂蝉当成女儿看待，貂蝉一直想报答王允的养育之恩。于是，王允和貂蝉商量了一个除掉董卓的计谋。

次日，王允将一些家藏珍宝送给董卓的义子吕布。吕布非常高兴，亲自前往王允府中拜谢。王允设宴招待吕布，酒过三巡，便请貂蝉出来给吕布斟酒。吕布一看，立即惊呆了，只见貂蝉：秋水为神玉为骨，芙蓉如面柳如眉。分明月殿瑶池女，人间尘埃难容身。王允看出了吕布的心思，说道："这是我的养女貂蝉。将军若不嫌弃，我送小女给将军做妾，不知将军意下如何？"吕布立刻向王允拱手说："岳父在上，请受小婿一拜！"王允慌忙把吕布扶起，说："早晚择个吉日，我把貂蝉送到将军府上。"吕布再三谢过王允，高兴地去了。

过了两天，王允又请董卓到家中饮酒。席间，王允请貂蝉出来跳舞。董卓是个老色鬼，他被貂蝉的美貌和舞姿给迷住了。王允乘势说："要是太师不嫌她貌丑，就带她回去做个丫头吧！"董卓非常高兴，当夜便把貂蝉带回家。

吕布听说此事，气冲冲地找王允算账。王允哭丧着脸说："是太师派人把貂蝉接走的，说马上给你们成亲。将军千万别怪罪于我啊！"

第二天，吕布在太师府的后花园见到了貂蝉。貂蝉说："我生是将军的人，死是将军的鬼，望将军早日救我出虎口。"两个人抱头痛哭。正在这时，董卓来了。吕布吓得扔下貂蝉就跑，董卓抄起画戟直追，眼看追不上，便将画戟掷了过去。吕布拨开飞来的画戟，飞也似的跑出园门。貂蝉扑到董卓的怀里，哭泣地说："我在后花园看花，吕布突然来调戏我，太师可得为我做主啊！"从此，董卓开始怨恨吕布。

吕布受了董卓的欺侮，愤愤不平。王允对他说："天下竟有如此寡廉鲜耻的人！董卓糟蹋我的女儿，夺走将军的妻子。我乃文官，只好忍气吞声，将军乃盖世英雄，怎能咽下这口气呢？"吕布叹了一口气说："我与他有父子名分，杀了他怕别人议论。"王允反驳道："将军姓吕，他董卓姓董，本来就不是一家。再说他掷戟时，难道念及了父子之情吗？"吕布对天起誓，愿听王允的吩咐。

这天，董卓入宫时，被王允派去的刺客刺伤。董卓高叫："奉先在哪里？"吕布露面后不仅没救董卓，反而一戟扎穿了董卓的咽喉。吕布向众人宣布："皇上有诏只诛奸臣董卓，别人一概不问。"

恃才放旷遭杀身

三国时期，曹操手下有位才子，名叫杨修。他不仅才华出众，而且反应机敏，聪颖过人。起初，曹操非常看重他，不过，杨修一向恃才傲物，锋芒太露，不但使曹操渐生反感，而且最终引来杀身之祸。

杨修善于揣摩曹操的心思。一次，曹操命人新修了一座花园，修好后他带人来参观。曹操觉得很满意，只是临走时在花园门上写了一个"活"字。曹操走后，杨修对修园人说："主公嫌花园的门太宽阔了，请你把它改窄点儿。"

修园人不解其中之意，杨修便说："你没看见主公刚才在门上写的'活'字吗？门与'活'合在一起，正是一个'阔'字。这就是告诉你们，花园的门太宽了，必须改窄。"众人听了，都说有道理。于是，修园人按照杨修所说的去办。过了几天，曹操再次来参观时，发现花园门改小了，连连称好。

又有一次，有人送曹操一盒酥饼。曹操在饼盒上写了"一合酥"三个字，便放在桌子上。恰巧杨修进来看见了，便把大家叫来，要分吃酥饼。

可是，这盒酥饼是别人送给曹操的，谁敢轻易品尝？看大家迟疑不动，杨修说："主公在盒子上面写了'一合酥'三字，分开来念就是'一人一口酥'。所以你们尽管放心吃好了，出了事由我来承担。"

大家觉得他说的对，便纷纷上前将酥饼一抢而光。曹操知道此事后，虽然没说什么，但心里却对杨修的自作主张产生反感。

后来曹操率兵攻打刘备，在定军山大败。曹操进退两难，但却不愿轻易撤兵。一天晚上，大将夏侯渊走进帐来，向曹操询问当晚夜巡的口令。曹操正在吃饭，手中拿着一块鸡肉，就随口说了"鸡肋"二字。

夏侯渊出帐后，就把这个口令告诉了夜巡的将士。杨修听到后，便吩咐手下人赶快收拾行囊，准备撤退。有士兵把此事报告了夏侯渊，他有些疑惑，赶忙问杨修。

杨修说："鸡肋，鸡肋，食之无味，弃之可惜！主公是不想在此恋战了，他虽然没有直接说出来，但心里已经准备要班师回朝了。"

夏侯渊对他的话深信不疑。回到帐中后，也命令手下人收拾物品为撤军做准备，并派人通知了其他将士。

这一消息，有人很快报告给曹操。曹操一听，不禁勃然大怒，他早就对杨修的恃才之举心生厌恶，立刻命人以蛊惑军心为由将杨修斩首。

卷五

坚忍

"忍"字在中国传统文化中有着非凡的意义，因为它包含的内容极为广泛，小到忍受饥饿病痛，大到为争夺天下忍辱负重，等待时机。一个"忍"字，似乎是人人必由之径，也是成大事者必不可少的考验。

【原文】

子长尚黄老,进游侠,班孟坚讥之,盖实录也。好游侠,故数称坚忍卓绝之行。如屈原、虞卿、田横、侯嬴、田光及此篇之述贯高皆是。尚黄老,故数称脱屣富贵、厌世弃俗之人。如本纪以黄帝第一,世家以吴太伯第一,列传以伯夷第一,皆其指也。此赞称张、陈与太伯、季札异,亦谓其不能遗外势利、弃屣天下耳。

【译文】

司马迁崇尚黄老之学,敬仰游侠,班固以此来讥讽他,这都是事实。敬仰游侠,所以多次称赞坚忍卓绝的操行。比如屈原、虞卿、田横、侯嬴、田光以及本篇中所讲的贯高都是此类人物。崇尚黄老,所以多次称赞鄙视富贵,厌世弃俗的人,如本纪以黄帝为第一,世家以吴太伯为第一,列传以伯夷为第一,都是这个宗旨。此篇赞中说张耳、陈余和太伯、季札不一样,也是讲他们没有能够回避势利,抛弃天下,归隐田园。

【评析】

对于人生而言,坚忍就是忍受与等待。忍受现时的压抑与痛苦,等待时机一到来实现理想与目的。性急的人不安于等待,暴躁的人难隐忍,常常由于这种天生的脾气把事情弄得不可收拾。论其原因,天生的脾气难以压抑是一回事,但多少有些不明于世事也是一个方面。常言道:事理通达,心平气和。真正做到这样,在人生不顺之时能忍受、等待、不急不躁,既是明白人,也是追求事业成功的意志力表现。有许多先哲把这一"忍"字作为自己的座右铭,作为修身功夫,作为有德行的一个标志,作为成事的试金石。可以说,一个人要想成大事,离开了这个"忍"字,便都是空话一句。

【史例解读】

司马迁忍辱负重发愤著书

司马迁少年时代,"耕牧河山之阳"。司马迁在这"山环水带,嵌镶蜿蜒"(《韩城县志序》)的优美环境里成长,既被山川的秀美之气所陶冶,又对民间生活有一定体验。

十岁时，他随父亲至京师长安，拜老博士伏生、大儒孔安国为师。家学渊源已深，又师从名师，因而获益匪浅。这时候，正值大汉王朝国势强大，经济繁荣，文化兴盛，张骞奉使通西域，卫青、霍去病大破匈奴，汉武帝设立乐府……此时也是司马迁在京城里丰富见闻、热情迸发的时候。

大约二十岁时，司马迁开始外出游历——"南游江、淮，上会稽，探禹穴，窥九疑，浮于沅、湘，北涉汶、泗，讲业齐、鲁之都，观孔子之遗风，乡射邹、峄，厄困鄱、薛、彭城，过梁楚以归。"回到长安以后，做了皇帝的近侍郎中，随汉武帝到过平凉、崆峒，又出使巴蜀，他到的最南边是昆明。

元封元年（前110），汉武帝举行大规模巡行封禅，步骑十八万，旌旗千余里，浩浩荡荡。司马迁父亲司马谈是史官，病死于洛阳，再没有机会跟汉武帝同行，但司马迁接受了父亲的遗志，赶赴泰山，参加封禅，随后绕道长城塞外回到长安。

元封三年（前108），司马迁三十八岁时，正式做了太史令，有机会阅览汉朝宫廷藏书、档案以及各种史料，他一边整理史料，一边参与改历。等到太初元年（前104），我国第一部历书《太初历》完成，紧接着他就动手编写《史记》。

天汉二年（前99），汉武帝派贰师将军李广利带兵三万，攻打匈奴，兵败而归。李广的孙子李陵当时担任骑都尉，带着五千步兵跟匈奴作战。单于亲自率领三万骑兵把李陵的步兵团团围住。李陵箭法精准，兵士也十分勇敢，五千步兵杀了五六千名匈奴骑兵。虽然单于调拨了更多的兵力，却仍然无力与李陵相抗衡。就在单于准备撤兵之际，李陵手下有一名士兵叛变，将李陵内部军情告发，告诉单于李陵后面没有援兵。单于于是继续与李陵作战。最后李陵寡不敌众，只剩了四百多名汉兵突围出来。李陵被匈奴逮住，投降了。

大臣们都谴责李陵不该贪生怕死，向匈奴投降。汉武帝便询问太史令司马迁，想听听他的意见。

司马迁说："李陵带去的步兵不满五千，他深入敌人腹地，打击了几万敌人。他虽然打了败仗，可是却杀了这么多敌人，也可以向天下人交代了。李陵不肯马上去死，肯定有他的主意，他一定还想将功赎罪来报答皇上。"

汉武帝听了，认为司马迁有意袒护李陵，意在贬低李广利（李广利是汉武帝宠妃的哥哥），遂勃然大怒，说："你这样替投降敌人的人强辩，不是存心反对朝廷吗？"便把司马迁投下监狱，交给廷尉审问。

一番审问之后，司马迁被定了罪，依据罪行应该受腐刑（一种肉刑）。司马迁拿不出钱赎罪，只好受了腐刑，关在监狱里。司马迁认为受腐刑是一件很耻辱的事，他几乎想自杀，但他想到自己有一件极重要的工作没有完成，不应该死。他想：从前周文王被关在羑里，写了一部《周易》；孔子周游列国时被困在陈蔡，后来编了一部《春秋》；屈原遭到放逐，写了《离骚》；左丘明眼睛瞎了，写了《国语》；孙膑被剜掉膝盖骨，写了《兵法》。还有《诗经》三百篇，大都是古人在心情忧愤的情况下写成的。我为什么不利用这个时候把这部史书写好呢？于是，他忍辱负重发愤著书，记述了从传说中的黄帝时期到汉武帝太始二年（前95）这段时期的历史，将其编写成一百三十篇、五十二万字的巨著《史记》。

勾践屈辱尝粪为灭吴

公元前494年，吴王夫差为了报杀父之仇，率领兵马，向越国进攻。吴军在梅山之战中大获全胜，越军被打得落花流水，几乎全军覆没，遂退守在会稽山。越王勾践眼看着就要国破家亡，便要求跟吴王讲和。吴王提出一个条件，他要越王夫妇到吴国给自己当仆人。勾践与大臣文种和范蠡经过一番谋划之后，答应携着妻子侍奉夫差。

夫差的大臣伍子胥极力反对，要求直接杀掉勾践，以绝后患。夫差有心要羞辱勾践，拒绝了伍子胥的建议。他在先父阖闾的墓旁建了一所简陋的石头房子，将勾践夫妇安置其中。里面没有床铺，只铺上干草；勾践以前的王袍也被换作了奴隶的服装。夫妇二人整日蓬头垢面，替夫差养马、劈柴挑水、做饭洗衣，俨然奴隶一般。为了麻痹夫差，让他放松对自己的警惕，勾践想方设法讨好夫差，博取他的信任，甚至不惜亲自舔尝他的粪便。

一次，夫差生病，腹泻不止，便令勾践暂时回避一下。勾践连忙说："贱臣过去曾从师学医，了解一些医术，如果让我观察一下您的粪便，我就可以判断您病情的轻重。"说完就亲口尝了尝夫差的粪便，向夫差说他的病很快就会好。

夫差疑惑地问："你如何知道？"勾践回答说："贱臣曾听医师说，粪者，谷味也，体健其味重，体病其味轻。贱臣刚才尝过大王的粪便，味酸而稍苦,可见没有什么大碍,稍加调养就可以了。"夫差叹息道:"勾践今日如此对我,这些是我宠信的大臣和儿子都做不到的啊!勾践对我的确忠心耿耿!"感动之余,吴王决定释放勾践夫妇回国。

勾践回国以后,发愤图强,笼络群臣,教养百姓。经过十年卧薪尝胆,越国国力大大增强,勾践便等待时机讨伐吴国,以雪耻辱。勾践虽然报仇心切,但并不鲁莽行事,他时常对众人说:"两国交兵,除将士有必死之心,战马有一日千里之力外,后方补给也是很重要的,有许多国家征伐别国时,都是因为后方补给跟不上,才被迫撤离的。我军若与吴国交战,一战必胜还可,若成两军对峙之势,便不妙。所以欲灭其国,先灭其粮草,此乃上上之策。"

然而,吴国地大物博,哪有轻易断粮之理?吴国农夫多得像海滩的沙粒,难道能把他们全杀了不成?为此,勾践一筹莫展,整日思虑败吴之计。

一日,忽有吴国使者来见,原来他们是来讨债的。几年前,越王向吴王借了十万斛粟米,现在吴国想要讨回以备耕种。因为吴国粮仓都只供应一年的粮食,如今正值耕种季节,正要用十万斛粟米回去让百姓播种。

越王想了想,便向使者恳求道:"短时间很难凑齐这么多粟米,还请宽限几日,定当派人送回吴国,不需再来人取。"

使者爽快地答应了,勾践便命令百姓将粟米蒸熟,然后来官府换取两倍的生粟米。百姓们见有利可图,都日夜不停地蒸粟米。几日后,勾践便派人将十万斛熟粟米交给吴王,并称这种粟米最适合播种。吴王见米粒大而饱满,便信了他,命人拿去播种,可百姓播种后却都不发芽,吴国因此大闹饥荒。

勾践乘机发兵讨伐吴国,吴国由于粮食供应不上,军队战斗力急剧下降,五湖决战,夫差大败。越军包围了夫差的王宫,杀死宰相,活捉夫差。吴王没想到,昔日舔尝自己大便的人竟然颠覆了自己的国家,他请求世世代代为越国附庸。勾践一心欲雪当年耻辱,断然拒绝,夫差被迫自杀。

【原文】

昔耿恭简公谓,居官以坚忍为第一要义,带勇亦然。与官场交接,吾兄弟患在略识世态而又怀一肚皮不合时宜,既不能硬,又不能软,所以到处寡合。迪庵妙在全不识世态,其腹中虽也怀些不合时宜,却一味浑含,永不发露。我兄弟则时时发露,终非载福之道。雪琴与我兄弟最相似,亦所如寡合也。弟当以我为戒,一味浑厚,绝不发露。将来养得纯熟,身体也健旺,子孙也受用，无惯习机械变诈，恐愈久而愈薄耳。

【译文】

过去耿恭简公说过，做官要把保持坚忍作为最重要的，即使是心中怀有奋勇之气，也应该是这样。在官场中应酬，我们兄弟都患在略知世态却又怀有一肚皮不合时宜的想法，既不能硬做主张，又不能迎合世事，所以到处显得孤立。迪庵之妙在于全然不识世态，他腹中虽然也有些不合时宜的想法，却能一味混同包容，永不表现显露。我们兄弟则常常外露，总不是带来福气的办法。雪琴和我们兄弟最相像，也少有投合的人。弟应当以我为戒，一味浑厚包容，决不显露表现。将来性情修养纯熟，身体也健壮旺盛，子孙也能获益，不要沉湎于官场机变诈伪，恐怕在官场越久，德行就越浅薄。

【评析】

曾国藩为人、为官、为学，都有一种不可及的精神。这种精神就是坚忍，但他的"忍"不是一味强忍，而是善忍、会忍，当忍则忍，不该忍则不忍。对皇亲贵族的猜疑、排挤、冷落和种种不公，他是一忍再忍。但对误国误军、贪得无厌而又加害他人的人，则是针锋相对，势不两立。曾国藩说自己不合时宜的想法常常表露于外，没有得到他人的支持和帮助，自己就显得势单力薄，这样就容易遭到别人的抨击和陷害。只有"一味浑厚，绝不发露"，才能身体强健，福佑子孙。

【史例解读】

忍人之所不能忍

汉代公孙弘小时候家里很穷，过着清苦的日子。所谓穷则思变，他便发愤学习，苦读诗书，十年寒窗苦，终于飞黄腾达，做了丞相。虽然他居于庙堂之上，手握重权，但是在生活上依然保持小时候俭朴的作风，吃饭只有一个荤菜，睡觉也是普通人家用的棉被。他的仆人们感叹："我家大人才是真正的清廉啊！"

这些话很快就传进了朝廷，文武百官为之感动不已，但是大臣汲黯却不这么想，他向汉武帝参了一本，说："公孙弘现在位列三公，不像当年生活百无聊赖,他有相当可观的俸禄,可是为什么还盖普通的棉被,吃简单的饭菜呢?"

皇上笑着说:"现在朝中上上下下不都称颂他廉洁俭朴吗?公孙弘是不忘旧时之苦,也不忘旧时之德。"汲黯摇摇头,继续说道:"依微臣所见,公孙弘这样做实质上是使诈以沽名钓誉,目的是骗取俭朴清廉的美名。"

汉武帝想想,觉得也有几分道理。有一次,上早朝时,他得了个机会便问公孙弘:"汲黯说你沽名钓誉,你的俭朴是故意做样子给大家看的,他说的是否属实?"

公孙弘听后觉得非常委屈,刚想上前辩解,但是转念一想,汉武帝现在可能偏听偏信,先入为主地认为他不是真正的"俭朴"。如果现在自己着急解释,文武百官就会觉得他确实是"沽名钓誉"。再想一想,这个指责也不是关乎性命的,充其量只会损害自己的名誉。清者自清,只要自己坚持自己的作风,以后别人自然会明白的。这样想着,公孙弘便把刚才的一股怨气吞下去,决定不作任何辩解,承认自己沽名钓誉。

他回答道:"汲黯说的没错。满朝大臣中,他与我交往颇深,来往甚密,交情也很好,他对我家中的生活最为熟悉,也最了解我的为人。他对皇上说的,正是一针见血,切中了我的要害。"汉武帝满以为他要为自己辩护,听到这番话颇感意外,问道:"哦?是这样吗?"

"我位列三公而只盖棉被,生活水准和小吏一样,确实是假装清廉以沽名钓誉。"公孙弘回答道,"汲黯忠心耿耿,为人正直,如果不是他,陛下也就不会知道这件事,也不会听到对我的这种批评了。"

汉武帝听了公孙弘的这番话,反倒觉得他为人诚实、谦让,更没有想到他还会对批评自己的对手大加赞扬,真是"宰相肚里能撑船"。从此对他更加尊重了。其他同僚见公孙弘对自己的心理供认不讳,如此诚实,都觉得这种人哪里会沽名钓誉呢。

晋文公经历磨难成就霸业

晋文公重耳,春秋时期晋国的国君。他是继齐桓公之后,真正建立起霸业的霸主,后人一般把他同齐桓公、宋襄公、秦穆公、楚庄王并称为"春秋五霸"。由于他经历坎坷,即位后励精图治,功绩显赫,所以关于他的事迹,历来为史家所称道。

晋国在今山西，西周时成王封其同母弟叔虞于此，国号唐。后来，叔虞的儿子燮父改国号为晋。东周初年，晋献公吞并了周围的几个小国，逐步形成了一个大国。晋献公晚年宠爱妃子骊姬，他听信骊姬谗言，打算让幼子奚齐（骊姬所生）继承王位，于是逼死了太子申生。骊姬为确保奚齐能够继承王位，又继续陷害晋献公的次子重耳和三子夷吾，逼得重耳和夷吾只得回自己的封地蒲地和屈城。献公派宦臣勃醍带兵追杀重耳，当追兵赶到时，蒲地人要抵抗，重耳上前劝阻。他说："我靠着君父的命令，享受封地的供养，才得到属下的人民。有了属下的人民，就跟君父较量起来，再没有比这罪过更大的了。我还是走开吧。"说完，翻墙而逃。勃醍追上去拉住他的袖子，一刀砍了过去，结果只砍下了一块衣袖，重耳就这样逃跑了。跟重耳一起逃到国外的有他的舅舅狐偃，还有赵衰、颠颉、魏武子、司空季子等人。

重耳从此开始了漫长的流亡生涯。在这十几年中，重耳周游列国，受辱挨饿，饱经风霜。他从狄国去齐国，途经卫国，由于卫文公早就对晋国有怨气，再加上知道重耳现在身处困境，所以连城门也不给他开，重耳一行人只好绕道而行。走到五鹿（卫地，在今河南省濮阳县南）时，实在饥饿难耐，就向乡下人要东西吃，乡下人给了他一大块泥巴，重耳大怒，挥起鞭子就要打那人，狐偃连忙拦住他说："泥巴代表土地，这正是上天要把国土赐给您的预兆啊！"重耳听了，就向乡下人磕了个头，然后把泥巴收下，装到了车上。在曹国，曹共公对重耳也极端轻视。他听说重耳腋下的肋骨是连成一片的，就想趁他脱掉衣服时看看。重耳正在洗澡，曹共公就不顾礼貌，跑到他身边看个究竟。到了郑国，郑文公同样不予接待。

当然，重耳作为大国的公子，在他所到的几个主要大国里，也受到一些国君的盛情款待。在齐国，齐桓公大摆酒宴给他接风，还把本族的一位姑娘姜氏许配给他，并送给他二十辆用四匹马驾的大车。到了楚国，楚成王同样设酒宴款待他。成王问重耳："公子如果回到晋国，将怎样报答我呢？"重耳回答说："美女和宝玉、丝绸，您有的是；鸟羽、兽毛、象牙、牛皮这些东西，本是楚国的特产，流散到晋国去的，只是您享用后剩下的罢了，我能用什么来报答您呢？"成王说："话虽这么说，可总得报答我吧！"重耳回答："要是托您的福，我能够回到晋国，将来万一晋楚发生战争，双方军队在中原相遇，我一定将军队撤退三舍（一舍为三十里），以报答您的恩德。如果退避三舍仍不能得到楚国谅解的话，我就只有左手拿鞭子和弓，右边佩带弓囊箭袋，奉陪您较量一番。"楚国大夫子玉见重耳出言不逊，认为他将来一定会忘恩负义，就请求成王把他杀掉，以绝后患。成王说："晋公子志向远大而不放纵，言语文雅而有礼貌，跟随他的都是些态度严肃而待人宽厚、能够为他尽心尽力的人。现在晋国国君失掉了人心，里里外外都憎恨他。我听说姬姓各国中，唐叔一支将是最后衰败的，也许就是由于有这位公子吧！天意要让他复兴，谁能把他灭掉呢？违背天意，一定要遭大祸的。"后来，秦穆公听说重耳在楚国，就派人把他接到了秦国。

在重耳逃亡的时候，秦穆公曾派兵护送夷吾回到晋国，把夷吾立为国君，这就是晋惠公。秦惠公六年（前645），晋惠公发兵攻打秦国，结果打了大败仗被俘，秦穆公的夫人穆姬，是晋惠公的异母姐姐，她替晋国求情，晋惠公也向秦穆公认了错，割让了河外五座城给秦国，又叫太子圉到秦国做人质，秦晋两国才重新和好。秦穆公为控制公子圉，又把自己的女儿怀嬴许配给了他。公元前638年，公子圉听说父亲病了，怕王位传给别人，就偷跑回晋国。第二年，晋惠公一死，公子圉就做了国君，这就是晋怀公。他跟秦国不相往来，秦穆公看到夷吾父子无情无义，悔不当初，于是决定把重耳从楚国接来，立他为晋国国君。重耳到了秦国后，秦穆公待他很优厚，还把五个女儿嫁给他，连同原来嫁给公子圉的怀嬴也在内。

一天，穆公请重耳赴宴。在宴会上，重耳朗诵了《河水》一诗，称赞秦国的强大，秦穆公也朗诵了《六月》一诗，希望重耳将来统治晋国，辅助周天子。这时赵衰高声赞礼道："重耳拜谢赏赐！"重耳下了台阶，向穆公磕头致谢，穆公也走下台阶，连说不敢当。赵衰说："您提起把辅助周天子的重任交给重耳，重耳怎敢不拜谢您的厚意！"

流亡国外的不寻常经历，以及与各国君臣的接触、交往，使重耳积累了极丰富的政治经验，也将他锻炼成具有坚强性格和远见卓识的人，使他成为勇于改过、知人善任的政治家，并为他以后创建霸业创造了优越的条件。

公元前636年，重耳在秦国军队的护送下回到晋国，接管了晋军，举行了朝见祖庙的仪式，即位为晋君，是为文公。重耳流亡十九年，回国即位时已经六十二岁了。

学会忍耐心中的不满

　　杨炎与卢杞在唐德宗时一度同任宰相。卢杞是一个善于揣摩上意、很有心计、貌似忠厚、巧言善变、别无所长的小人，而且脸上有大片的蓝色痣斑，相貌奇丑。但是与卢杞同为宰相的杨炎，却是个干练之才，受到世人的尊重和推崇，而且还是个仪表堂堂的美髯公。

　　但是，博学多闻、精通时政、具有卓越政治才能的杨炎，虽具有宰相之能，性格却过于刚直。因此，像卢杞这样的小人，他根本不放在眼里，从来都不与卢杞来往。

　　为此，卢杞怀恨在心，千方百计要报复杨炎。

　　当时节度使梁崇义背叛朝廷，发动叛乱，德宗皇帝命淮西节度使李希烈前去讨伐。杨炎认为李希烈为人反复无常，不同意重用李希烈，于是极力劝谏德宗皇帝放弃这个决定。但是德宗已经下定决心，对杨炎说："这件事你就不要管了！"可是，刚直的杨炎并不把德宗的不快放在眼里，还是一再表示反对，这使本来就对他有点不满的德宗更加生气。

　　不巧的是，诏命下达之后，正好赶上连日阴雨，李希烈进军迟缓，德宗又是个急性子，于是就找卢杞商量。卢杞见这正是扳倒杨炎的绝好时机，便对德宗说："李希烈之所以拖延，正是因为听说杨炎反对他，陛下何必为了保全杨炎的面子而影响平定叛军的大事呢？不如暂免杨炎宰相的职务，让李希烈放心，等到叛军平定之后，再重新起用杨炎，也没有什么大关系！"

　　卢杞的这番话看似为朝廷着想，而且也没有一句伤害杨炎的话，德宗又怎能知道卢杞的真实用意呢？德宗果然听信了卢杞的话，免去了杨炎的宰相职务。

【原文】

　　弟书自谓是笃实一路人，吾自信亦笃实人，只为阅历世途，饱更事变，略参些机权作用，把自家学坏了。实则作用万不如人，徒惹人笑，教人怀恨，何益之有？近日忧居猛省，一味向平实处用心，将自家笃实的本质还我真面，复我固有。贤弟此刻在外，亦急须将笃实复还，万不可走入机巧一路，日趋日下也。纵人以巧诈来，我仍以浑含应之，以诚愚应之，久之则人之意也消。若勾心斗角，相迎相距，则报复无已时耳。

【译文】

弟弟你在信中说自己是个老实人,我也相信自己是个老实人,只是因为阅历世途,饱经世事变迁,约略学会些机权谋变之术,自己学坏了。其实这些权谋之术远不如人,白白惹人笑话,让人怀恨在心罢了,有什么好处呢?近来忧思猛然间醒悟,应向平实方向努力,将自己原来忠诚老实的一面显现出来,归还本来面目,恢复我固有的本性。

弟弟你此刻在外面,也应该即刻恢复忠诚老实的本性,千万不能走上投机取巧的道路,并且越陷越深。即使是别人对我奸诈,我仍然用含混应付,用诚愚应付,久而久之,那个人也会对我渐失奸诈之心的。如果双方钩心斗角,表面接近,而内心却疏远,那么报复将会是无休无止的。

【评析】

人的本性不是先天决定的,而是在后天的环境中养成的。曾国藩说他经历过世事变迁,懂得权谋变术,现在自己也学坏了。因为当时社会动荡不安,官场黑暗,懂得一些权谋变术,可以明哲保身。后来,曾国藩反思自己,这样做并没有好处,只会增添仇怨罢了。他以亲身经历告诫自己的弟弟,待人处世要忠厚老实,不要"巧诈",否则就会陷入无休止的仇恨之中。

【史例解读】

魏文侯冒雨应约

魏文侯(前?一前396),名斯,战国时期魏国的创立者,公元前445至前396年在位。一次,魏文侯与掌管山泽园囿和田猎的官员虞人约定,将于某一天一同去附近的一个山上打猎,二人说好不见不散。

这一天到了,几个大臣在宫里陪着魏文侯一边饮酒,一边欣赏歌舞。文侯很高兴,大臣们看到文侯高兴,自然也很愉快。正在这个时候,突然下起雨来,文侯突然想起来,今天是他与虞人约好打猎的日子,于是命令下人赶快为他准备马和弓箭,他要去打猎。

左右官员都非常不解,问道:"主公,刚才我们一起喝酒,欣赏歌舞,大家都很高兴,何不继续呢?更何况现在下起雨来,您这是要去哪里啊?"文侯说："刚才我忽然想起来，今天是我和虞人约好去打猎的日子。我不能违约啊，虽然刚才我们在一起喝酒欣赏歌舞，也很快乐，但是既然我和人家约好了，而且说好不见不散，那么我就一定要去的。"大臣们都劝他说："主公，现在下雨了，您不去的话，虞人不会有什么意见的。何况您是君主，他是臣子，君主做什么都是对的，臣子不能对君主挑毛病。您还是不要去了。"

魏文侯不肯，仍旧让下人赶快准备马匹、弓箭，自己到内室换上了打猎的行装，准备出发。大臣们还想说什么，可是魏文侯一句都不听，坚持履约。此时，虞人正在他和魏文侯约定的地点等候，看到突然下起雨来，他想，文侯肯定不会来了。可是就在这时，听到远处有马蹄的声音，紧接着就看到文侯骑着马向自己而来。虞人感动得热泪盈眶，赶忙上前给文侯行礼，对他说："主公，下雨了，您不必来赴约啊。"文侯说："我和你约好的，即使下再大的雨我也得来，否则就是不讲信用啊。"说完就拍拍马屁股，往树林中打猎去了。

魏文侯信守约定，冒雨打猎，体现了他的诚信。君王的诚信对一个国家是至关重要的，魏国在战国初期的强大，与魏文侯的诚信不无关系。

以修德而立本

陈师锡，字伯修，北宋建州建阳（今福建省建阳县东北）人。时称闲乐先生。曾任监察御史、秘书省校书郎、殿中侍御史等职。

陈师锡年轻时就有很好的声誉，神宗皇帝也闻知他的才华。熙宁九年，陈师锡参加廷试，奏请名次在甲乙之间，皇帝随意抽取一篇策对文章阅读，边读边叹赏，回头对侍臣说："这必定是陈师锡的文章。"开启密封，果然不错，于是定名为进士第三名，调昭庆军掌书记。郡守苏轼对他很器重，倚以为政。

陈师锡与陈了翁友善。一日，二人同游园圃中，见天空中有雁阵飞过，就互相指雁阵戏言："明年科试中魁的，当射中头雁。"伯修引弓射之，射中第三只，了翁没有射中。过了一会儿，又有雁阵飞过，了翁也射中第三只雁。伯修笑着说："你可能是在我之后中榜吧？"了翁曰："如果真是这样，那就应当接任您的职务。"到明年，伯修果然以第三名登第。三年后，了翁登第也是第三名，而且初授官职也是昭庆军节度掌书记，果真是接任了。因此，当初二人一同射雁的便厅便被命名为"射雁堂"。

元祐初年，苏轼多次上书荐举陈师锡，称赞其品行高洁质朴，文章冠绝当世。陈师锡由此升任秘书省校书郎。乌台诗案，苏轼被诬陷获罪，亲朋多畏避不相见，只有陈师锡独自设酒筵饯别，又安抚其家。

　　陈师锡任监察御史时，皇上曾下诏命令进士研读法律。陈师锡上书进谏说："陛下正在大兴学校，推行德化，利用经典所阐扬的道德礼义、仁恕思想来开启读书人的天性，意在培养他们高尚的品质，不应该用刑名之学扰乱他们的心智。道德是做人处世的根本，刑名之学只是次要的东西，只能起辅助作用。以道德教化人们，人们尚且流于末流，争趋财利而犯科，何况朝廷下诏命令他们学习这些枝节知识呢？希望陛下追回前诏，使天下读书人都能注重修养自己的品德。"

　　宣和三年，陈师锡居南徐。一日午间休息，梦中到达一处，殿宇巍然，其中有人冠服如天帝，端坐正中，侍卫环列。司仪引导他拜礼殿下，然后奉命升殿，安抚慰问，并让他写下平生论事奏简及诗文进呈。天帝高兴地说："已安排卿第六等官。"于是醒觉。他叫来儿子，引他的手抚按在头顶，温热如火，并告诉他这个梦中的情境。说完，陈师锡便又睡去，过了一会儿睡醒后，又对他的儿子说："刚才又梦见进入三间黑漆屋。这是棺椁的征兆，看来我将不久于世了。"于是，陈师锡与亲戚家人互为敬酒告别。当夜深人静之时，静坐而终。

妒贤嫉能，害人害己

　　后羿曾经有一个徒弟，名叫逢蒙。逢蒙很聪明也很勤奋，很快就把后羿的本领都学到手了，但是逢蒙却是个嫉妒心很强的人，连自己的师父也嫉妒。

　　对于后羿登峰造极的射箭技术，逢蒙虽然学了个八九不离十，但跟师父相比总有一些差距。有一次，后羿带着逢蒙去打猎，时值深秋，一群大雁从他们头上飞过，逢蒙有意卖弄自己的箭法，抢先抽出一支箭，连珠炮似的射向领头的三只大雁，逢蒙的箭法果然了得，随着几乎分不清前后的三声弓响，三只大雁应声坠落，再一看，每支箭都正中雁的头部。逢蒙正在得意，没想到后羿立刻也抽出一支箭，只听"嗖"的一声，箭像一道闪电划过苍穹，眨眼之间，被逢蒙的箭吓得四处乱飞的雁群中，却已经有三只大雁落在地上，逢蒙大吃一惊，跑过去一看，原来后羿"一箭三雁"，他只用一支箭就同时把三只大雁的喉咙都射穿了。逢蒙这才知道原来后羿的箭法果然神鬼莫测,自己再练一千年都未必赶得上。

从此,逢蒙的心中埋下了阴影。他原本一心想超越后羿,代替后羿成为天下第一神箭手,但现在他知道自己无论如何也达不到后羿的水平,更别说超过他了。要想让自己成为天下第一,除非后羿死了。逢蒙的心思从此不再放在学箭上,而是整天琢磨着怎么弄死后羿。

某天黄昏,后羿打猎归来,经过一片密林,忽然里面飞出一支箭,不偏不倚向后羿闪电般射过来,后羿连忙弯弓搭箭,只听"叮"的一声,两只箭在半空相遇,一起飞上天又坠落下来。紧接着,第二支箭又飞了过来,后羿再次用自己的箭把它挡住了,一连挡了九支箭,后羿的箭已经用光,只见逢蒙从密林里走来,正拿着第十只箭,恶狠狠地瞄准后羿,说:"后羿,你去死吧!"话音未落,箭已经飞驰而来。后羿来不及躲闪,但那本来射向他喉咙的箭不知怎么却到了他的嘴里,后羿从马背上摔了下来。逢蒙奸笑着走过去,对着后羿说:"现在我终于可以成为天下第一神箭手了!哈哈!哈哈!"正当逢蒙得意地狂笑时,冷不防一支箭顶在了他的喉咙上,原来是后羿。逢蒙一看,吓得脸都白了,后羿说:"枉你跟我学了这么多年的箭,竟然连我这一招都不知道。"逢蒙浑身发软,不停地求饶,后羿不齿他的为人,觉得杀了他有辱自己的神箭,不屑一顾地走了。

之后过了很久,逢蒙都不敢再动杀机,但是想到自己的箭法永远比不上后羿,他的心里就像被人捅了一刀,妒火终于使他理智崩溃,也让他彻底丧失了良知。他用钱买通了后羿的一个家奴,在后羿思念嫦娥痛苦不堪的时候,用酒把后羿灌醉了,然后用一根坚硬无比的桃木棒打死了后羿。

【原文】

我辈办事,成败听之天命,毁誉听之于人,惟在己之规模气象,则我有可以自立者,亦曰不随众人之喜惧为喜惧耳。

【译文】

我们办事,成败要听天命,诋毁和赞誉也随他人去,只有自己的行事准则可以自己来制定,也就是不随他人的欣喜忧惧而欣喜忧惧。

【评析】

曾国藩做事风格就是"成败听之天命，毁誉听之于人"，他做事有自己的主见，而不是随着喜好或忧惧而改变自己的主张。他就是以"谋事在人，成事在天"的观念来做事。

【史例解读】

以静制动平谣言

益州自古是兵家必争之地，历朝历代都派能人去镇守。张方平曾奉朝廷之命调任益州太守。正准备走马上任时，突然传来一个很坏的消息：壮族首领侬智高在南天正蓄积粮草，大队人马马上就要来侵犯益州。益州城内人心惶惶，一片混乱。

朝廷接到益州的急报，火速派兵前去支援，又命令张方平尽快赴任，主持益州地区防御事务。张方平接到命令后，便连夜赶往益州。途中他仔细打探消息，又经过几日仔细思考，总觉得事情有点蹊跷。众侍从忙问原因，方平说道："南天离益州有两千余里，道路艰险，自古飞鸟难逾，并且南天各族之间语言不通，又没有隶属关系，难以统一指挥。如此看来，定是有人在散布谣言。"侍从们都认同此理。

在考虑妥当后，张方平遣回了援军。进入益州境内后，他又发出命令告诉益州的少数民族："如果南天的侬智高来犯，我定会派兵抵制。只要是良民，朝廷都会给予保护，但若要胡说八道、乱造谣言，不论是谁，一律杀头！"接着，张方平把正在修筑城墙的士兵们全部遣回，又秘密派人去邛部的少数民族里找一个能说汉文的人。恰好当地正逢上元节，张方平下令益州城四门大开，通宵不闭，任人自由进出，观赏彩灯，不受任何盘查。百姓们见此情景，渐渐没有了当初的恐惧，安下心来，益州重又安定下来。

不久，派到邛部少数民族的人找到了一个懂汉语的良民。张方平向其问明原因，果然是有人故意制造混乱。于是下令将最先散播谣言的人处斩。至此，益州之乱得到圆满解决。

从张方平处理事情的整个过程来看，他在听到那个坏消息后，并没有自乱阵脚，而是"以治待乱，以静待哗"，认真分析事情的原委，并遣回援军，大开城门，最终稳定了民心，平息了混乱局势。

唐代宗柔弱锄奸

唐肃宗的七子李豫外表柔弱，但他内心很有主见，颇能处理事务。

在他还是太子时，张皇后与亲信宦官李辅国共同把持朝政，干预政事，权倾内外，朝廷上下都惧怕他们。两人曾共同陷害李豫的弟弟建宁王李倓，对此李豫十分气愤。

李豫极其厌恶张皇后的骄横，但考虑到自己身单势孤，所以行事十分小心，唯恐得罪她而遭到陷害。

由于张皇后与李辅国各自都心怀鬼胎，所以他们开始互相猜忌，产生隔阂。李辅国拉拢统领射生手（内廷禁兵官）的宦官程元振，将其视为心腹，与张皇后对抗。李豫暗自高兴，准备寻找机会离间二人。上元二年（761），肃宗病危，张皇后担心李豫登基，就召越王李保入宫监国。李辅国、程元振知道事情紧急，便告诉李豫要防备张皇后的陷害。张皇后召李豫入宫，说："李辅国久握禁兵，私下与程元振联合，图谋作乱，应该杀掉他。"李豫早知道张皇后的阴谋，为了使张、李二人相斗，就假意哭着说："父皇病得很厉害，不禀告陛下就杀了他们，恐怕他经受不起。"张皇后拉拢李豫失败，就自己选调宦官，准备谋杀李辅国等人。李豫将这个消息告知李辅国，李辅国很感激李豫，就抢先率禁兵入宫，诛杀越王和张皇后。

宝应元年（762），在李辅国等人的拥戴下，李豫继承皇位，史称唐代宗。李辅国平素就专横骄纵，欺压群臣，这次立了大功，更加张狂，而代宗柔弱温顺，在小事上从不与他理论，都让他拿主意。他见代宗没有主见，就公然对代宗说："陛下只管住在宫殿里，外面的事情任凭老奴处理。"这使代宗非常气愤，下决心要除掉这个逆宦。但考虑到他手握重兵，党羽众多，又不敢轻易下手，所以假意很礼遇他，加封他为尚书令，称呼他为"尚父"，事情不论大小，都征询他的意见。李辅国并未察觉代宗的用意，依旧横行宫廷内外。

程元振因拥立代宗为帝而被授任飞龙副使、内侍省事，官职不如李辅国显赫，心里很不自在。李辅国经常趾高气扬，借一些小事羞辱他，这令程元振很愤怒。代宗得知程元振与李辅国嫌隙暗生，就善待程元振，给他加官封赏，并委婉地暗示他与其他怨恨李辅国的人上奏抨击李辅国。程元振受到皇帝恩遇，受宠若惊，自思有皇上支持，就大胆上表指责李辅国专权朝政，卖官鬻爵，制造冤狱，罪不容诛。众臣亦借机纷纷请求将李辅国罢官。

代宗顺水推舟，即刻罢免李辅国禁卫军元帅一职，转由程元振代替。尽管当时有许多李辅国的同党为他求情，但代宗均没有理会。

从此以后，李辅国有所收敛。但代宗还是不放心，又下诏罢免他中书令一职，只允许他每月初一、十五进宫朝见。最后，代宗秘密委派刺客潜入李辅国府第将其刺杀。

就这样，代宗铲除了奸臣，巩固了自己的政权。

卷六

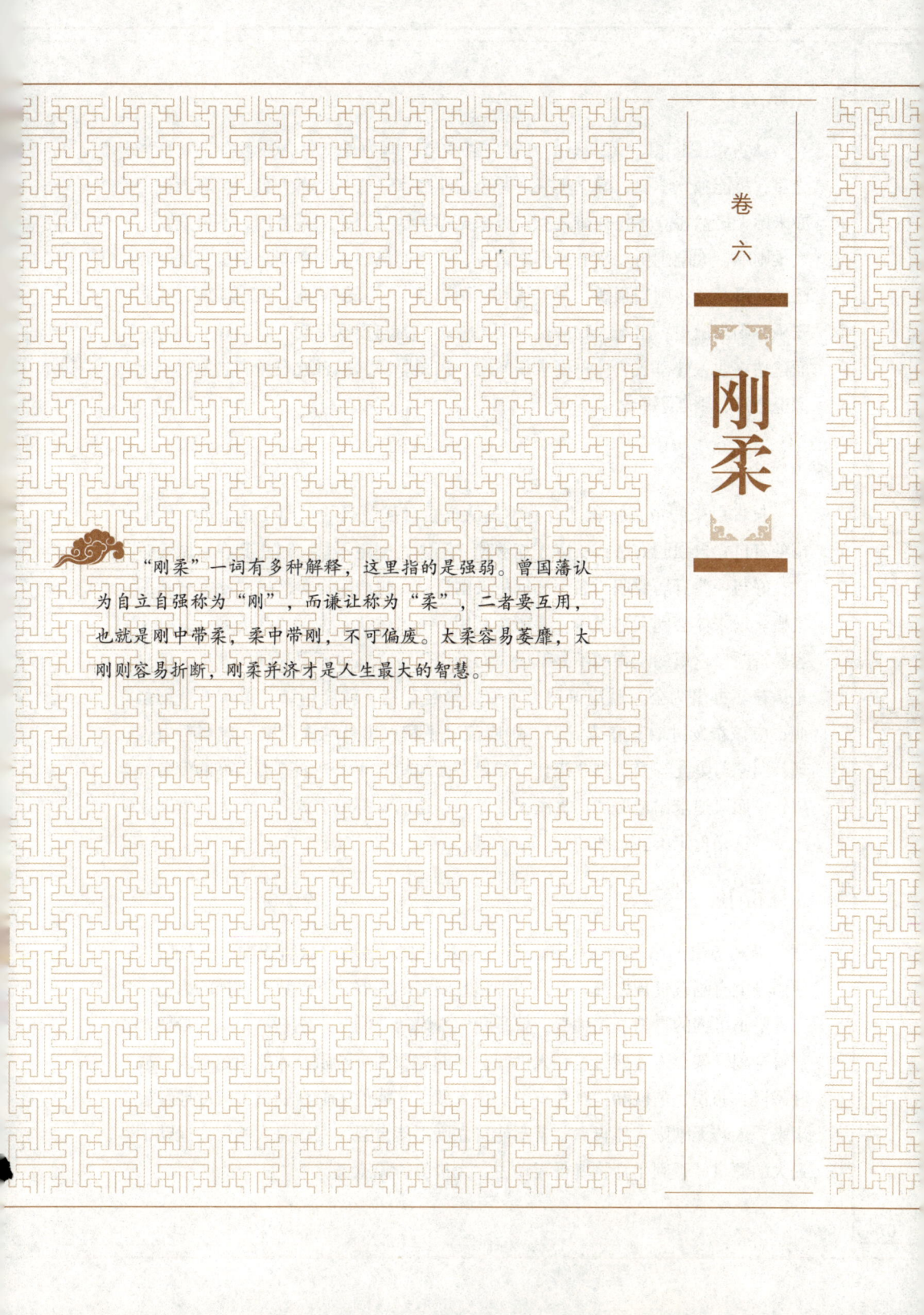

刚柔

"刚柔"一词有多种解释，这里指的是强弱。曾国藩认为自立自强称为"刚"，而谦让称为"柔"，二者要互用，也就是刚中带柔，柔中带刚，不可偏废。太柔容易萎靡，太刚则容易折断，刚柔并济才是人生最大的智慧。

【原文】

　　从古帝王将相，无人不由自立自强做出，即为圣贤者，亦各有自立自强之道，故能独立不惧，确乎不拔。昔余往年在京，好与诸有大名大位者为仇，亦未始无挺然特立不畏强御之意。近来见得天地之道，刚柔互用，不可偏废，太柔则靡，太刚则折。刚非暴虐之谓也，强矫而已；柔非卑弱之谓也，谦退而已。趋事赴公，则当强矫，争名逐利，则当谦退；开创家业，则当强矫，守成安乐，则当谦退；出与人物应接，则当强矫，入与妻孥享受，则当谦退。若一面建功立业，外享大名，一面求田问舍，内图厚实，二者皆有盈满之象，全无谦退之意，则断不能久。

【译文】

　　自古以来的帝王将相，没有不是从自立自强做起的。即使是圣贤，他们也各有自立自强的方法，所以才能够独立不惧，坚定不移。过去我在京城的时候，好与一些身居要职、名声高远的人闹意见，也确实有挺然独立不畏强暴的气概。近来体会到天地之道，要刚柔互用，不可偏执，太柔容易萎靡，太刚了容易折断。这里的刚指的不是暴虐，而是说强矫；柔也不是卑弱的意思，而只是谦让。办事为公，就应该勉力争取，争名夺利，就应当谦让退却；开创家业，应该奋发进取，守成安乐，则应谦逊平和；出外与人应酬，应当努力表现；回家与妻儿享受，则要谦让。如果一面建功立业，外面享有崇高的声名威望，一面又追求田地房产，贪图家产厚实，这两者都追求盈满，全无谦虚退让之意，这是肯定不会长久的。

【评析】

　　纵观历史上诸多帝王将相、圣贤哲人，他们之所以获得成功，就是因为他们身上有刚毅挺拔之气，这是一种超凡脱俗的气概，一种势不可挡的力量，一种坚不可摧的自信。这种气，就是我们常说的"刚"。刚是一个人的骨架，靠着这副骨架，人才能行走在人世间，才能克服困难险阻，才能超越常人，战胜恐惧、悲观、消极和畏难苟安的心理天敌，才能使生命潜能最大限度地释放出来。人若无刚则不能自立，若不能自立则不能自强。刚，是人类生命运动中最大的源泉，否则生命将变得无动力、无价值、无意义。

【史例解读】

桴鼓不鸣董少平

东汉初年，河南陈留圉县（今河南杞县圉镇）人董宣，在担任洛阳令时，仗义执言，威严执法，宁死不向权贵低头，被光武帝刘秀称为"强项令"。

董宣，字少平，早年豪爽直率，爱打抱不平，因此受到当地老百姓的拥护，被推举走上官位。

董宣为官清廉，克己奉公，没几年便做到北海郡（今山东寿光县）的相国。又因打恶除霸政绩显著，被光武帝重用为洛阳令。

当时洛阳住着许多皇亲国戚，他们依仗权势，胡作非为，就连他们的奴才都仗势欺人，把京城搅得乌烟瘴气。百姓有冤无处申，有苦无处诉，官府装聋作哑。光武帝很头疼这种情况，就起用威严执法的董宣。董宣上任第一天，就碰到一起棘手的案子。光武帝的姐姐湖阳公主的家奴，杀人后一直躲在公主府里，无人敢去缉拿。董宣看完原告的状子，拍案而起，立即派出暗哨在公主府周围死守。几天后公主乘车出门，那个罪犯也得意洋洋地紧随其后。

董宣得报后就在公主的必经路夏门亭等候。待车子驶近，董宣箭步上前，要缉拿凶犯。公主却骂董宣芝麻小官竟敢拦公主去路，胆大妄为。董宣二话不说，拔剑把凶手就地处决。湖阳公主很恼怒，觉得自己颜面尽失。她跑进皇宫见着弟弟又哭又闹，非要将董宣斩首不可。

光武帝知道董宣是秉公执法，也不好说什么。公主抱怨皇上太没威严，小小的洛阳令分明是在挑衅皇权。光武帝脸上挂不住了，面带怒色吩咐："带董宣！"董宣面对皇帝，正气凛然地说："皇上您一心想严肃法纪，打击豪强，使江山社稷长治久安，人民安居乐业，没想到今天却糊涂到允许皇亲纵奴杀人的地步！君要臣死，臣不得不死。"说完以头撞墙，血流满面。光武帝忙命人拉住董宣，自找台阶说："念你一片赤胆忠心，就不治你的罪了。赶快去给公主赔礼道歉。"光武帝想和稀泥让事情了结，谁知董宣始终不肯给公主叩头谢罪。侍卫上来强按他的头，董宣强项不屈，硬挺着脖梗子，坚决不让按下去。光武帝由衷地说："行，算你的脖子硬！"遂赐董宣"强项令"的美称。

由于光武帝的支持，董宣把京城治理得井井有条，百姓中流传这样一句话："桴鼓不鸣董少平。"

卷六・刚柔

魏徵直谏

魏徵（580—643），字玄成，河北省巨鹿人，从小父母双亡，家境贫寒，但他喜爱读书，有远大志向，对于各种学问都能够融会贯通。他是唐太宗时重要的谏官。

唐太宗非常敬重魏徵，曾说："贞观以来，尽心于主，献纳忠说，安国利人，犯颜正谏，诋朕之违，唯见魏徵一人。古之名臣，何以如此。"唐太宗还常对身边人说："人要看到自己的容貌，必须借助明镜；君王要知道自己的过失，必须依靠直言的谏臣。"魏徵就是唐太宗身边的"忠谏之臣"。

一次，唐太宗兴致大发，带了一帮护卫近臣，要到郊外狩猎。出宫门时，迎面遇到了魏徵。魏徵问明情况，对唐太宗进言道："眼下时值仲春，万物萌生，禽兽哺幼，不宜狩猎，还请陛下返宫。"闻此劝谏，唐太宗觉得很扫兴，于是请魏徵让开，坚持要出猎。魏徵站在大路中央，坚决拦住唐太宗的去路。唐太宗非常生气，气冲冲地下马回宫而去。

回到宫中，唐太宗见到了长孙皇后，义愤填膺地说："一定要杀掉魏徵这个老顽固，才能一泄我心头之恨！"长孙皇后轻声问明缘由后也不说什么，悄悄地回到内室，穿戴上礼服。然后面容庄重地来到太宗面前，叩首即拜，说道："恭祝陛下！"她的这一举动，让唐太宗不知道她的葫芦里卖的什么药，于是吃惊地问道："何事如此庄重？"长孙皇后回答说："臣妾闻听，主明才有臣直，今魏徵正直，由此可见陛下英明，妾故此恭祝陛下。"太宗听后心中一怔，觉得皇后说的有道理，于是心头的怒火随之而去。

当然，魏徵直谏的事情不止这一件，但是唐太宗不愧为一代明君，在他每次发过火以后，总会原谅魏徵的犯颜直谏，以至在魏徵死后，唐太宗极为伤感地对众臣说："以铜为鉴，可以正衣冠；以古为鉴，可以知兴替；以人为鉴，可以明得失。今魏徵逝，一鉴亡矣。"

海瑞大公无私为民除恶

海瑞是明朝中后期出现的中国历史上有名的清官，是为腐败官场所不容的刚直不阿的坚贞之士，是深受黎民百姓爱戴的"海青天"，是被史家誉为"古今一真男子"的男儿大丈夫。

在苏州、南京做南直隶等高官时，海瑞展开了一场肃贪倡廉的行动。海瑞上任一个月，被送到南京刑部的贪官就有100多人。有一个县从知县、县丞到主簿、典史等，一共被抓了十多人，几乎把一个县衙门的官吏全抓空了。海瑞在南直隶的反贪行动初见成效后，他便向以乡官集团为首的地方豪绅开战了。海瑞在处理乡官豪绅兼并农民土地问题上遇到了难题。江南最大的乡官、海瑞的恩人、前内阁首辅徐阶是江南占田最多者，也是民愤最大者，在法与情的较量中，海瑞做出了果敢的抉择。为此，一个以前内阁首辅徐阶为首的反对海瑞的乡官缙绅集团，就在海瑞力督豪绅大户退田的幕后，悄然成立了。乡官缙绅们走的是三管齐下的路子，他们一方面唆使朝中高官弹劾海瑞；另一方面，各自使出浑身解数，动用吏部尚书等高官重臣，交相致函海瑞，软硬兼施，想使其妥协；再一方面，采取走海瑞母亲的路子，企图逼海瑞就范。在江南高官云集的宦海中，海瑞几乎找不到一个支持者，但海瑞面对威逼利诱，仍不为所动，终于完成了乡官退田还民工作。因遭乡官报复，海瑞为此失去了第三个也是其唯一的儿子海中行。海中行是被人捂死后丢进了苏州河，此案一直没有了结，海瑞又陷入了新的麻烦和灾难之中，失去儿子的海瑞之妻吴氏吊死在自己的房间。灾难性的打击接踵而来，吴氏自杀半个月后，海瑞夫人王氏因病情急剧加重而去世。随后，海瑞因得罪了满朝文武，被迫罢官，归老家海南。

十五年后，海瑞以七十二岁的高龄东山复起，任南京右都御史，再举反贪污腐败的大旗。对罪大恶极的贪官实施剥皮的极刑，声震天下，受到贪官集团的合力反对。

万历十五年（1587）海瑞死于任上时，家里的钱竟不足以办丧事。真正为海瑞的去世悲号不已的是江南的黎民百姓。一个雨雪霏霏的日子，海瑞的灵柩由京师运回海南，丧船由秦淮河出发，两岸挤满了南京的市民学子、士绅官吏，还有当年南直隶境内的百姓们。船走了二十里、三十里、五十里、八十里、一百里，两岸的哀嚎、两岸的泪水、两岸的依依惜别之情，依然如在城内。

【原文】

肝气发时，不惟不和平，并不恐惧，确有此境。不特弟之盛年为然，即余渐衰老，亦常有勃不可遏之候。但强自禁制，降伏此心，释氏所谓降龙伏虎。龙即相火也，虎即肝气也。多少英雄豪杰打此两关不过，亦不仅余与弟为然。要在稍稍遏抑，不令过炽。降龙以来养水，伏虎以养火。古圣所谓窒欲，即降龙也；所谓惩忿，即伏虎也。儒释之道不同，而其节制血气，未尝不同，总不使吾之嗜欲戕害吾之躯命而已。

【译文】

每当肝火发作时，不只是不平和，更不恐惧，确实有这样的情况。不仅年轻气盛时是这样，即使我现在逐渐衰老时，也时常有怒不可遏的时候。但要努力克制自己的情绪，压制自己的怒火，佛教称这为降龙伏虎。龙就是肝火，虎就是肝气。许多英雄豪杰都过不了这两关，关键在于自己稍稍控制一下，不要让肝火过盛。降龙用来养水，伏虎用来养火。古人所说的遏制欲望，就是降龙；所说的警戒愤怒，就是伏虎。儒家与佛家的说法不一样，但节制气血，却没有什么地方不同，总是要不让自己的欲望残害自己的躯体。

【评析】

中医上讲："怒伤肝"。动怒了，肝火就会旺盛，肝火旺盛就会影响自己的健康。人在怒不可遏的时候，要控制自己的情绪，不让怒火在心里继续燃烧，怒火旺盛做任何事都很容易冲动，不计后果，这时就需要"降龙伏虎"，怒火降下去，就会理智地对待所面临的问题。

【史例解读】

诸葛亮气死周瑜

三国时期，荆州刺史刘琦病故，刘备被众人推举为牧守，占据荆州诸郡。为了离间孙、刘两家的关系，曹操上奏汉献帝封周瑜为总领南郡的太守。这个总领南郡太守不过是个虚职，因为荆州至今还被刘备占着。周瑜果然中了曹操的奸计，命鲁肃去见刘备以索回荆州。

刘备听说鲁肃来索要荆州，很是紧张。诸葛亮对刘备说："主公不必忧虑，我自有良策，到时候鲁肃一提荆州之事，您就大哭，然后我与他周旋。"

鲁肃到来后果然开口索要荆州，刘备听罢放声大哭。这一哭，反而把鲁肃弄糊涂了。诸葛亮在旁说道："当初我主向吴侯借荆州时，答应取得西川便还。但仔细一想，益州刘璋是我主之弟，乃同胞骨肉，若兴兵取他的城池，恐被外人唾骂；如果不取，归还荆州，又何处安身？假如不还荆州，于吴侯的面上又不好看。我主进退两难，所以大哭。"鲁肃本是宽厚的长者，见刘备如此哀痛，便答应诸葛亮提出的延期归还荆州的请求。

周瑜听完鲁肃的汇报，大发雷霆。周瑜一计不成，又生一计，他要鲁肃再去荆州。

鲁肃依照周瑜的吩咐对刘备说："吴侯十分同情您的处境，与众将商量后决定起兵替您取西川。取了西川，再换回荆州，这样西川只当是东吴给您的一份嫁妆。军马过路时，希望提供些粮草，别无他求。"

刘备有些犹豫，诸葛亮在一旁连忙点头说："难得吴侯一片好心！雄师来到后，一定远接犒劳。"鲁肃听后，暗自高兴。鲁肃走后，刘备向诸葛亮询问东吴的真正用意，诸葛亮答道："此乃周瑜小儿的'假道伐虢'之计。名为收西川，实则取荆州。不过，周瑜骗得了别人，骗不了我。周瑜此次前来，我叫他死无葬身之地！"

周瑜起兵5万人，浩浩荡荡开向荆州，来到荆州城下，周瑜本以为刘备等人会打开城门迎接他，然后他乘机杀过去。没想到一声梆子响过后，城上无数士兵一齐竖起刀枪，严阵以待。吴军背后也杀声四起，皆言要活捉周瑜。周瑜知道自己上了诸葛亮的当，怒气填胸，箭疮复发，坠于马下，倒地而亡。

长期以来，孙、刘两家为争荆州闹得不可开交，因此周瑜一心想重占荆州，这一点可谓路人皆知。在这种情况下，周瑜声称借道荆州取西川，很难不引起诸葛亮的怀疑。"假道伐虢"固然是妙计，可一旦被识破就会带来灾难。

张飞刚愎自用死于小卒手

古语云："人固有一死，或轻于鸿毛，或重于泰山。"一代名将张飞因盖世的英雄气概而叱咤风云，可是，他的死却一点儿也不壮烈，让人扼腕痛惜。

张飞是三国时期蜀国的名将，骁勇善战，武艺高强。他力大无比，在当阳桥上大吼一声，就喝断了桥梁，使河水倒流。他在百万大军中取上将首级的英勇和探囊取物的机智让军中上下叹为观止。

然而，张飞有一个致命缺点，他不愿向自己的下属承认自己的过失，而且对待部下过于严厉，小有过失，就重加惩罚。那些将士每日都提心吊胆，生怕自己栽到张飞手上。有的处罚倒也让人口服心服，但是时间长了难免执法不公。有的将士只能忍气吞声，心中是又气又怕。

关羽死后，张飞为自己好兄弟的离去痛不欲生，朝夕号泣，常常拉着部将们借酒浇愁。平日他就特别严厉，喝醉之后，心情更加恶劣，有一点儿不顺心就对身边的人加以鞭挞，有的甚至被鞭打致死，军中上下敢怒不敢言。

张飞为了给关羽报仇，主动请兵讨伐东吴。出师那一天，刘备劝说他："我知道你脾气不好，又喜欢喝酒，醉了之后什么都不知道了，动不动就随便打人，事后，还要将那些人留在自己身边。现在你官高位重、权势在身，你打了骂了，别人也拿你没办法，只好忍气吞声。但是三十年河东，三十年河西，说不定哪天你这个制人者就该受制于人了，那个时候你就大祸临头了。你一定要改改这个坏毛病！"

"他们那等下人如何能制得了我？"张飞毫不在乎。

"你要是长此以往，肯定会不得人心的！"刘备警告说。

张飞敷衍了几句，并没有往心里去。回到军中之后，命令手下于三天之内置办白旗白甲，三军将士为关羽挂孝，举兵伐吴。帐下两位末将范疆和张达一听说只有三日期限，估计了一下，回说："三天时间恐怕太少，请宽限几日。"

张飞细一想，觉得他们说的有理。但一转念，若改了日期，这不表明自己不顾实情乱下命令吗？为了掩饰自己的错误，他便大声呵斥道："我说三日就三日！"

二人觉得实在是办不到，连忙陈述理由："我们说的是实情，三天实在是太仓促了……"

"难不成我说的就是虚情了？你们竟敢违抗我的命令！来人！"张飞下令将二人绑在树上，各鞭打五十下，并严令道："三天一定要备齐，若超过时限，三日后你二人的首级就悬于此！"

两个人被打得皮开肉绽、血肉模糊，他们怒火中烧，回到营中商量对策，范疆说："此人性如烈火，三天要是备不齐，咱俩的命是保不住了！"张达说："就算咱们备齐了保住了性命，恐怕日后也要死在他的乱鞭之下。与其让他杀了我们，倒不如我们杀了他！"两人计议已定，暗中等待时机。

当晚张飞在帐中又同部将饮酒，大醉一场，卧于帐中，不一会儿就鼾声如雷。半夜里范疆、张达二人各怀短刀，潜入帐中，瞅准机会将张飞乱刀刺死。

一代名将，就这么窝囊地死在部将手中。

【原文】

至于倔强二字，却不可少。功业文章，皆须有此二字贯注其中，否则柔靡不能成一事。孟子所谓至刚，孔子所谓贞固，皆从倔强二字做出。吾兄弟皆禀母德居多，其好处亦正在倔强。若能去忿欲以养体，存倔强以励志，则日进无疆矣。

【译文】

至于"倔强"二字，却不可缺少。不论一个人的功名、事业、文章，都必须有这两个字贯穿其中，否则柔弱无力，一件事也做不成。孟子所说的至刚，孔子所说的贞固，都是从"倔强"二字引出来的。我们家兄弟都更多地继承了母亲的很多品德，它的好处也正是倔强。如果除去愤怒和欲望而休养身体，保持倔强来激励志气，那么就可以不断进步了。

【评析】

一般认为，才子的气质是多血质，学者的气质是忧郁质，豪杰英雄多是胆汁质。依曾国藩的生平来看，也觉得差不多是这样的。曾国藩年轻的时候，爱好诗文，自然就是风度翩翩的才子。后来专心研究义理，讲究个人修养，思想谨慎，自然又是一个严谨的学者。曾国藩的个性发展，都是靠勤奋、踏实、观察、学习而实现的。

人人都想争强，因为都有血气。但遇到难题，有人立即脆弱成一摊泥，望天长叹，没有克服困难的勇气。曾国藩曾经豪迈地说过："故男儿自立，必有倔强之气。"讲的就是这个道理。

【史例解读】

安贫乐道意志坚定成大器

公元前489年，孔子师徒一行疲惫地来到陈国。

当时正是陈国被吴国层层围困、陷于危机之时，楚国派兵解救，不料楚昭王病死军中，只好挥师回国。

吴国军队乘势长驱直入，直至包围陈国首都宛丘城。住在宛丘的孔子师徒不得不再次南下，朝楚国而去。真是惶惶然如丧家之犬。

数年来的长途跋涉，加上处处碰壁，不免使孔子的学生们心灰意懒。

这次从宛丘逃出，沿路看到人民苦于战火，流离失所，四处逃散，只见被烧掉的房屋树木，难见人的行踪，孔子的学生们不免悲从中来，甚至开始怀疑这种长途跋涉的意义。

战火带给人类的永远是苦难，孔子师徒带的粮食早已吃完，再也找不到一粒粮食，他们只好采集野菜野果充饥。他们已经连续七天没吃到真正意义上的"饭"了。

一天，子路再次出去寻找吃的，半天才回来，却仍是两手空空。他实在有些忍不住了，便问孔子：

"我听人说，对行善之人，上天总会给他以幸福，对作恶的人，上天也会用灾祸去惩罚他。

"先生你积善多年，研习礼仪，具备许多美德，四方之人也都知道这一点，为什么却不见上天降福，反而困顿到如此地步呢？"

孔子见子路的情绪有些不对，他同时发现，严峻的形势正考验着自己弟子们的意志，子路的情绪也是弟子们共同的情绪，于是他耐心地对子路说：

"子路，有些问题，看来你还没有思考成熟。你以为所有有才干、有品德的人都应该得到重用，但实际情况却未必如此。

"否则王叔比干也不会被挖去心肝，关龙逄也不会被桀杀害，敢于谏诤的吴国伍子胥不是被肢解在姑苏门外吗？

"所以，能否被赏识重用，不但有德才问题，还有个机遇问题。许多德才兼备的贤者，一生因缺乏机遇而未被重用，这样的人又何止我孔丘一人呢？"

子路有些省悟，但面对眼前的窘境，仍有些愤愤不平。

孔子看出这一点，但他并不急于讲这些道理，而让子路自己发问。

果然，子路呆坐片刻，又问道：

"贤德的君子，也有困窘的时候吗？"

孔子肯定地说：

"有的!"

他看看子路，接着说：

"君子和小人的区别在于，君子即使被困境所阻挠，也能意志坚定，百折不挠，而小人一遇到困境，就改变自己的志向。"

孔子让子路坐下，语重心长地说：

"香草芷和兰生长在茂密的深山老林中，没有人去欣赏，但它们照样散发着浓郁的香气；我们修身养性，也并不是为了显达，而是磨炼我们自己的意志。

"只有意志坚定了，我们才能不被困难吓倒，在困顿中继续前行。

"至于能不能被重用，那需要时机。晋国的重耳之所以能称霸天下，是因为他在受困时磨炼了自己的意志。

"会稽山之败更加坚定了越王勾践称雄的决心。齐桓公也是在莒国逃亡途中更坚定了富国强兵的信念。

"子路，只有经过磨难，方能坚定人的意志，有了坚定的意志，方能成就大业。君子修身，不能不看重这些。"

子路听了孔子的话，心绪平静下来，他更加感到老师的伟大，于是又轻松地上路了。

敢和曹操论理的大臣

和洽，字阳士，汉末魏初汝南西平（今河南省西平县）人。汉末时被举为孝廉，曾投奔荆州刘表，很受刘表优待。后事曹操，任丞相掾属、侍中等职。曹丕代汉，任和洽为光禄勋，封安成亭侯。明帝即位后转任太常，封西陵乡侯。和洽为官清贫俭约，以至卖田宅以自给，死后谥为简侯。

袁绍占据冀州时，派遣使臣迎请汝南郡的知名人士。和洽认为："冀州土地平坦，民众强悍，为英雄俊杰所用，是古今争战用兵的地方。袁绍虽然现在强大，然而英雄豪杰正蜂拥而起，他未必可以保全。荆州地势险要，山中民众容易依赖，虽然刘表没有远大志向，但是爱惜人才，可以投靠。"于是他带着亲戚故旧向南投靠刘表，刘表以上宾礼节接待他们。

曹操平定荆州，召和洽任丞相掾属。当时毛玠、崔琰以忠正清廉受到重用，他们选拔官吏只以节俭为标准。和洽说："国家大政，在于权位与人才，不能只以被选者个人某个方面的爱好作为标准。注重俭约朴素，作为自己的处世原则是可以的，但是如果只以这个方面作为衡量人才的标准，就会失掉很多有用的人才。如今朝廷以官员衣服和车辆的新旧来评定是否清廉，致使各级官员故意穿着脏破的衣服，把车马藏起来，看似清廉，其实虚伪。设立教令，观察风俗，贵在合度适宜。古人推行教化，务必使人情通达。凡是偏激过分的行为，必然误导视听，造成隐瞒伪善的风气。"

　　曹操是一位旷世英雄，重法治，明赏罚，唯才是举，用人得当，容易听取别人意见，但是他生性多疑，也同样容易轻信他人的谣言。有人告诉曹操，说大臣毛玠在背后诽谤他。曹操听后，极其愤怒。和洽知道后，当即替毛玠辩解，说毛玠素行有本，信守节操，请曹操明察。

　　曹操说："毛玠不但暗地里诽谤我，还为崔琰的死怨怼叹息，实为国法所不容，且有损于君臣之间的恩义。先前萧何、曹参与高祖刘邦在贫贱时起事，建立了功勋。高祖每陷入困境，二人都全力支持，充分表现出为臣之道，所以福泽能延至后代。我之所以不听取你的意见，也是为了表明我重视臣下报告的情况。"

　　和洽据理力争："如果真像有人说的那样，毛玠的确罪责深重，非天地所能容，臣下也不敢为他辩解而忘了君臣大义。我只是认为毛玠本是一般官员，因受到特别提拔才身居要职，多年来一直受到宠信，为人刚直，忠诚公正，为很多官员所敬畏，不应该有不良行为。然而人心难保不变，应该明确查证是否属实。毛玠如果真有其罪，就应该公告天下。如果无罪，那就是有人诬陷大臣，以误主听。"

　　和洽所言，合情合理，不容辩驳。曹操听了，只得以"正有军事行动"为借口，将此事敷衍了过去。

【原文】

　　至于强毅之气，决不可无，然强毅与刚愎有别。古语云自胜之谓强。曰强制，曰强恕，曰强为善，皆自胜之义也。如不惯早起，而强之未明即起；不惯庄敬，而强之坐尸立斋；不惯劳苦，而强之与士卒同甘苦，强之勤劳不倦，是即强也。不惯有恒，而强之贞恒，即毅也。舍此而求以客气胜人，是刚愎而已矣。二者相似，而其流相去霄壤，不可不察，不可不谨。

【译文】

至于刚毅之气,决不能没有。然而刚毅与刚愎不同。俗语说:"自己战胜自己称为强。"强制、强恕、强为善,这都是自己战胜自己的意思。如果你不习惯于早起,就强迫自己天未亮就起床;如果你不习惯于庄重恭敬,就强迫自己祭祀斋戒;如果你不习惯劳苦,就强迫自己与士兵同甘共苦。能强迫自己辛苦不倦,这就是强。自己不习惯坚持,却能强迫自己坚定地持之以恒,这就是毅。如果不按上述方法去做,力求以气势胜人,这就是刚愎。这两者看起来很相似,但事实上相差很远,不能不察觉,不可不谨慎。

【评析】

很多人一生中想得最多的是战胜别人,超越别人,凡事都要比别人强。战胜别人首先要战胜自己,因为最强大的敌人不是别人而是自己。人与人之间,弱者与强者之间,成功者与失败者之间最大的差异在于意志的差异。一个人有了自信,就有了意志,就具备了挑战自我的素质和内驱力,就能成就一番事业,成为一个佼佼者。

【史例解读】

关云长刮骨疗毒

关云长身为大将,不仅武艺超群,而且有忠有义,为世人所敬仰。他为蜀国建功立业,战功赫赫。

一次,关公领兵四面攻打樊城,他站在城门下督战。敌城上的曹仁发现他只不过披了一件掩心甲,便找了500名弓弩手,一齐向关公放箭。关云长一见,急忙勒马向回走,但一不留神,右臂中了一箭,他也从马上跌了下来。关平急忙率众杀回寨中。

关云长用力拔下右臂的箭,发现箭头原来有毒,而且箭毒已入骨,整个右臂都无法运动。众人都不知如何是好,想劝关公回荆州调养,但关公执意不肯。关平只好走访名医,希望早日治好父亲的箭伤。

突然有一天,有人从江东来到军中。那个人身穿青袍,胡须冉冉,自称是沛国的华佗,特来医治关将军的毒伤。关平急忙领他入帐。那时,关云长正与马良弈棋,听到有名医到,就赐茶赐座。等到华佗喝完茶,关公才让他看毒伤。华佗看后,就对关公说:"你中的箭毒不一般,里面有乌头之药,毒已入骨了。如果再不医治,恐怕你的右臂就难保了。我倒是可以治,只怕将军忍不得痛。"关公一听,仰面大笑:"我在沙场上视死如生,你尽管动手医治吧!"华佗拿出刀具,让士兵在帐中立一标环,还要让关公将手臂穿在环里,并用绳子绑住,好让他用尖刀割开皮肉,刮出箭毒。关公摆了摆手,说:"不必费事,你尽管动手。"说完,猛饮几杯,将右臂伸给华佗,用左手继续和马良下棋。华佗感叹关公的英雄气概,不再多说,只让一个士兵拿盆在下面接血,便拿出尖刀,刮骨疗毒了。

华佗割开关云长的皮肉,一刀一刀地刮着骨上的毒药。整个帐内无人喧哗,只有尖刀刮骨之声。众士兵见状皆掩面失色,连华佗的额头上都汗珠粒粒,而关公却专心弈棋,连眉头都不皱一下,众人皆佩服之至。

过了一会儿,华佗医治完毕。伤口已敷上药,缝好线了。关云长这才站起身,笑着活动右臂,对华佗说:"先生真是神医呀!竟有如此好的医术!"华佗用手拭去额头上的汗水,微笑着对关云长说:"君侯真天神也!像你这样的英雄人物,我这还是第一次见到。你只要静心修养百天,就可同以前一样了。在下既已治好了君侯的毒伤,就告辞了。"关云长要给以酬谢,华佗坚决不收。

几日后,关公擒了于禁,又斩了庞德,威名大震。而他刮骨疗毒时的英雄气概,一直被后人传颂着。

颠倒黑白谏文侯

魏文侯在位时,西门豹治理邺都严肃法纪,刚正廉明,铁面无私。他不仅把装神弄鬼的大巫小巫投入漳河,祭了河神,还严惩了地方上几个贪官污吏。邺都百姓拍手称快,都赞扬他的德政。在他的带领下,人们兴修水利,务农经商,很快使这个荒凉的地区呈现出繁荣昌盛的景象。

西门豹勤政爱民,为官清廉,既不逢迎上司,也不奉承魏国君主,所以虽然政绩显著,却并没有受到魏文侯的赏识。

相反,魏文侯身边的一些大臣因西门豹触犯其私党的利益,总想方设法诋毁诬陷他,以至于魏文侯听信了,准备把他召回京城,罢免他的官职。

西门豹拜见国君后，魏文侯当面责备他，大臣也添油加醋地批评他。西门豹却一句怨言也不说，他只是请愿道：

"从前臣才疏学浅，不知该如何治理地方，现在大王和诸位大臣的教诲，使我学会了治理的方法。请再给我一次机会，换一个地方治理一年，如果还是治理不好，大王可以砍掉我的脑袋以泄民愤。"

魏文侯答应了他的请求。

西门豹到新地方上任后，一改往日清廉，大肆盘剥百姓，弄得地方上怨声四起。他还不断地贿赂魏文侯的亲信大臣，让他们在魏文侯面前多说好话。

一年任期届满，他进京晋见国君。魏文侯满面笑容地赞扬他治理有方，左右大臣同样交口称赞。

西门豹听了，怒气冲冲地骂道："臣以前忠心为大王治理地方，有政绩，深受百姓拥戴，大王却要罢我的官职。这一年，臣实际上是压榨百姓，欺上瞒下，大王却夸奖我。这不是很愚蠢的行为吗？我不能屈节求荣，愧对百姓！请大王恩准我辞官回家！"

说罢，他当场交上官印，等候发落。

魏文侯这才省悟过来，惭愧地扶起西门豹，说道：

"寡人如今才明白事情真相。请你原谅，我保证从今往后亲贤臣，远小人，任贤用能，就请你继续为我尽心尽力吧。"

卷七 英才

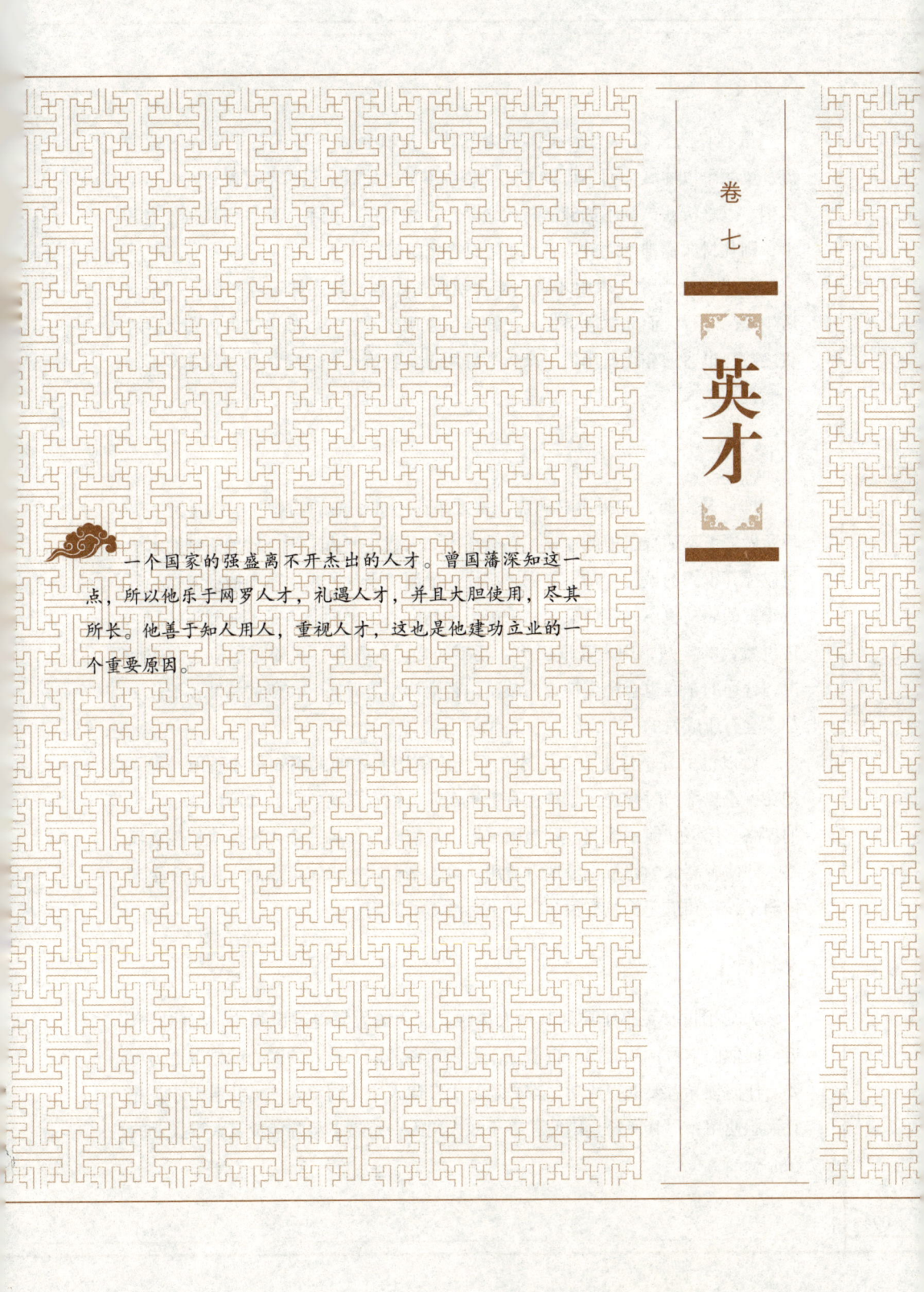

一个国家的强盛离不开杰出的人才。曾国藩深知这一点，所以他乐于网罗人才，礼遇人才，并且大胆使用，尽其所长。他善于知人用人，重视人才，这也是他建功立业的一个重要原因。

【原文】

虽有良药，苟不当于病，不逮下品；虽有贤才，苟不适于用，不逮庸流。梁丽可以冲城，而不可以窒穴。犛牛不可以捕鼠；骐骥不可以守闾。千金之剑，以之析薪，则不如斧。三代之鼎，以之垦田，则不如耒。当其时，当其事，则凡材亦奏神奇之效。否则龃龉而终无所成。

故世不患无才，患用才者不能器使而适用也。魏无知论陈平曰："今有后生考己之行，而无益胜负之数，陛下何暇用之乎？"当战争之世，苟无益胜负之数，虽盛德亦无所用之。余生平好用忠实者流，今老矣，始知药之多不当于病也。

【译文】

即使是良药，如果不对病症，那效果还不如一般的药物；虽然是贤才，但所做之事不适合于他的专长，那么还不如去找一般人来干。质地坚韧的木梁可以撞开牢固的城门，却不能用来堵住老鼠洞。强壮的水牛不会捕捉老鼠，日行千里的骏马也不能守住家门。价值千金的宝剑用来砍柴，还不如斧头好用。传世数代的宝鼎，用来开垦田地，还不如普通的木犁。只要是适应当时的情况，普通的东西也会产生神奇的效验。否则认不清锄头、宝剑的特性，干什么都不会有所成就的。

所以世上并不忧虑没有人才，而忧虑使用人才的人不知量才适用。魏无知在评论陈平的时候说："现在有个年轻人，很有孝德之行，却不懂战争胜负的谋略，你该如何用他呢？"当国家处于战争时，如果一个人不懂战争胜负谋略，即使有高深的德行也没地方应用。我生平喜欢用忠实可靠的人，如今年老体弱了，才知道药物虽有很多，却也有治不了的病。

【评析】

人立于世，免不了要和其他人接触。优秀的人懂得辨识英才，与他们靠近，向他们学习，从而提升自己。作为领导者，识人辨人的能力就显得更为重要。任何领导者要取得成功，都必须善于发现人才，网罗人才，礼遇人才，并且大胆使用，尽其所长。因此，善于知人用人，是君王将帅能成其大事大业的核心。

【史例解读】

齐桓公胸怀宽广重用管仲

公元前687年，齐襄公政令无常，荒淫无道，致使齐国民怨沸腾，一片混乱。为了避难，公子小白在鲍叔牙的保护下出奔莒国，管仲随公子纠逃往鲁国。不久，公孙无知弑君自立，旋即又被乱兵杀死，造成君位空缺。

公子纠和小白闻讯都想赶回齐国争夺君位。管仲带兵埋伏在莒、齐之间的要道上，见小白的车子驰来，一箭射倒车上的小白，以为他必死无疑，遂同公子纠一行慢慢向齐国进发。

其实，管仲的箭只是射在小白的衣带钩上，小白咬舌吐血，用装死骗了管仲。当管仲离开后，他急忙同鲍叔牙等人抄近路昼夜兼程，终于抢先赶回齐国都城，捷足先登坐上君位，被立为桓公。

齐桓公准备拜鲍叔牙为相，但鲍叔牙极力推辞，并推荐管仲。他说："管仲从小就是我的好朋友，此人有经天纬地的才干，如果任他为相，齐国会很快强盛起来。"齐桓公不悦地说："管仲差一点把我射死，我怎能重用仇人？"鲍叔牙说："当初，管仲是为了让公子纠登上君位才这样做的。国君不可记私仇而忘了齐国大业，失掉这位难得的人才。"

齐桓公被说服了，决定重用管仲。他派人到鲁国，向鲁庄公说："我们国君要报管仲一箭之仇，请把他交给齐国处治。"鲁国大臣施伯知道管仲回齐国会被重用，将来对鲁国不利，便劝阻鲁庄公不要交人。鲁庄公怕得罪齐国，令人把管仲装进囚车，押解出境。

管仲坐在囚车内，归心似箭。他深知自己回齐国是好友鲍叔牙的主意，自己施展才能的机会就要来了。一路上，押解囚车的士兵行军速度缓慢，管仲心里非常着急，担心鲁庄公万一醒悟过来，定会派兵追赶。

他想了一个主意，就在囚车里编了一首名为"黄鹄"的歌，唱给士兵们听。唱了两三遍后，他又教士兵一起唱。士兵们听着歌，学着歌，忘记了疲劳，行军速度逐渐加快，两日路程，只用了一日半就到了齐国。

就在齐国君臣迎接管仲入境时，鲁国公子腥也带兵追来了。原来，鲁庄公果然醒悟，知道放管仲归齐等于放虎归山，急忙下令追杀，侥幸的是，管仲靠一首自编的歌，机智地赢得了宝贵的时间。

齐桓公心胸宽广以德报怨，重用贤才，表现了非凡的治国远见。管仲感恩戴德倾心辅佐齐桓公，制定了一系列治国良策，使国力大振。此后，经数年改革变法，励精图治，齐桓公终于成为春秋第一霸主。

招贤纳士筑金台

燕国被齐国打败后，不久国君就死了，太子继位，是为燕昭王。他在收拾残破河山的时候，决定用厚礼聘请有才能的人，意欲报败齐之仇。

他对谋士郭隗说："齐国趁着我国内乱而打败了我们，现在我们燕国势单力薄，无力复仇。所以，得到贤明之人与我共商国是，以雪先王耻辱，那是我最大的心愿。您觉得如何才能招到贤能的人呢？如何才能让燕国繁荣昌盛，打败齐国呢？"

郭隗说："成就帝业的君主以贤者为师，成就王业的君主以贤者为友，成就霸业的君主则以贤者为臣，而亡国的君主就以低贱的小人为臣。"

"您如果能恭敬地对待贤者，那么就能招来超过自己百倍的人才；您如果先于别人劳动，后于别人休息，先去请教别人，然后再深思默想，那么就能招来超过自己十倍的人才；您如果与别人一样辛勤劳动，并且能够平等地对待别人，那么就能招来和自己才能差不多的人才；您如果对人态度蛮横，随便发怒，任意呵斥，那就只能招来奴隶那样的人。这就是自古以来的经验和教训啊！大王如果真想广纳贤者，就应该亲自去拜访，让天下人知道大王亲自拜访自己的贤臣，那么天下贤士，一定都会到燕国来。"

燕昭王听了郭隗的话，问道："我应该首先去拜访谁呢？"

郭隗说："我先给您讲个故事。古代有个国君，想用千金买千里马，三年也没买到。宫中有个侍者对国君说：'请让我去买千里马。'国君就派他去了。三个月后，这个人找到了千里马，但那匹马已经死了，于是他就用五百金买了马骨，回来向国君报告。国君大怒：'我要买的是活马，哪能用五百金买个死马呢？'侍者镇定地回答：'买死马尚且用五百金，何况活马呢？天下的人都认为大王真要买马，千里马很快就会送来。'果然，不到一年，就有三匹千里马送上门来。"

郭隗接着对燕昭王说："如今大王要想招揽人才，就请从我开始。我尚且被任用，更何况比我更有才能的人呢？"

燕昭王听从了郭隗的话，筑起高台，拜郭隗为师，并筑黄金之台以待贤者。一时间，乐毅、邹衍、剧辛这些人才纷纷投奔燕国。

经过诸多贤人智者二十多年的努力，燕国终于强大起来，军队战斗力也大大增强。于是燕昭王派乐毅为上将军，与秦、楚及三晋联合谋划进攻齐国。经过几场大战，齐军大败，齐闵王逃到国外，燕昭王终于报了败齐之仇。

【原文】

无兵不足深虑，无饷不足痛哭，独举目斯世，求一攘利不先、赴义恐后、忠愤耿耿者，不可亟得；或仅得之，而又屈居卑下，往往抑郁不伸，以挫、以去、以死。而贪饕退缩者，果骧首而上腾，而富贵、而名誉、而老健不死，此其可为浩叹者也。默观天下大局，万难挽回，侍与公之力所能勉者，引用一班正人，培养几个好官，以为种子。

【译文】

没有士兵，还不值得焦虑；没有粮饷，也不值得痛哭，只有放眼今天，想求得一个见利不争、义字当头、忠心耿直的人才，还不能够立即找到；或者好不容易找到了一个，却又因为身份卑下，往往因此抑郁不舒心，受尽挫折，最终罢官或者死亡。而那些暴虐贪婪、善于钻营的人却占据高位而享尽荣华富贵，受人尊重，健康长寿，直至衰老，这是真正令我慨叹而无奈的事啊！静观天下大局，衰败的趋势实在难以挽回。而我们所能够努力去做的，就是尽量重用一些正人君子，培养几个好官，作为国家的栋梁之材。

【评析】

古人说："能当一人而天下取，失当一人而社稷危。"曾国藩是深知这个道理的，因而在人才问题上深具历史的卓识与战略的眼光。他对人才的广泛搜罗，是他能够成就功业的一个重要原因。

【史例解读】

得人者得天下

贞观三年，天下大旱，严重的灾情已危及国计民生。唐太宗忧心如焚，多次率百官求雨并极为虔诚地谴责自己。太宗求天不应，便召集群臣商量对策。他宣布，无论文臣还是武将都要指出朝廷政令的得失，并提出几条具体的意见。这可难坏了武将常何，他回到府中，愁眉不展。正好家中有位名叫马周的落魄朋友，漫游到长安，借住在他的府上。得知了常何的为难之事，马周不假思索，伏在案上，洋洋洒洒地向朝廷提了二十多条建议，文辞非常优美。

次日早朝，常何怀着忐忑的心情将奏疏呈现给太宗。太宗一看，这些建议有理有据，切中时弊，确属可行，但武夫常何绝不可能有这神来之笔，便问他是何人所写。常何告诉太宗为马周所写。太宗又问马周是何样之人，常何便向太宗介绍说："马周是清河茌平（今山东茌平）人，家境贫寒，但勤奋好学，尤其精通先秦诸子典籍。由于自认才学出众，清高而孤傲，所以郁郁不得志。他在博州一所学校教书，常受地方官训斥，一怒之下便拂袖而去，离家远游。他穷困潦倒，经常受人欺凌，历尽艰辛来到长安，住在臣家，乃当今一大奇士也。"

太宗听完介绍，立即预感到这是一位杰出人才，传诏奖赏常何绢三百匹，表彰他推荐贤才之功，并派常何回家，请马周入宫见驾。等了约半个时辰，不见马周前来，太宗求贤心切，亲自派官员驾宫中的四马彩车去请马周。又过了半个时辰，太宗到殿外张望，还不见马周入宫。他又派了一辆四马彩车前去催请。这就是风传一时的太宗礼贤下士、三请马周的故事。

太宗见到马周，问及尧舜的德治天下，孔孟儒学的思想精华，周隋的盛衰兴亡以及当今的时弊和治国要略，马周对答如流，见解精辟。太宗对马周的才华和忠诚极为赞赏，不久拜其为监察御史。

马周为官后理政审慎，不拘旧俗，锐意创新，对于贞观一朝的制度建设做出了重要贡献。为了表彰马周勤劳国事，唐太宗亲自题写了"鸾凤冲霄，必假羽翼，股肱之寄，要在忠力"十六个草书大字赐予马周，使马周大享殊荣。

贞观二十二年，马周病危，太宗亲自为他调药，命御医悉心护理。马周去世时，年仅四十八岁，太宗哀悼不已。

从唐太宗对待马周一事可以看出，太宗求贤的虔诚、礼贤的恭敬、用贤的如一、思贤的深情。所以天下贤才聚集朝廷，君臣共创大唐盛世之伟业。

博闻多识，人鲜能之

张华博览图籍，四海之内，了如指掌。晋武帝经常咨询汉朝的治国方略及管理制度，涉及范围十分广泛，张华应答如流，并且语言生动精辟，使听取的人常常忘记疲倦，于是人们把他与春秋时期郑国的子产相比拟。张华官至太子少傅、司空。

张华博物洽闻。有人捡到一种奇异的羽毛，长约三丈，拿来请张华辨认。张华看后，神情惨然地说："这是海凫的羽毛。这种异鸟一旦出现，就预示着天下将要发生变乱。"

陆机宴请张华，席间宾客满座，佳肴珍馐，十分丰盛，有一名菜叫"白鲊"。张华打开盛菜器皿的盖子，说："这是龙肉。"人们都不相信。张华说："用苦酒浇醮，必定会有奇异的现象出现，一试便知。"一试，果真有五彩光芒升起。陆机叫来进献白鲊的人询问，果然说："是在园内堆积的茅草下面得到一条白鱼，觉得鱼质与貌状都十分特异，用来做菜其味鲜美，因此进献给您品尝。"

存放武器的库房，管理十分严密，但是，库中忽有雉雏。人们感到十分怪异，就去请教张华。张华说："这是蛇变化为雉。"打开库房验证，在雉的旁边果然有蛇蜕。

吴郡派公务人员报告说，临平江岸崩塌，有一只石鼓出现，槌擂却不发出声音。皇帝就召见张华。张华说："取蜀中桐材，刻制成鱼形的鼓槌，敲叩就会发出声音来。"果然如其所说，鼓声洪亮，声震数里。

孙吴政权还存在时，在北斗星与牵牛星之间，常有紫气。研究道术的人认为：这是东吴政权强盛巩固的天意，不可讨伐。只有张华以为这种说法是牵强附会，没有道理。后来东吴被平定，紫气更显明亮。张华了解到豫章人雷焕，对于天象征兆很有研究，于是邀请来，到晚间共同登楼观察。雷焕说："这是宝剑所发的剑气，位置在豫章郡的丰城县。"于是任命雷焕为丰城县令，让他负责探寻。雷焕上任后，经过测算，挖掘牢狱下的地基，于是找到了双剑。当晚，在斗牛二星之间就再也看不到剑气了。雷焕用南昌西山北岩下的土石磨拭剑，除去锈迹，剑光明亮耀眼。于是派遣特使，护送其中一剑，并土石赠送给张华，留下另一剑作为雷焕自己的佩剑。张华认为，南昌的土石不如华阴县的赤色土石。于是就用华阴土石一斤致赠雷焕。雷焕再次用来磨拭，铁剑倍加锋利。

在曹魏政权时，殿前大钟忽然自动震响，令人惊骇。张华说："这是四川发生了地震，大钟感应而发出声音。"不到十天时间，蜀郡果然报告发生地震。

博学多识，处事完美，这是人人都追求的，但是并不是所有人都能轻易达到。

代人受过收人心

周襄王二十五年（前627），秦穆公趁晋文公病逝，晋国上下无暇他顾之际，派孟明视、西乞术、白乙丙三人出兵伐郑，结果在崤山遭到伏击，全军覆没，三将均被生擒。晋襄公的嫡母文嬴是秦穆公的同宗之女，后来她为之说情，三人才免于一死，逃回秦国。

孟明视三人逃回国内的消息一传出，立即有人向秦穆公进谏："孟明视、西乞术和白乙丙身为秦将，作战不利，丧师辱国，应立即杀掉以平民愤。"

还有的大臣说："他们三人统率秦国子弟出关，只有他们三人生还，其余全部抛尸崤山，实在可恶，理应斩杀以慰国人。"

更有人说："当年城濮之战，楚军战败，楚国国君杀元帅以儆三军，您也应当效法。"

大臣们议论纷纷，众口一词，要求秦穆公杀掉三人。

秦穆公听了，对大家说："这次出兵，是因为我不听蹇叔、百里奚的劝告，才导致失败。所有后果都由我一人引起，所有责任都应由我一人承担，同其他人毫无关系。"

众大臣听后都瞠目结舌，说不出话来，不知道他心中到底是什么意思。

秦穆公深深知道，孟明视三人是秦国不可多得的勇将。秦、晋争霸中原的战争刚刚开始，自己正在用人之际，杀掉三人，肯定有百害而无一利。况且晋襄公放回三将，显然是想借刀杀人，既要除掉仇人，又要获得秦国的好感。胜败乃兵家常事，凭三人的本领，将来总有一天能打败晋国，洗雪耻辱。

于是，他不顾群臣反对，身穿白衣，到郊外迎接孟明视、西乞术和白乙丙。一见面就向他们表示慰问，并对死去的将士表示哀悼。孟明视三人非常感激，发誓要忠心效命秦穆公。

不久，秦穆公又任命孟明视、西乞术和白乙丙三人为将，统率军队。三人都感激国君宽宏大量，纷纷竭尽所能，辅佐秦穆公整顿军备，加强军队的训练。

经过一段时间的精心准备，三人在公元前631年的战役中一举大败晋军，不仅报了被俘之仇，而且使秦穆公成为中原霸主。

【原文】

天下无现成之人才，亦无生知之卓识，大抵皆由勉强磨炼而出耳。《淮南子》曰："功可强成，名可强立"。董子曰："强勉学问，则闻见博；强勉行道，则德日进。"《中庸》所谓"人一己百，人十己千"，即强勉功夫也。今世人皆思见用于世，而乏才用之具。诚能考信于载籍，问途于已经，苦思以求其通，躬行以试其效，勉之又勉，则识可渐通，才亦渐立。才识足以济世，何患世莫己知哉？

【译文】

天下没有现成的人才，也没有生来就具有远见卓识的人。人才大多都是坚强磨炼出来的。《淮南子》说："功劳可因坚强磨炼而成就，声名也可因坚强磨炼而建立。"董仲舒说："努力做学问，见闻就会广博；顽强地寻求真理，道德修养就会每天进步。"《中庸》里所说的："他人知道一件事，自己要知道一百件。他人了解十件事，自己要了解一千件。"就是要勉励自己多付出工夫。现在人们都企盼为世所用，却缺乏社会需要的才能谋略。如果真正能从古代典籍中得到启发，再向那些事业有成之士学习，苦苦思索通用于当世的方法，并亲身去实践，检验它的效果。努力再努力，那么就可通达识见，才能也就逐渐培养起来了。才能见识足以有益社会，还用得着担心世人不知道自己吗？

【评析】

人才不是天生的，所以曾国藩说"天下无现成之人才"，世上的人才都是通过后天勤奋学习才磨炼出来的。只有通过不断学习，不断勉励自己，不断追求进步，才能成为人才。

【史例解读】

朱熹求学

朱熹（1130—1200）是南宋著名思想家。字元晦，后改仲晦，号晦庵，别号紫阳，祖籍徽州婺源（今属江西）。朱熹是宋代理学的集大成者，他继承了北宋程颢、程颐的理学，完成了客观唯心主义体系的构建。

朱熹八岁开始读书，非常聪明好学，老师教他读《孝经》，他看完一遍后，在书上写道："不能这样做，就不能算作一个人！"十四岁时，父亲病逝，从此朱熹的家境变得艰难起来，朱熹不得不投靠父亲的朋友门下生活。为了维持生计，他以教书为生，收入极其微薄，家里仍然一贫如洗。尽管经常揭不开锅，但他以苦为乐。

朱熹父亲的朋友大多是有学问的人，家里藏书很多，朱熹由此得到了充分的读书机会，凡是书房里有书，他见一卷读一卷。他聪颖过人，才华横溢，被乡里称为"神童"。

朱熹于南宋高宗绍兴十八年考取进士，但是他仍然感到自己学识不足，决心拜访当时最有学问的一位大师李侗。朱熹去同安县任主簿的时候曾经拜见过李侗，朱熹很渴望得到这位老师的指导。现在想拜他为师，他深知李侗不会轻易接收学生。最后，他想：只要诚心好学，李侗会收我为学生的。

于是，朱熹怀着对老师的崇敬之情，决心步行去见李侗。当时李侗在延平，朱熹在崇安，两地相隔几百里，山水阻隔，路途艰险，可是一心一意求学的朱熹顾不上这些了，他决心已下，一定要克服重重困难徒步前行，他觉得这样做才能够表达自己的诚意。经过半个多月的长途跋涉，朱熹疲惫不堪地到了延平。

当天夜里，朱熹到了李侗的家。为了不打扰李侗，朱熹就在李侗的家门外打盹休息了。清晨，李侗散步，见在路边打盹的是曾经拜访过自己的朱熹，急忙问道："朱进士，你从哪里来？怎么睡在这里？"朱熹见到李侗问自己，急忙整理了一下自己的衣服，恭恭敬敬地躬身行了一个礼，说："先生早晨好，我是从崇安来的。"李侗看到他风尘仆仆的样子吃惊地问道："你难道是走来的吗？为什么没有坐轿骑马呢？"朱熹诚恳地答道："我是专程来向老师学习的，怎么能够骑马坐轿呢？请收下我这愚鲁的学生吧！"朱熹的话，情真意切。"先别说什么，快到我家里去。"李侗把朱熹引进家门，让他洗漱就餐。

朱熹换了衣服，吃了饭，有了精神，就和李侗谈论起佛学来了。李侗见朱熹夸夸其谈，华而不实，就严厉批评说："你谈的都是些空话，现实问题却懂得很少，这样求学不行啊！"说罢连连摇头不语。

朱熹一听这话，"扑通"一下，跪在李先生面前，说："李老师，您说的对，从现在起，我就改掉夸夸其谈的毛病。收下我吧，收下我吧！"李侗见朱熹很诚恳又愿意改掉毛病，就收下了他。

从此，朱熹就在李侗的门下学习，他起早贪黑地用功读书，实在太累了，就趴在书桌上打个盹，算是睡觉了。李侗见朱熹如此勤奋好学，有时候还有新的见解，就越来越喜欢他，还给他起了一个新的字，元晦，希望他成为一个不露锋芒、有道德内涵的人。

朱熹在李侗那里学了不少东西，后来终于成为一位著名的哲学家和思想家。辛弃疾为他写下了"历数唐尧千载下，如公仅有二三人"的赞词。朱熹有《四书集注》《名臣言行录》《资治通鉴纲目》及《朱文公文集》等著作传世。

文章成就，莫过樊孝谦

樊逊（？—565），字孝谦，北齐文学家，河东北猗氏（今山西临猗县）人，出身寒门。其父樊衡性情至孝，父丧，负土成坟，植柏方数十亩，朝夕号哭。樊逊少年好学，专心典籍。后官至员外散骑侍郎。

樊逊家境贫寒，哥哥以制毡为业，以供他读书资用。樊逊心里过意不去，常常自责："为人子弟，不能自立，经常接受馈赠，怎么能心安理得地独享安逸，难道于心无愧吗？"就想跟随哥哥学做毛毡的技艺，共同为家庭的生计操劳。母亲冯氏对他说："你难道只注重眼前，在小节方面谨慎，而放弃远大的志向吗？"樊逊听了母亲的话，心里有所感悟，于是专心攻读圣贤典籍，并在墙壁上书写"见贤思齐"四个大字，勉励自己。

北齐政权建立，他到临漳县谋得一个小吏职位。县令裴鉴清廉俭约，偶有白雀栖集在县衙附近，当地人认为这是因为裴鉴俭约，上天降下祥瑞，纷纷称颂。樊逊也就此写了几首称颂裴鉴清德的诗。裴鉴看后，惊异一介小吏也有如此才华，十分赏识，便任用他为主簿，掌管文书。随后，又推荐他给右仆射崔暹（xiān）做宾客，与当时的文士李广、封孝琰等人讲论文章。樊逊认为自己相貌丑陋、门第清寒，总是独处静默，常以东方朔"陆沉世俗，避世金马"之语安慰自己，并仿照东方朔的《答客难》写过一篇《答客诲》的文章，用以抒写自己的心志。

一次，崔暹大会宾客，大司马、襄城王元旭在座。崔暹将樊逊推荐给元旭，说："此人学富才高，是十分难得的军事参谋。"元旭看看樊逊的长相，不屑地说："这种形象，哪里能参赞军机？"面对元旭的侮辱，樊逊恭敬然而又很尖锐地说："家无荫第，确不敢当。"以此来讥讽元旭以门第为官。

樊逊文采出众。陆操、伏浑去世，尚书左仆射杨愔让樊逊作书告晋阳朝士，写好后又让当时的大文人魏收润色，魏收竟不能更改一字。杨愔也评论说："后生清俊，莫过卢思道；文章成就，莫过樊孝谦；几案断割，莫过崔成之。"

非学无以广才

宋朝末年，出了一个叫方仲永的神童，方家世世代代都是种田人，到了五岁，仲永还未见过笔墨纸砚呢！

可有一天，奇怪的事发生了。仲永早上一起床，就哭哭啼啼地向母亲要纸墨笔砚。母亲以为是小孩子在耍性子，就没有理他。过了一会儿，仲永哭得更厉害了。他的父亲问明情况，感到惊奇，就从邻居家借来写字的工具，看看儿子究竟要干什么。仲永熟练地研上墨，铺好纸，就像读书多年的秀才一样。然后他拿起笔蘸上墨汁，大笔一挥，在白纸上写下四句诗，又在诗上加了个题目。这情况把仲永的父亲看呆了，他马上拿起儿子作的诗，让乡里的读书人看。那些人读了，惊叹不已，连声称赞："好诗！好诗！"大家又把仲永招来，指定题目，让他当场作诗。仲永毫无难色，稍一思索，便出口成诗，而诗的文采、内容都很有水准，让人信服。很快，仲永五岁作诗的美名传扬四方，被誉为"神童"。仲永的才华传到城里，有很多人感到惊异，就招来仲永，令他作诗。这些人常给仲永父亲些钱财作为奖励，这使仲永的父亲非常高兴。后来，仲永父亲每天拉着仲永轮流拜访城里的人，借此机会表现他的作诗才能，以博取人家的奖励。有人建议说："让仲永去读书吧。"仲永父亲说："既然是神童，有天赐的才华，又何必去读书浪费钱呢？"这样，仲永终没能读一天书。

仲永长到十二三岁时，著名诗人王安石去看望仲永，并叫他当场作一首诗，却发现文采与辞藻都大不如前。又过了七年，仲永已经变得和普通人一样了。

方仲永，这个"神童"，虽然厉害，但因为不能继续学习而变成平庸的人，这是因为知识是永无止境的，再有天赋的人，如果不努力，不学习，也是不可能有所作为的。有句话是这样说的："天才等于百分之一的天赋加上百分之九十九的汗水。"不管是有天赋的人，还是普通人，都要努力学习和更新知识，才会有成就。如果仅仅靠自己的小聪明作为资本去显耀，甚至看不起反应稍慢一点儿而正在努力拼搏的人，从此停滞不前，那么，他将浪费掉宝贵的光阴，最终一事无成！

卷八 廉矩

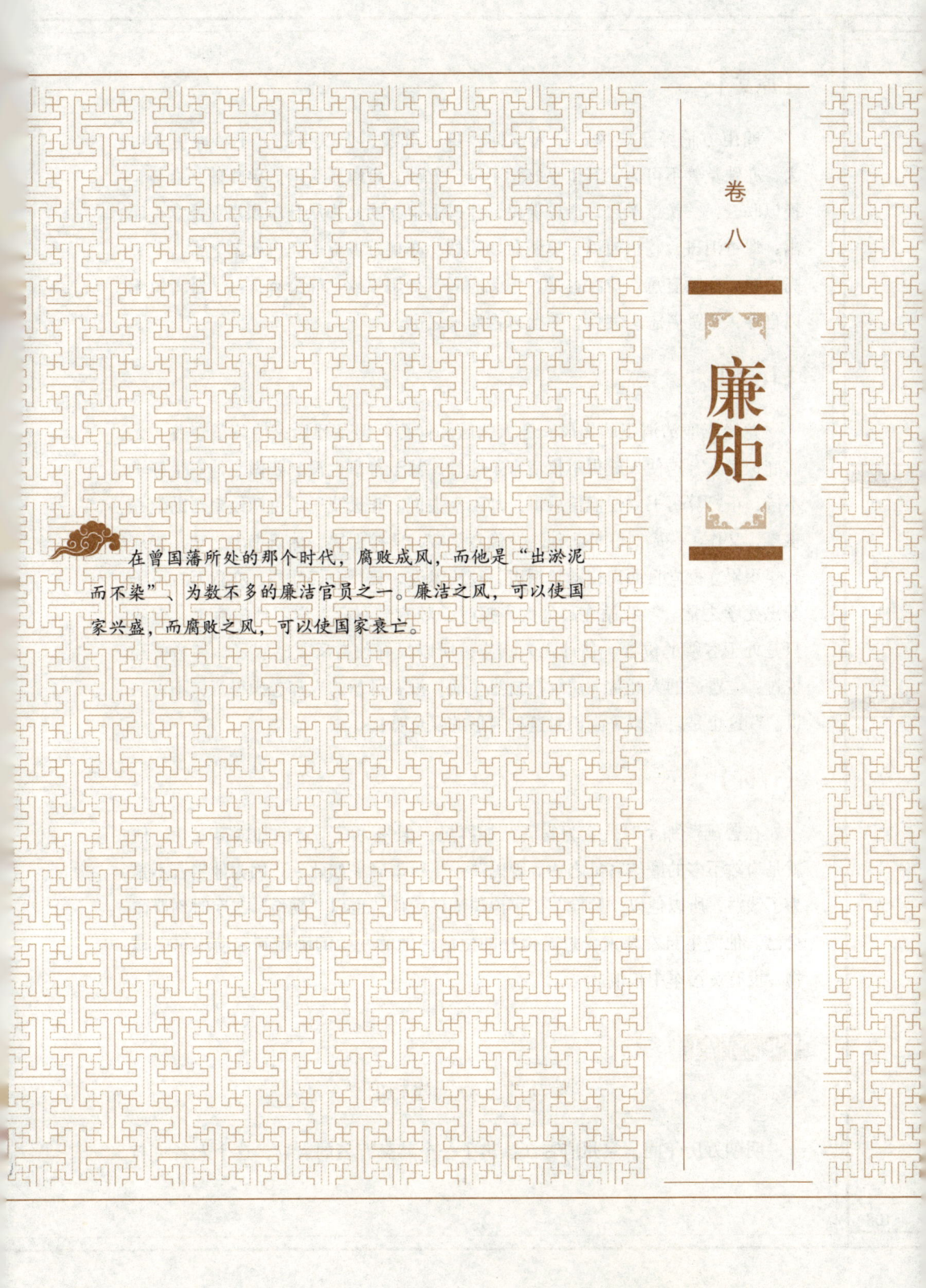

在曾国藩所处的那个时代,腐败成风,而他是"出淤泥而不染"、为数不多的廉洁官员之一。廉洁之风,可以使国家兴盛,而腐败之风,可以使国家衰亡。

【原文】

翰臣方伯廉正之风，令人钦仰。身后萧索，无以自庇，不特廉吏不可为，亦殊觉善不可为。其生平好学不倦，方欲立言以质后世。弟昨赙之百金，挽以联云："豫章平寇，桑梓保民，休讶书生立功，皆从廿年积累立德立言而出；翠竹泪斑，苍梧魂返，莫疑命妇死烈，亦犹万古臣子死忠死孝之常。"登高之呼，亦颇有意。位在客卿，虑无应者，徒用累欷。韩公有言："贤者恒无以自存，不贤者志满气得。"盖自古而叹之也。

【译文】

龙翰臣廉洁清正的作风，令人钦敬和仰慕。但是死后家境萧条衰败，无法庇护家人，这使人觉得不仅清官不能做，甚至善事也没必要做。他一生好学不倦，正打算著书立说流传后世，却不幸去世。昨天我送了百两纹银帮助他办丧事，又作了一副对联悼念他："豫章平寇，桑梓保民，休讶书生之功，皆从廿年积累立德立言而出；翠竹泪斑，苍梧魂返，莫疑命妇死烈，亦犹万古臣子死忠死孝之常。"我站在高处大声疾呼，颇有号召众人学习他的意思。但我只是处于客卿的位置，估计无人响应，所以只好独自反复感叹了。韩愈曾经说过："贤德的人经常无法维持自身生活，没有贤德的人却志满得意，不可一世。"这也是自古以来人们对这种情形的叹息呀！

【评析】

在曾国藩那个时代，为官者茫如群星，但是为官不贪的却寥寥无几。他就是为数不多的廉洁官员之一。曾国藩一生行事确乎如此。正因为他当官不是为了钱财，所以他以"勤俭"二字谆谆训诫后代，也以"勤俭"二字时刻严律自己。他终生自奉寒素，过着俭朴的生活。他的一生的确做到未动用军中财物，没有贪污军中粮饷。

【史例解读】

策马"三鞭"建相府

明朝万历年间，泉州府晋江县出了一个赫赫有名的人物，这个人名叫李廷机，号九我，民间称他"李相国"。

李九我少时家境贫寒，长大之后，以教书糊口度日，生活过得十分清苦。后来通过科举中了高魁，做了宰相，他刚直不阿，廉洁奉公，生活保持以前作风。交游或有馈赠，一律谢绝。民间传说，他做宰相后，皇帝钦赐他在家乡建造一座相府。诏书上说让他骑马加鞭三次，以所至之地作为相府建造范围。不难想象，这座相府的规模十分宏大。

李相国接过圣旨，送走钦差，回到屋内。家人见他面带忧虑，不知为何。原来这位相爷接过圣旨之后，反复思考：如果遵旨建造相府，必然要占用大片民田，苦了百姓，必定会招致民怨，日后难免连累子孙后代。想自己少时家中贫寒，与穷苦乡亲和睦相处，也曾相互帮忙，后来做了大官，一心想着国家大事，未曾为家乡父老做过好事，如今怎能为了建造相府，贻害家乡百姓！但是，圣旨已下，不能不遵从，如果不遵旨执行，就有欺君之罪，真是左右为难，不知如何是好。他为此整日愁眉苦脸，久无两全之策。

一天，他心绪不宁地走到村口，双眉紧锁，低头沉思。忽然，大树下传来马叫声，抬头看见那拴在树干上的马儿，好像得到什么启示，不觉微笑点头，然后急匆匆地赶回家中，吩咐备马圈地。消息一公布，老百姓纷纷赶到村口，在各自的田头静静地站着，心中忐忑不安，唯恐自家的土地被相府圈去。一会儿，只见相府家丁牵来一匹白马，把马拴在树干上。李相国手执细长的鞭子，跨上马背。一个家丁赶忙上前，正要解开拴马的绳子，老相爷却挥手阻止。老百姓面面相觑，心下疑惑，只见李九我轻轻地扬起鞭子，往马背上抽了三鞭。那拴着的白马叫了几声，原地腾跃几下，然后慢慢地平静下来。人们正在疑惑不解的时候，只见老相爷从容地从马背上跳了下来，走向老百姓，郑重地宣布：遵照皇上旨意，已经策马三鞭，所至之地，就是相府建造的范围了。老百姓这才恍然大悟，心头上的大石块顿时落了下来，众口称赞李相国爱民的深情。

相府落成了，朝廷派人前来宣慰。使臣一到李九我的家乡，看到新建的相府竟是一座上下二层二进、一厅两房的普通民宅，不胜惊异，后来获知底细，深为感动，回朝如实奏闻。皇帝素知李九我的为人，闻奏不觉动容，感其用心良苦，表彰其清廉操守。此事在朝野上下传为佳话，泉州民间更是世代相传，相府的所在地也被乡人称为"贤相里"，一直沿用至今。

包拯拒砚

康定二年（1041），包拯因在天长县（今安徽省天长市）明察善断，办案如神，政绩卓著，升任岭南端州（今广东省高要县）知州（一州的最高长官）。

北宋年间，朝廷规定端州每年都要向皇宫交纳一定数量的端砚，或留皇室使用，或赐公卿大臣。当时的权贵、大臣、学士们都以家中存有几方端砚为荣。因此，历任知府为巴结权贵、讨好上峰，都要向民间工匠和作坊无偿索取比进贡数量多几十倍的砚石，弄得民不聊生，怨声载道。

包拯上任后，翻阅前任文卷，发现上任知州额外征收端砚太多。按朝廷进贡的要求，每年要供奉八块。可上年的登记中，写的是"三十又六方"。这三十六方比朝廷的要求高出数倍！包拯十分惊讶，当即询问原知州的下属官员。官员们异口同声地说："大人，你哪里知道，前知州为贿赂当朝权贵，才动得大手大脚啊！"包拯诙谐地说："对待权贵，恐只能小手小脚吧？"他下令：按朝廷规定，进贡之端砚每年只做八块。

一日，一个贵门亲临州府，送包拯一方石砚，说道："大人每日躬笔耕耘，急需上砚。现送得一方，呈与大人，以为万民造福。"包拯说："我多年皆用普通石砚，如此高贵的，当呈圣上所用，我用则糟蹋了。"说罢，他坚辞不受。

包拯常说："廉者，民之表也；贪者，民之贼也。"后来，又有人来送端砚，他开玩笑拒绝说："如今我来到产端砚的端州，便收端砚，明日去产金的金岭，又收金子，我岂不成了天下顶顶富有的珍玩大盗了吗？"直到庆历三年（1043），当他即将离任时，当地精制一方好砚，赠给他作纪念，他也婉言谢绝，"不持一砚归"。因此，当地人奔走相告，盛赞包拯为官清明。

【原文】

古之君子之所以尽其心、养其性者，不可得而见；其修身、齐家、治国、平天下，则一秉乎礼。自内焉者言之，舍礼无所谓道德；自外者言之，舍礼无所谓政事。故六官经制大备，而以《周礼》名书。春秋之世，士大夫知礼、善说辞者，常足以服人而强国。战国以后，以仪文之琐为礼，是叔齐之所讥也。荀卿、张载兢以礼为务，可谓知本好古，不逐乎流俗。近世张尔岐氏作

《中庸论》，凌廷堪氏作《复礼论》，亦有以窥见先王之大原。秦蕙田氏辑《五礼通考》，以天文、算学录入为观象授时门；以地理、州郡录入为体国经野门；于著书之义例，则或驳而不精；其于古者经世之礼之无所不该，则未为失也。

【译文】

古代的君子是如何休心养性的，我们是不能看到了。但他们修养身心，管理家庭，治理国家，平定天下，全秉持的是礼法。从内部说，舍弃了礼法就无所谓道德；从外部说，舍弃了礼法就无所谓政务。所以，六卿之官设置完备，记录典籍以《周礼》做书名。春秋时代，士大夫中通晓礼法、擅长游说的人，一般能说服众人，实现自己的思想主张，因而使国家强盛。但是战国以后，将仪式的华美琐碎当作礼法，是叔齐所讥讽的虚有其表。荀卿、张载小心谨慎地以礼法为实务，可称得上知道根本，喜好古风，不趋于流俗啊！近代张尔岐作《中庸论》、凌廷堪作《复礼论》，也可以从中看到先王的原意。秦蕙田编辑《五礼通考》，把天文、算学录入观象授时门一类，把地理、州郡录入体国经野门一类。这样做，对于著书的意义和体例来说，就有些繁杂不精，但该书对古代经营世事的礼法面面俱到，则说不上有什么过失。

【评析】

中国古人历来追求"立德、立言、立功"之"三不朽"，曾国藩因"道德、文章、事功"都比较完满而被誉为"末世完人"，他不仅给后人带来了人格上的影响，也给儒家文化带来了新的气象。他以对传统伦理秩序眷恋不舍又冀借西学以自强的积极主张，对晚清时局的解危救困做出了贡献。

【史例解读】

不食周粟

相传伯夷、叔齐是商朝末年孤竹国（政治中心在今河北省卢龙县西，包括今迁安市、迁西县、滦县等地）国君的长子和三子，生卒年无考。孤竹国国君在世时，想立叔齐为王位继承人。他死后，叔齐要把王位让给他的哥哥伯夷。伯夷说："你当国君是父亲的遗命，怎么可以随便改动呢？"于是伯夷逃走了，叔齐仍不肯当国君，也逃走了，百姓就推孤竹国君的二儿子继承了王位。

伯夷、叔齐之所以让国，是因为他们对当时商纣王残酷统治不满，不愿与之合作。他们隐居渤海之滨，等待清平之世的到来。后来听说周族在西方强盛起来，周文王是位仁德之人，兄弟二人便长途跋涉来到周都邑岐山（今陕西岐山县）。此时，周文王已死，武王即位。武王听说他们前来，便派周公姬旦前往迎接。周公与他们立书盟誓，答应给他们兄弟相应的职位。他们二人相视而笑说："奇怪，这不是我们所追求的那种仁道呀。"

如今周族见商朝气数将尽，崇尚计谋而行贿赂，依仗兵力而壮大威势，用宰杀牲畜、血涂盟书的办法向鬼神表示忠信，到处宣扬自己的仁德来取悦百姓，用征伐杀戮来求利。他们二人对投奔西周感到非常失望。当周武王带着装有其父亲周文王的棺材，挥师伐纣时，伯夷拦住武王的马头进谏说："父亲死了不埋葬，却发动战争，这叫作孝吗？身为商的臣子却要弑杀君主，这叫作仁吗？"周武王的部下要杀伯夷、叔齐，被统军大臣姜尚制止了。

周武王灭商后，成了天下的宗主。伯夷、叔齐却以自己归顺西周而感到羞耻。为了表示气节，他们不再吃西周的粮食，隐居在首阳山（今山西永济西），以山上的野菜为食。周武王派人请他们下山，他们仍然拒绝。后来，一位山中妇人对他们说："你们仗义不食周朝的粮食，可是你们采食的这些野菜也是周朝的呀！"妇人的这句话提醒了他们，他们就连野菜也不吃了。到了第七天，快要饿死的时候，他们唱了一首歌，歌词大意是："登上那首阳山哪，采集野菜充饥。西周用残暴代替残暴啊，还不知错在自己。神农、舜、禹的时代忽然隐没了，我们的归宿在哪里？哎呀，我们快死去了，商朝的命运已经衰息。"最终他们饿死在首阳山脚下。

周公吐哺天下归心

周公姓姬名旦，是周文王第四子，武王的弟弟，曾两次辅佐周武王东伐纣王，并制作礼乐，天下大治。因其采邑在周，爵为上公，故称周公。

在周文王时，他就很仁爱、孝顺，辅佐武王伐纣，封于鲁。周公没有到封国去而是留在王朝，辅佐武王，为周朝安定社会，建立制度。武王死后，又辅佐年幼的成王治理国家。据《曲阜县志》记载："武王十三年定天下，封公于少昊之墟曲阜，公不就封，留相武王，成王即位，命世子伯禽就封于鲁。"新建立的周王朝面临着严重困难，商朝旧贵族们随时准备复辟，而周公辅政，又有违王位世袭制中父死子继的原则，引发周王室集团内部的矛盾。结果残余势力便与周室内部的反叛势力勾结起来，他们的代表是纣王子武庚与"三监"、管叔、蔡叔等人。随后，周公东征平定三叔之乱，灭五十国，奠定东南，归而制礼作乐。

周公唯恐失去天下贤人，洗一次头时，曾多回握着尚未梳理的头发，吃一顿饭时，有很多次吐出口中食物，然后迫不及待地去接待贤士，这就是成语"握发吐哺"的由来。周公无微不至地关怀年幼的成王，有一次，成王病得厉害，周公很着急，就剪了自己的指甲沉到大河里，对河神祈祷说："今成王还不懂事，有什么错都是我的。如果要死，就让我死吧。"成王果然病好了。周公摄政七年后，成王已经长大成人，于是周公还政于成王，自己回到大臣的位子。

后来，有人在成王面前进谗言，周公害怕了，就逃到楚地躲避。不久，成王翻阅收藏的文书时，发现了在自己生病时周公的祷辞，他为周公忠心为国的品德感动得流下眼泪，立即派人将周公迎回来。周公回周以后，仍忠心为王朝操劳。周公辅佐武王、成王，为周王朝的建立和巩固做出了重大贡献。特别是他在受成王冤屈以后，仍忠心耿耿，为周王朝的发展呕心沥血，直至去世，最终天下大治。周公临终时要求把他葬在成周，以表明不离开成王的意思。成王心怀谦让，把他葬在毕邑，在文王墓的旁边，以示对周公的无限尊重。

周公堪称后世为政者的典范。孔子的儒家学派，把他的人格典范作为最高典范，孔子终生倡导的也是周公的礼乐制度。

【原文】

崇俭约以养廉。昔年州县佐杂在省当差，并无薪水银两。今则月支数十金，而犹嫌其少，此所谓不知足也。欲学廉介，必先知足。观于各处难民，遍地饿莩，则吾人之安居衣食，已属至幸，尚何奢望哉？尚敢暴殄哉？不特当廉于取利，并当廉于取名。毋贪保举，毋好虚誉，事事知足，人人守约，则可挽回矣。

【译文】

崇尚勤俭节约可以用来培养廉洁之风。以前，州县的佐官杂员在省城任职办事，国家没有薪水银两。如今，每月可领取数十两银子还嫌给得太少，这就是所谓的人心不知足呀！要想学习清廉正直，必须先知足。看到各处的难民，遍地都是饿死的人，而我们却衣食无忧、住行不缺，已属幸运了，哪里还有什么奢望呢？哪里还敢任意糟蹋东西呢？不仅应当正当地获得利益，还要正当地赢得名誉。不要贪图被人保举的功劳，不要贪图虚浮不实的名誉。事事知满足，人人守约，那么社会正当的风气就可挽回了。

【评析】

勤俭好比燕衔泥，挥霍好比河决堤。俭以养德，节约就是一种美德、一种智慧，更应成为一种习惯和风气。廉洁之风，不仅可以弘扬社会正气，抵制歪风邪气，还可以促进社会健康和谐发展。腐败之风盛行，社会物欲横流，为了一己私利而不择手段，人人都见财忘义，这样的社会无疑是黑暗的。曾国藩身处当时腐败之风盛行的社会，他想以一己之力消除社会腐败之风是不可能的。

【史例解读】

官至卿相，身居陋室

魏徵（580—643），字玄成，唐巨鹿人，唐朝政治家。曾任谏议大夫、左光禄大夫，封郑国公，他不但以勇于进谏、监察朝政而名垂青史，而且一生崇尚节俭，持身清廉。

魏徵前后向太宗进谏200多次，所提意见贯穿了一个主旨，即"居安思危，戒奢以俭"。贞观中后期，国家形势有所好转，李世民对开创初期的困境逐渐淡忘，励精图治的锐气逐渐消磨，滋长了奢侈之心。贞观十一年（637），李世民在洛阳建飞山宫，魏徵立刻上了一个奏章，向李世民指出："隋炀帝恃其富强，不虞后患，穷奢极欲，使百姓穷困，以至身死人手，社稷为墟。陛下拨乱反正，宜思之所以失，我之所以得，撤其峻宇，安于卑宫。若因基而增广，袭船而加饰，此则以乱易乱，殃咎必至，难得易失。"劝诫李世民罢建"峻宇"。

李世民巡幸洛阳，路上住在显仁宫，常对饮食起居不满意，发脾气责罚仆人。魏徵认为这个苗头不好，提醒李世民说："陛下认为供应不好而发脾气，将来上行下效，开了这个风气，就会弄得民不聊生。隋炀帝巡游，每到一地，就因下面不献食物，或供奉不精而责罚，无限制地追求享受，百姓负担过重，结果灭亡。陛下怎么能效法隋炀帝呢？今天这样的供应，如果知足，就很可以了；如果不知足，即使比今天再奢侈一万倍，也难以满足。"李世民听了很受震动，说道："非公不闻此言！"

　　贞观十五年，李世民于益州造绫锦金银等物，魏徵就进谏说："金银珠玉，妨农事也。锦绣纂组，害女工者也。一夫不耕，天下有受其饥；一女不织，天下有受其寒。"希望李世民尽量节省奢靡之费。

　　魏徵不断劝谏皇上勤俭节约，爱惜百姓，他自己在个人生活中要求更加严格。早在青年时代，过着俭朴的生活。官至卿相，仍保持朴素作风。"所居室屋卑陋"，李世民几次"欲为营私"，帮他建造新房，都被他坚决拒绝了。

　　不久，魏徵由于操劳过度，一病不起。李世民派人探望，派御医诊治，见魏徵住处，连一个待客的正厅都没有，就下令为他临时建造了一个客厅。又根据魏徵一贯俭朴的生活习惯，赐给他素色的褥子、布被、几案、手杖等一套用品，以补家中之缺。魏徵弥留之际，李世民亲自探望，问他还有什么要求，魏徵只说了一句话："嫠不恤纬，而忧宗周之亡！"意思是寡妇不愁织布的纬线少，只担心国家的兴亡。李世民为之"悲懑，拊之流涕"。魏徵去世后，李世民下令以一品官葬礼治丧（按：魏徵生前为二品官），魏夫人辞谢说："徵素俭约，今假一品礼，仪物褒大，非徵志。"李世民遵从魏徵遗愿，改用薄葬。素车，白布幨帷，无涂车，刍灵，陪葬昭陵。

天地有知

　　杨震（？—124），字伯起，东汉弘农华阴（今陕西省华阴县东南）人。幼年家境贫寒，但他勤奋好学，博学多才，"明经博览，无不穷究"，终成为当时的大儒，他开馆授学，有"关西孔子"之称。据说，曾有一只冠雀衔了三条鳝鱼，飞到他家的窗台上。他的学生看到后说："老师，这种形状的鱼，据古书上说它的颜色与官服颜色相近，三条是表示三公的职位，老师以后一定会高升发达！"杨震听后，并不以为意，仍然潜心学问，不为所动。五十岁时，他接受大将军邓骘的推荐,举茂才,历任荆州刺史、东莱太守,迁太仆、太常、司徒等,位列三公。杨震做官清正廉明,不谋私利,从来不私下接见任何人,也不接受任何人的请托。有人看见他生活清苦,劝他置办田地产业,他则回答说:"让后世称清白吏子孙,以此遗之,不亦厚乎!"(让后世的人称我的子孙为清白官吏的子孙,这样的遗产,不是很丰厚吗?)

杨震任荆州刺史时,发现荆州茂才王密才华出众,便向朝廷荐举他为昌邑县令。王密很感激,深怀报答之心。后来,当杨伯起调任东莱太守,途经昌邑(今山东金乡县境)时,王密亲赴郊外迎接。当晚,王密拜会恩师杨震,俩人交谈投机,非常高兴,深夜王密告辞时,从怀中捧出黄金十斤,说:"难得有拜见恩师的机会,学生特意备办了一点薄礼,不成敬意,只是略表心意,实在不能报答栽培之恩于万一,恳求恩师收下。"

杨震意味深长地说:"作为相知相敬的挚友,以前正因为我了解你的才学人品,所以才向朝廷举荐你,希望你做一个廉洁奉公的好官,为百姓谋利。可是今天你这样做,实在是违背了我的初衷和对你的厚望。只要你为官正直,为国效力,为百姓造福,就是对我最好的回报,而不是送给我什么礼物。我很了解你曾经是一个很正直的人,认为可以作为朋友,但是你却不了解老朋友,现在这样做,是什么原因呢?"

王密说:"深夜之中,没有人知道,请收下吧!"

杨震严肃地指着天地说:"天知,地知,神知,我知,你知,怎么能说没有人知道呢?虽然此时没有别人在,难道你我的良心就不在了吗?"

王密十分惭愧地走了出去。

天地神明,都在注视着我们的一言一行,我们又能欺得了谁呢?谁的行为逃得过上天的注视?内心端正,行为正直,又何必躲藏世人的眼睛呢?

为人清廉,为官正直

吕蒙正,北宋政治家。幼年寒微贫苦,孜孜好学。太平兴国二年举进士第一,通判升州,召直史馆,迁知制诰、翰林学士,擢左谏议大夫、参知政事,三度任相,辅佐两朝,封许国公。大中祥符四年卒,年六十六,谥"文穆"。

据民间传说,吕蒙正年少时家境贫寒,父母亡故,孤苦无依,风餐露宿，饥寒交加，沦为乞丐，寄居寺庙破窑，凄凉悲惨至极。所以民间谈论到谁贫穷时，常以"穷过吕蒙正"作为比喻。但也正是因为吕蒙正出身苦难，才以此激励自己奋发苦读，终于考上状元，直至位登宰相。

吕蒙正任吏部尚书时，皇上召集群臣，讨论征伐的军国大事。皇上说："我打算兴兵讨伐戎狄，安定边境，为民除暴。可能有人会说这是好大喜功、穷兵黩武，但是，如果不征服他们，那么天下百姓就不能有一个安定的生存环境，以至于人民将会全部离我而去。"吕蒙正回答说："隋、唐两朝，四次征伐辽国，前后用了数十年时间，百姓苦不堪言。结果，隋炀帝全军覆没。唐太宗自运土木攻城，最终也以失败告终。治理国家最关键的是上下同心把内政搞好。如果国内政治清明，百姓拥戴，生活富裕，那么远方的人自然就会归顺，国家自然安定，哪里用得着劳师征伐呢？"

吕蒙正胸襟开阔，豁达大度。据司马光《涑水纪闻》记载，吕蒙正因政声清廉升任参知政事后，有一位官员对他很不服气，故意在朝堂帘内指着吕蒙正说："这小子也配当参知政事？"吕蒙正全当没有听见，平静地走了过去。吕蒙正的同僚却感到受了侮辱，十分愤怒，下令追查，但被吕蒙正制止了。下朝以后，同僚们仍然愤愤不平，坚持要彻底查问。吕蒙正说："何必在意一句话呢？如果真的知道了那个人的姓名，那么双方必然都很为难，终身心存芥蒂，相互猜忌，还不如不知道为好。何况，就这么一句话，对我来说也没有什么损失和影响。"人们听了后，都从心里佩服吕蒙正的度量。

"海纳百川，有容乃大。"吕蒙正为官、做人、处事的态度是"吾直道而行，无所愧畏，风波之言不足虑也"。

宋太宗年老后喜欢听歌功颂德之词。一次盛宴之后，他很怡然地对吕蒙正夸耀说："京城致此繁盛，乃知理乱在人啊！"吕蒙正当即正色说："我常见都城外不过数里，因饥寒而死的百姓很多，京城的繁盛只是表面的，实际并不尽然。愿陛下视近以及远，那则是天下苍生的幸运啊！"太宗当即命令相关官员救助穷人，赈济饥民，从而使很多处在饥困之中濒死的灾民得以活命。

卷九

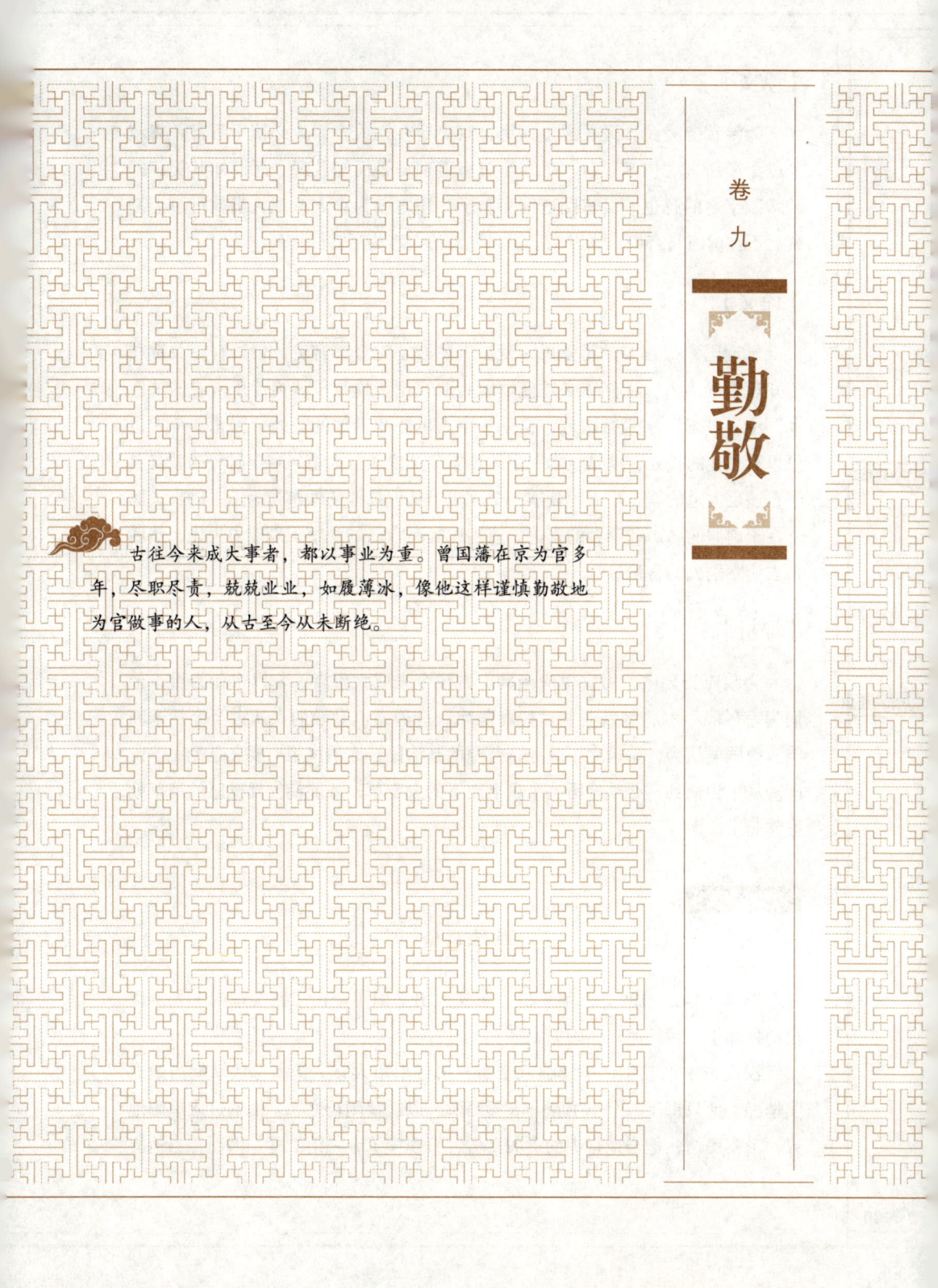

勤敬

古往今来成大事者，都以事业为重。曾国藩在京为官多年，尽职尽责，兢兢业业，如履薄冰，像他这样谨慎勤敬地为官做事的人，从古至今从未断绝。

【原文】

　　为治首务爱民，爱民必先察吏，察吏要在知人，知人必慎于听言。魏叔子以孟子所言"仁术"，"术"字最有道理。爱而知其恶，恶而知其美，即"术"字之之解也。又言蹈道则为君子，违之则为小人。观人当就行事上勘察，不在虚声与言论；当以精己识为先，访人言为后。

【译文】

　　管理国家，首要的是爱民，爱护人民必须先督察官吏，督察官吏关键在于知道他的为人，而知人必须谨慎地听取言论。魏叔子认为孟子所说的"仁术"中，"术"字最有道理。喜爱一个人也能知道他的短处，厌恶一个人也可以看见他的长处，就是"术"字的意思。又说遵行大道、顺应时势的就是君子；违反大道的就是小人。观察一个人应当从他具体的做事行为上去勘察，而不在于虚假的名声和浮夸的言论。应当先提高自己的观察识别能力为先，然后再去访察别人的言论。

【评析】

　　为政应当勤敬，做官也应当勤。古往今来成大事者，都以事业为重，他们为官尽职尽责，兢兢业业，如履薄冰。这种谨慎勤敬的人从古至今从未断绝。曾国藩认为，勤敬之于政务，首要的是治民，而治民第一要义是爱民。曾国藩从中领悟到，必须经历一个自上而下的大变革，才能使摇摇欲坠的清王朝振作起来。

【史例解读】

羊续悬鱼

　　羊续（142—189），字兴祖，东汉大山平阳（今山东新泰东南）人。以祖荫拜郎中，后任庐江、南阳太守。

　　汉灵帝中平三年，羊续临危受命，出任南阳太守。为了尽快掌握当地真实情况，他只带了一个小书童，衣衫简陋，以踽踽闲行之态，悄悄进入南阳地界，考察民情，把当地官吏的贪廉良劣，事先摸了个一清二楚。因而，当他突然出现在南阳府衙时,当地官吏无不惊讶。

上任后,羊续立即颁布宣政令,惩治腐败,除恶扬善,当地百姓为之欢欣鼓舞。

南阳地方多权贵之家,生活极其奢靡,羊续对此深感痛心疾首。他带头素衣薄食,出行时,瘦马一匹,旧车一辆,决心以自己的清俭来影响、转变世风。

俗话说:"新太守敌不过老府丞。"作为一地长官的羊续带头勤俭节约,对那些一向挥霍惯了的府丞属吏,显然是一个很大的约束。于是,有一天,一位老府丞笑嘻嘻地给他送来一条大鱼。想不到,没费口舌,羊续竟收下了。老府丞暗自庆幸,想道:"羊续啊羊续,你有一就有二,有二就有三。今日收鱼,明日就会拿肉,后天就能收钱啦!"于是,几天后,他又笑呵呵地拎来一条更大的鱼。

羊续招招手,让他到庭廊之下,然后指着檐梁上挂着的那条前些天送来的鱼,威严正色地对那个老府丞说:"你上次送的,我都没有动。你这次再送,我还会收、还会动吗?你的这条鱼,我要一直挂在这里,做一个不要再来送钱送礼的活告示。"

明代清官于谦有感于羊续悬鱼,写下了脍炙人口的《初度》诗:

喜剩门庭无贺客,绝胜厨传有悬鱼。

清风一枕南窗卧,闲阅床头几卷书。

羊续的清廉成了史学家笔下"廉吏"的典范,《后汉书》也曾为羊续专门立传。

于成龙:"清官第一"

被康熙皇帝称为"清官第一"的于成龙,是山西永宁人,崇祯年间曾考取副榜贡生,顺治十八年被清朝授予广西罗城县知县,开始了仕途生涯。

于成龙任广西罗城县令时已45岁,家产尚可维持生计。罗城属柳州府,比较偏僻,传说那里"蛮烟瘴雨",北方人到那里大多数水土不服,能活下来的为数不多。亲朋好友多劝他不要到那里去,于成龙以"古人义不辞难"自勉,变卖部分家产,凑足100两银子作为盘缠。他将祖传田产文券交付长子于廷翼,叮嘱道:"我做官不管你,你治家不要想我。"途中,于成龙去看望一位同窗好友，披沥肝胆道："我辈虽无科第份，上古之皋夔稷契岂尽科目中人耶？我此行决不以温饱为志，誓勿昧'天理良心'四字，子素知我于莲池书院者，敢为子质言无隐。"这一番话，无异于于成龙的就职演说。

罗城的现实情况比想象中还要差。当时，罗城县城只有居民六家，草屋数间。县衙好久没有人住，院中长满荒草，中堂仅三间草房。东边是宾馆，西边是书吏舍，中间开一门，后面是内宅，"虎啸猿掷，白昼行庭中"。在这样的环境中老百姓如惊弓之鸟，无心生产。于成龙路上已染病在身，此时心中难免有些愁苦，却"扶病理事"。他堆土石为几案，并在几案下支锅做饭，晚上睡觉头枕一把刀，床头放两支枪，以防不测。在这种情况下，于成龙开始着手安定社会秩序，恢复地方生产，经过艰苦努力，最终取得明显成效。

于成龙不仅以地方父母官的身份治理罗城，还以他自身的人格感化当地百姓，与当地百姓建立起亲人般的关系。于成龙到罗城之后，公务之余"则据案读书，数钱贳恶酒独酌，醉则隐几而卧，或竟日不冠履，既数日，吏民乐公坦怀易亲，皆乐就"，大家恭敬、亲热地称他为"阿爷"，或三天，或六日，到衙门环集问安，家中婚丧嫁祭，事事与他商量。

于成龙除朝廷俸禄外，分文不取。他自奉菲薄，生活清苦。离开老家时，他雇了五个仆人相随，不料这几人适应不了罗城的生活，又瘦又黄，不久便病死一人，逃走三人。于成龙的儿子在老家，见到逃回的仆人，又寻觅四人，打发到罗城。这几个人仍然不适应，病死三人，剩下的一个昼夜号啕大哭，后来仆人都弃他而去。百姓日富，众人感激成龙，此时见状，十分不忍，每天早晚到衙门看望于成龙。有人还凑钱送给他，"跪进云：'知阿爷苦，我百姓每供些盐米费。'公笑谢曰：'我一人在此，何须如许物，可持归易甘旨奉汝父母，一如我受。'众怏怏持去"。几年后，于成龙的儿子来罗城看望他，百姓闻之，"则大喜奔哗庭中，'阿爷人来，好带物安家去！'又进金钱如初，公又笑谢曰：'此去我家6000里，单人携资，适足为累！'挥使去，众皆伏泣，公亦泣，卒不受"。

于成龙不仅受到百姓的爱戴，还受到上司的器重。康熙五年，广西秋试，于成龙任外廉官。当时，众廉官都穿戴华美，还带着随从，而于成龙"布袍数浣，破被如铁，一苍头从"。众廉官互相寒暄，对于成龙则"指目揶揄"。广西巡抚知道于成龙廉洁奉公，政绩显著，便指着衣着简陋的于成龙说："必罗城令也！"当即委以重任。于成龙处理公务十分精干，抚台十分高兴。第二年，于成龙受到抚台荐举，升任四川合州知州。罗城百姓听到于成龙即将离开的消息，"遮道呼号，'公今去，我侪无天矣！'追送数百里，哭而还"。

四川数经丧乱，合州管辖的三县，共有百余户人家，税赋繁杂，百姓苦不堪言。于成龙上任后，先免除官员的随从之费，仅带着家仆。当时，官场送礼成风，地方官员以土特产"孝敬"上司，几乎是一项约定俗成的规矩。一次，郡守下帖，让于成龙送鱼。于成龙很不以为然，说："民脂膏竭矣，无怜而问者，顾反乃乐鱼，且安所得鱼乎？"他不但不送鱼，反而陈书反映合州现实情况。郡守自知理亏，不但没有怪罪他，反而革除了一些对合州不合理的摊派。

康熙十七年，于成龙因政绩卓著，迁福建按察使，主管福建司法。福建自宋以来，便是市舶重地，当官发财很容易。于成龙先后任两司长官，已是封疆大吏，他仍然不改初衷，两袖清风。"外番贡舶或有所献，公悉屏斥。或呈样香，一嗅即还之。贡使皆啧指作礼，谓译使云天朝洪福，我侪实未见此清官也。""随征满汉大臣朝使者，时或来过，径入卧内，或绕署闲行，曲房阿阁，无不历览，几案间惟蛛罗鼠迹，一竹笥贮朝服，二釜备炊爨，文卷书册数十束，此外都无一物。"

于成龙不仅以他的廉洁，也以他的政绩突出蜚声朝野。康熙十九年，于成龙迁直隶巡抚。直隶就在皇帝眼皮子底下，满汉军民杂处，豪强兼并，地方无赖动辄白日杀人，治安状况极差。于成龙却以他的廉洁、果断、刚正不阿，将地方治理得井井有条。他"编保甲，严连坐，以清盗源。锄豪强，严隐占，以苏穷困。令下各属奉行唯谨，公仍不时单骑行旅肆中，密切廉访，诸有违抗，立置之法，无所假贷，自是人人惴惴，无敢有干公法令者，而盗以息，民以安"。于成龙的治绩传遍京师。康熙二十年，于成龙依例进京面见康熙。康熙召见他时，褒奖他"清官第一"，并询问黄州剿抚情况。于成龙十分谦恭，答曰："臣惟宣布上威德，未有他能。"当年冬天，于成龙被提升为江南、江西总督。

这一年，于成龙已65岁。他勤于政事，克己奉公，丝毫不减当年。母亲去世后，他先请假回家葬母，然后雇了一辆骡车，与小孩子同坐，各袖制钱数十文，沿途住饭店，不入公馆，悄无声息地到达江宁任所。于成龙上任后剔除积弊，整饬风化，劝导吏民。在《饬励学政事宜》结尾处，他写道："衡文者

卷九·勤敬

爱惜人家好文字，尔子孙有文字定为衡文者爱惜，若一味爱钱，只恐子孙纵会做文字，决不出头，更恐神鬼怨恨，生出瞎眼子孙，上长街唱莲花落，要看字也不能够了，莫笑老夫迂谈。"他的细致、认真、用心良苦，由此可见一斑。

两江是赋税重地，日常政务繁剧，于成龙处理政务常通宵达旦。他喜好饮酒，至是常常累月不得一醉。他常利用公务之余，微服出访，了解民间疾苦及属吏操行。一些平日鱼肉百姓的地方官遇见白发老者便胆战心惊，以为是于成龙私访，亦不得不有所收敛。

于成龙做官从不带家属跟从，此时因年事已高，才带小儿子在身边侍奉。他每日粗茶淡饭，江南人给他起外号为"于青菜"，以示亲切、景仰。江南风俗喜好奢侈艳丽，此时则民俗大变，人们摒弃绸缎，以穿布衣为荣，"士大夫家减舆从，毁丹垩，婚嫁不用音乐，豪狡率家远避……政化大变。"

康熙二十三年，于成龙卒任上，享年68岁。临终前，将军、都统及属吏入视，见于成龙生活清苦，私人财物只有一袭绨袍，几罐盐豉。于成龙去世的消息传出，百姓罢市聚哭，家家绘像祭奠。康熙皇帝闻知于成龙临终前的状况，十分感慨，赐予他封号"清端"，以示褒奖。

徐九思深受百姓爱戴

徐九思，江西贵溪县人，一生经历明朝孝宗、武宗、世宗、穆宗、神宗五朝，历任知县、工部营缮司主事、员外郎等职。

徐九思与戏剧《徐九经升官记》中的徐九经是叔伯兄弟。《二十五史·明史》中记载：此知县，为官清正，爱民如子，在句容连任九载，深得民众拥戴。

徐九思画菜辅官的故事流传至今。嘉靖二十五年（1546），65岁的徐九思针对时弊，于县署前建方丈石屏一面，上画青菜一棵，上方题词："为民父母，不可不知其味；为吾赤子，不可令有此色。"两旁一副对联："方丈石墙为户屏，一丝画菜为官箴"。后来画菜石屏被移至县署的西边，称作"菜铭碑"。

身为知县的徐九思，画菜辅官不是做给别人看的，也不光是"辅助"他官，而首先是自己身体力行。他曾亲率吏卒，开荒种菜，挖塘养鱼，其收入作为招待过往宾客的开支。同时，他还规定了招待上面来人的费用标准，从未逾越。当时,茅山道观名气甚高,朝廷每年都要派遣数批官员前来斋醮,当地民众苦于供应。针对这一情况,徐九思查核有关财产登记文册,发现"有盐引金久贮于府者",便让这些富户拿出一些财产作捐赏,使民众少受干扰。1544年至1546年,句容连续三年干旱,粮价猛涨,平民买不起。徐九思开官仓,放粮几百石,一半以平价出售,一半赈济灾民,同时在各地寺庙设赈灾点,以大锅煮粥,免费供应饥民;对散居深山的平民百姓,就让附近的富户拿出粮食给予救济,然后县署给予补偿……由于徐九思采取了有效的赈灾措施,因而句容虽遭受特大旱灾,饿死的人却很少。

徐九思离开句容后,句容人十分怀念这个好知县,城内不少居民经常来到"棻铭碑"前,一边手抚石墙,一边喃喃说道:"徐知县啊,你应该经常来句容看看呀!"在他被调入京城当年,句容民众自发为其建生祠四五座,还悬挂徐九思的画像,早晚祈祷。

徐九思活到85岁,临终前,扬手高呼:"茅山迎我!"句容人怀念徐九思,便在茅山建了一座"遗爱祠"以作供奉。

徐九思以"勤、俭、忍"为座右铭,常言:"俭则不费,勤则不隳,忍则不争。"他为官刚正不阿,励精图治,节俭裕民,留下了许多脍炙人口的佳话。

勤:勤于公务。徐九思亲自处理胥吏们易于舞弊的事务。让当事人当庭相对,审理前自己先行调查,判决时即以"所言相同处断",遇到"所述不同",即当面对质。通过整顿吏风,将一名窃藏公款、偷盗官印的县吏置于堂前,并绳之以法,使"胥吏于是人人慑恐于法,不敢有所舞(弊)"。征税催赋事务也直接参与处理,先了解乡民贫富、赋役轻重,避免徇私。除勤于政务以外,徐九思还勤于生产,带头耕种,饲养猪羊,放养鱼苗,等等。

俭:节俭裕民。徐九思不仅自己厉行节俭。对于公费也千方百计节省,当地粮簿上本有一笔供地方开支的例金,他对此分文不取,且本着惠民之心,毅然将这笔例金革除。当时地方官多以招待过路官员作为自己投机钻营的一个主要渠道,滥用公款大肆宴请,重礼接送。如此庞大的费用开支,自是百姓不堪忍受的负担,徐九思顶风反其道而行之。一次,上面府中属员到句容,横行索贿未能得逞,这些人就借酒装疯,在县衙谩骂,咆哮公堂。徐九思毫不退让,将他们缚而笞之,致使路过句容的士大夫"安公(九思)之质俭,弗过望也"。平时县内摊派徭役,他尽量为民节俭而减之,有时达到了"役三减"的程度。

忍：忍则不争。徐九思不争名，不图利，守廉安贫，不忍心为己而与当时官场的奔竞之流同流合污。但对于豪强争夺，官员贪污，只要侵害百姓利益，他就做坚决的斗争。徐九思不争名利，不计得失，在句容知县任上一干就是九年，因而深受百姓拥戴。

【原文】

古人修身治人之道，不外乎勤、大、谦。勤若文王之不遑，大若舜禹之不与，谦若汉文之不胜，而勤谦二字，尤为彻始彻终，须臾不可离之道。勤所以儆惰也，谦所以儆傲也，能勤且谦，则大字在其中矣。千古之圣贤豪杰，即奸雄欲有立于世者，不外一勤字，千古有道自得之士，不外一谦字，吾将守此二字以终身，傥所谓"朝闻道，夕死可矣"者乎！

【译文】

古人修身治人的方法，不外乎"勤于政事、胸怀广大、谦虚谨慎"几点。勤于政事能像周文王那样，胸怀宽广能像舜禹那样，谦虚谨慎就像汉文帝那样。而勤于政事、谦虚谨慎两点，更要自始至终地贯彻到底，一刻也不能背离。勤于政事可以使懒惰的习气警醒，谦虚谨慎的态度可以警惕骄傲情绪滋生。如果能够勤劳、谦和，那么胸怀宽广自然在其中了。从古到今，圣贤豪杰，哪怕奸雄，只要想自立于世，不外乎也是一个"勤"字。从古到今，能够通晓大道理的士人，不外乎一个"谦"字。我将终身遵守这两个字来行事，就是所说的"早晨听到了人间至理真谛，晚上死了也值得了"。

【评析】

古代明君贤臣都能做到"勤于政事、胸怀广大、谦虚谨慎"这三点。曾国藩列举的舜、禹、周文王、汉文帝都是一代明君。曾国藩认为立身处世，离不开"勤""谦"二字。他们在这两个方面，给后人做出了表率。

【史例解读】

三过家门而不入

传说大禹和涂山氏在新婚后第四天，舜帝就任命他为大司空，要他治理洪水。大禹这一去就是十三年，期间曾三过家门而不入。

大禹告别新婚妻子涂山娇，带着一批忠诚助手，登上治水的路程。妻子送他出门，大禹对妻子说："我这次出门，要去很多地方，不知什么时候回来，难以照料你。日后你生了孩子，就取名叫'启'。启，就是启行的意思，以此纪念我们这次的离别吧！"

大禹在治水过程中，走遍了九州。豫州是九州的中心，大禹的老家就在豫州中岳嵩山，大禹无论南来北往，还是东奔西走，都要经过嵩山。但因治水工程时间紧急，任务艰巨，责任重大，大禹虽牵挂老母亲和妻子，但却没有时间回去看望她们。

大禹外出治水后，第一次路过家门是在离家后的第十个月，他带人修渠，这时，妻子涂山娇刚刚生下儿子夏启没几天。这天，大禹路过家门，正巧听到自己的孩子"呱呱"的啼哭声，同行的人都放慢了脚步。有人说："禹王回家住几天吧！"大禹没有停下脚步，边走边说："现在灾情严重，治水要紧！"还有人说："你还没有见过自己的孩子，回家看一眼吧。"大禹也很想进门去看看妻子和刚出生的孩子，可一想，治水工程很紧急，还有许多事要去办，因而摇了摇头，郑重地说："我现在重任在肩，可不能因家事而误了国事呀！"说完，大踏步向前走去。

第二次路过家门时，他看见妻子正在教儿子喊爸爸，小夏启很乖巧地边笑边喊爸爸。大禹看到这一幕，不禁热泪盈眶。大禹真想下马去抱抱自己的孩子，但转念一想，不行，水患不除，还不知道有多少老百姓深受洪水之苦，于是就扬鞭策马飞驰而去。

第三次过家门时，正是治理好三门峡后。他在三门岛上劈开三门，在黄河中心凿下了中流砥柱，降服了黄河水怪，使洪水沿着黄河归入大海。他刚刚松了一口气，突然又听到南方荆水暴涨的消息。他又骑马跃上嵩山，观看远方的水情，正好又路过家门。他看到白发苍苍的老母亲拄着拐杖站在家门口张望，似乎在等待他的归来，看到小夏启在地上爬着玩儿。大禹一阵心酸，两行热泪滚落下来。这时，大禹眼前又出现了荆州地区老百姓哭喊亲人的场景。大禹为让那里的老百姓早享天伦之乐，只好紧闭双眼，匆忙离开，还是没进家门。

大禹三过家门而不入的事迹感动了当地老百姓，人们都踊跃参加治水工程，大禹带领治水大军相继疏通了黄河、长江、淮河、济水、汉水、颍水等大小儿百条河流。经过十几年的艰苦奋斗，终使水有水道，陆有大路，老百姓都回到自己家乡，重建家园，男耕女织，过上安居乐业的生活。这时，大禹才回到嵩山和亲人团聚。涂山氏一手搀着老婆婆，一手拉着小夏启，迎接大禹，乡亲们也敲锣打鼓地欢迎大禹这位治水英雄。

修炼己之"诚"

辛弃疾（1140--1207），字幼安，号稼轩居士，南宋山东历城（今山东省历城县）人。宋孝宗时以大理少卿出为湖南安抚使，后来官至龙图阁待制。辛弃疾性格豪爽忠信，崇尚道义气节。有文采，擅长短句，风格激昂振奋，与苏轼并称。有《稼轩长短句》。今人辑有《辛稼轩诗文钞存》。辛弃疾年少好学有远识，以蔡伯坚为师，与党怀英同学，并称辛、党。辛弃疾所处的时代正是南宋积弱，辽金南侵，政局动荡的时期。辛、党二人面临着南归还是北进的选择，便用蓍草占卜，党怀英得坎卦，坎为金，对应的方位为北方，便留在北方为金国做事。辛弃疾得离卦，离为火，对应的方位是南方，于是南归大宋。二人从此走上了不同的道路，也由此开始了他们不同的命运。

当时金宋战争频繁，南宋政权无力控制局面，地方豪杰并起，耿京在山东聚集人马，自称天平节度使，是山东、河北一带的实际占领力量。辛弃疾在南下途中，为路途所阻，便留下任掌书记，并劝说耿京归属宋朝，抗击金国的侵略。于是耿京委派辛弃疾去和南宋联系。正值宋高宗在建康劳军，于是召见并嘉奖了他，授予承务郎天平节度使掌书记的官职，赐予节度使印和文告，让他返回召抚耿京。

在辛弃疾南下期间，耿京军队内部发生了变乱，张安国、邵进杀害了耿京，去向金国投降，成为金国的帮凶了。辛弃疾返回后，面临的是这样一个严重局面。

辛弃疾说："我受主帅委任，为归顺朝廷奔走，没想到会发生这样的变故，如何向朝廷复命呢？"于是邀约心怀忠义气节的人直接进入金国军营。当时张安国等人正与金将饮酒欢宴，没有戒备。辛弃疾当即将他捆绑起来带走，迅速撤离，金将愕然失措，当他们回过神时，辛弃疾他们早已远归。辛弃疾将张安国送交朝廷。就在闹市中将张安国正法。他的壮举令朝廷赞赏，于是任命辛弃疾为江阴检判。

辛弃疾说：人生的成就，在于自己的辛勤劳作，付出了血汗，就会有回报。无论做什么，都应经营好自己的事业。生长在北方的人，以自给自足为习俗，不依赖他人，因此不至于一夜暴富也不至于沦为极端的贫穷。南方的风尚则不同。人们以经商投机营利为重，以技艺巧术为手段，轻视农业生产。并且，只以利益为目标，互相吞并，土地、财富只在少数人之间流动，贫富悬殊，致使各种忧患并起，贫富之间终致水火不相容的地步。因此，就取"稼"字，命名自己的书房，并自号为"稼轩"。

广开言路则国兴

国基初奠，天下始定，该定都于何处，这无疑对新兴的西汉王朝的巩固和发展有着至关重要的意义。起初，汉高祖刘邦本想定都洛阳，群臣也多持此意见。

此时，有个叫娄敬的戍卒请求拜见刘邦，并对定都一事发表了自己的见解。他分析说："秦国的关中地区，有峻山险河为屏障，四方关塞稳如磐石。有急难时，关中的户口也可很快集结百万雄兵，秦国当年便因其独有的地利和发达的生产力，而达到空前的强盛境界，因此有'天府之国'的美誉。陛下若能入关中以为京都，即使山东（指函谷关以东）地区发生叛乱，关中地区仍可保持安定。两人相斗，最好的办法是扼住对方喉咙，压住对方背部，这样对方便无法抵抗。陛下如能定都关中，控制关中，无疑是得到了扼天下之喉、压天下之背的优势。"

刘邦不得不承认娄敬言之有理，但定都是件大事，非同小可，一时拿不定主意，遂召集群臣商议。刘邦手下"群臣皆山东人"，全都不愿定都关中，他们争先恐后地对刘邦说："周王朝有数百年之福祥，而秦王朝只短短二世就灭亡了，可见关中的地利根本无法保证政权的稳固。洛阳东有成皋之险，西有崤山、渑池之峻岭，北有黄河，东有伊水及洛水，地形非常有利。还是建都洛阳为好！"

群臣一番话说得刘邦再次迟疑不定，退朝后他又私下询问张良。张良笑答："洛阳虽然也有地利，但其中心腹地不过百里，而且生产力薄弱，四面平原，容易受到包围，的确不是用武之地。而关中左边有崤谷及函谷关，右边有陇中、蜀中，沃野千里，南有物产丰富的巴中、蜀中，北有可以同畜牧的胡人进行贸易的国境。三面均有阻挡，易守难攻，向东一面又可居高临下，东制诸侯。诸侯安定时，可以利用黄河及渭水运输便利，将天下财货、贡品供给京师。诸侯有变，顺流而下，又可方便供应讨逆军粮。陛下难道忘了，我们不正是凭借这些有利条件才最终战胜了项羽吗？此所谓金城千里，天府之国也。所以臣以为娄敬的看法是非常正确的。"

张良的分析全面而深刻，加之素负众望，又深得刘邦信赖，因而汉高祖当即决定定都关中。汉五年八月，刘邦正式迁都长安。

【原文】

国藩从宦有年，饱阅京洛风尘，达官贵人，优容养望，与在下者软熟和同之象，盖已稔知之，而惯常之积不能平，乃变而为慷慨激烈，斩爽肮脏之一途，思欲稍易三四十年来不白不黑、不痛不痒、牢不可破之习，而矫枉过正，或不免流于意气之偏，以是屡蹈愆尤，丛讥取戾，而仁人君子固不当责以庸之道，且当怜其有所激而矫之之苦衷也。

诸事棘手，焦灼之际，未尝不思遁入眼闭箱子之中，昂然甘寝，万事不视，或比今日人世差觉快乐。乃焦灼愈甚，公事愈烦，而长夜快乐之期杳无音信。且又晋阶端揆，责任愈重，指摘愈多。人以极品为荣，吾今实以为苦懊之境。然时势所处，万不能置事身外，亦惟做一日和尚撞一日钟而已。

【译文】

我当官已有好些年了，已经看够了京城的风气。那些达官贵人们，特意表现出从容的气派来提高自己的名望，对下属姑息迁就，这种现象我早就知道并且很熟悉了。但是我多年养成的惯常禀性，不仅没因此磨平，反而越发变得慷慨激烈。我想惩治这一类现象，想改变这个社会三四十年来形成的不白不黑、不痛不痒、牢不可破的坏风气。不过，纠正错误超过了应有的限度，有时不免出现意气用事的偏激，因此经常招致他人的怨恨，被一些人讥笑为自取其咎。然而，真正有道德的君子本来不应责备恪守中庸之道的人，并且还应该体谅他被激发而起来纠正社会恶俗的苦衷啊！

许多事都很难办，万分焦急的时候，也不是不想眼睛一闭，睡到棺材里算了。舒舒服服地长睡不起，什么事也不去看也不去管，也许比今天活在人世间更快乐。于是焦虑越来越重，公事越来越繁杂，而快乐死期却没有消息。而我又晋升为大学士，责任越来越重，被人指责评议的地方也就越来越多。他人都以官至极品为自己的荣耀，我今日则把它当作痛苦、烦恼的根源，但处在这种形势之下，又万万不能置身事外。我也只有做一天和尚撞一天钟罢了。

【评析】

曾国藩在京为官多年，对社会不良风气和官场腐败行为，是痛心疾首的。他想改变不良社会风气和官场腐败行为，可是凭他的力量改变陈积已深的流弊只能是徒劳无功的。身居高位的曾国藩，经常受到他人的指责，而且职位越高，责任就越重，别人都以升职为荣，他却以之为苦，这主要是由不良的社会风气和官场腐败行为所导致，他想整顿吏治，只是心有余而力不足。所以他苦恼、烦闷，无奈之下自己只有做一天和尚撞一天钟了。

【史例解读】

和珅计陷尹壮图

清代乾隆朝后期，大贪官和珅受宠专权。他结党营私，贪污行贿，把朝廷上上下下搞得乌烟瘴气。俗话说，做贼心虚。为非作歹的和珅最害怕的，就是自己和亲信们干的坏事让皇帝知道。尽管他百般掩盖自己的丑行，然而总有一些富于正义感的士大夫不怕他的打击陷害，上书朝廷，揭发他们的不法行为。为了对付这些敢言的士大夫，他想出了一条极其阴险的诡计。

内阁学士尹壮图是一位正直敢言的官员，看到和珅及其亲信贪挪公款，各省库藏普遍空虚，非常气愤，决心向朝廷揭发。他的弟弟英图规劝说："和珅现在是皇帝的红人，一手遮天，你位卑言轻，怎能参得倒他。弄得不好，反而会有杀身之祸。"尹壮图坦然一笑，回答："你不必为兄长担忧，我早把生死置之度外。如果我有什么不测，你要代我奉养父母双亲。"于是他发愤挥毫，写了一道长长的奏折，把各省库藏亏空的情况一五一十地向皇帝作了报告。

乾隆皇帝看了尹壮图的奏折后，着实吃了一惊，急忙召来和珅询问。巧言令色的和珅早就准备好了敷衍的词句，他说："现在是圣天子临朝，天下太平，海内富足。内外臣子无不忠心耿耿地侍奉皇上，哪里会有库藏亏空之事。尹壮图所奏不过是小题大做，为了沽名钓誉而已。皇上若是不信，臣保荐侍郎庆成与尹壮图一起，到各省盘查一下库藏，不就知道实际情况了吗？"乾隆帝也没有什么更好的办法，只好点头同意。其实庆成一贯贪黩成性，是和珅一手提拔起来的亲信。

每到一个省会，庆成秉承和珅的旨意，先不忙于盘查，而是大摆酒宴，招待当地的达官显贵，尽量推迟盘查的日期。这样做有两个目的，一是通过宴会显示和珅的势力，笼络当地的官员；二是有意拖延时间，给主管库藏的官员提供掩饰弥缝的机会。等到盘查时，所有的亏空全部被补齐了，最后只能得出"出入相抵，库无亏空"的结论。这时，庆成把脸一翻，指责尹壮图"妄言欺上""诬告命官"，并上书严参。蒙在鼓里的乾隆帝信以为真，也认为尹壮图是无事生非，于是降旨严责，给尹降职的处分。和珅阻遏人们言事的企图终于得逞。

任人唯私，误国废事

东汉末年，"十常侍"一度掌控实权。"十常侍"指的是桓、灵时期十二个宦官，他们是张让、赵忠、夏恽、郭胜、孙璋、毕岚、栗嵩、段珪、高望、张恭、韩悝、宋典，他们组成了宦官集团。

因为他们手中有权，所以就自相封赏，随意授官。他们的亲属、子弟、宾客布满天下，外则为郡守县令，内则任尚书九卿，甚至一些贿赂他们的地痞无赖也得到官职。这些人横行乡里，贪如饕餮。张让有两个弟弟，一个叫张舆，一个叫张朔，分别担任了阳翟县和野王县的县令，他们在地方上贪赃枉法，滥杀无辜，张朔还曾残杀孕妇。张让有一家奴，依仗其权势，为非作歹，富商孟佗竟然贿赂他，这个家奴问孟佗想要什么，孟佗说："我什么都不需要，只要你在众人面前拜我一拜。"家奴说这太好办了。一天，贿赂张让、要求他举荐的人填塞街巷，等在张让府前，孟佗故意来迟，这个家奴带领众奴前来接他，两旁宾客见此非常吃惊，以为孟佗与张让关系不一般，纷纷用珍宝贿赂孟佗，以求举荐。孟佗将其受贿所得分送张让，张让荐他做了凉州刺史。赵忠的弟弟赵延，任京城守门校尉，和赵忠内外呼应，控制京师。真是一人得道，鸡犬升天。

物到极时终必反，多行不义必自毙，祸国殃民的"十常侍"终不会永久得逞。灵帝死后，外戚何进独揽大权，他要尽杀宦官，遂紧急部署，期间终因麻痹，走漏风声，何进被张让等所杀。而何进暗中调动的人马闻知何进被杀，蜂拥入城，大杀宦官，坏事做尽的"十常侍"终于落得个毙命的下场，东汉王朝也随之灭亡。

卷九 ■ 勤敬

卷十

诡道

曾国藩潜心钻研古代兵法，练兵注重实效，而不是走过场，做做样子。他还将阵法运用到作战中，虽然开始总吃败仗，但他善于不断总结，最终镇压了太平军。

【原文】

带勇之法，用恩莫如用仁，用威莫如用礼。仁者，即所谓欲立立人，欲达达人也。待弁勇如待子弟之心，尝望其成立，尝望其发达，则人之恩矣。礼者，即所谓无众寡，无大小，无敢慢、泰而不骄也。正其衣冠，尊其瞻视，俨然人望而畏之，威而不猛也。持之以敬，临之以庄，无形无声之际，常有懔然难犯之象，则人知威矣。守斯二者，虽蛮貊之邦行矣，何兵勇之不可治哉。

【译文】

带兵的方法，用恩情不如用仁义，用威严不如用礼遇。"仁"的意思就是：要想自己立身成事，先让他人立身成事；要想自己达到目的，先要达到他人的目的。对待士兵要像对待自家子弟一样，希望他能够成就事业，希望他兴旺发达。那么人们自然会感恩于你。

"礼"的意思，指人与人之间平等对待，不管年龄大小，不分官职高低，不能怠慢侮辱别人，要安适平和而不能骄傲自大。衣冠端正，目光肃穆庄严，使人看见就有敬畏之感，觉得你威严持重不猛烈。做任何事情要非常敬业，待人要端庄，于无形无声之中显出不可冒犯的气势。那么，别人自然就能尊重你的威仪了。如果遵照了这两个方面，即使是到蛮夷落后的邦国也可以行得通，又有什么样的兵士不好管理呢？

【评析】

我国历代战乱不断，所以关于阵法、用兵之术层出不穷。《孙子兵法》早在几千年前就盛行于世，大凡有志之人多半都看过类似的兵书。曾国藩也不例外。他潜心钻研古代兵法，将其运用到湘军作战中，虽然起初屡战屡败，但他仍不断总结，最后终于获胜，为摇摇欲坠的清政府赢得了几十年的安定局面。他的带兵之道，靠的是"仁""礼"，所以部下心甘情愿为他卖力。

【史例解读】

至诚至信的诸葛亮

三国时，蜀汉建兴九年，诸葛亮用木牛运输军粮，再次出兵祁山（今甘肃礼县东北祁山堡），第四次伐魏。魏明帝曹教亲自到长安指挥战斗，命令司马懿统率费曜、戴陵、郭淮诸将领，征发雍、凉二州精兵三十余万迎战蜀军。司马懿调齐军马，留费曜、戴陵二将屯扎，然后率大军直奔祁山。诸葛亮见魏军兵多将广，来势凶猛，不敢轻敌，命令部队占据山险要塞，严阵以待。魏蜀两军，旌旗在望，鼓角相闻，战斗随时可能发生。在这紧要关头，蜀军中有八万人服役期满，已由新兵接替，正整装待返故乡。魏军有三十余万人，兵力众多，连营数里。蜀军中这八万老兵一离开，就显得单薄了。众将领都为此感到忧心。这些整装待归的战士也在忧虑，生怕盼望已久的回乡心愿不能立即实现，估计要到这场战争结束方能回去了。

蜀军将领纷纷向诸葛亮进言，要求八万兵士留下，延期一个月，等打完这一仗再走。诸葛亮断然拒绝道："统率三军必须以遵守承诺、坚守信用为本，我岂能以一时之需，而失信于军民？"诸葛亮又道："何况远出的兵士早已归心似箭，家中的父母妻儿终日倚门而望，盼望着他们早日归家团聚。"遂下令各部，催促兵士登程。此令一下，准备还乡的士兵一开始感到意外，接着欣喜异常，感激得涕泪交流，他们反而不想走了，纷纷说："丞相待我们恩重如山，我们理应誓死杀敌，以报大恩。"他们一个个自愿报名，要求留下参加战斗。那些在队的士兵也受到极大鼓舞，士气高昂，摩拳擦掌，准备痛歼魏军。诸葛亮在紧要关头不改原令，使还乡的命令变成了战斗的动员令。他运筹帷幄，巧设奇计，在木门设下伏兵。魏军先锋张郃，是一员勇将，被诱入木门埋伏圈中，弓弩齐发，死于乱箭之下。蜀军人人奋勇，个个争先，魏军大败，司马懿被迫引军撤退。诸葛亮犒劳三军，尤其褒奖了那些放弃回乡、主动参战的士兵。蜀营中一片欢腾。

诸葛亮取信于士兵，宁肯使自己一时为难，也要对士兵、百姓讲诚信。他深知一次欺诈的行为可能会解决暂时的困难，但这背后所隐伏的灾患却比困难本身更危险。

以至诚之心，达教化之功效

王伽是隋代章武（今河北省黄骅县西北）人。后任雍县县令，颇有政绩。

开皇末年，工伽任齐州参军。平时只是做些日常的琐事，没有什么值得称道之处。后来因受州官委派，押送被判处流放罪的囚犯李参等七十多人到京师。当时制度规定：凡是被判流放的犯人，解送的途中必须戴着枷锁。走到荥阳的时候，王伽怜悯他们戴着枷锁行路的凄苦痛楚，就把他们一个个召集起来，对他们说："你们既然已经触犯了国法刑律，这不仅损害了你们的名誉，也有愧于父老的教养。让你们被枷带锁长途行路，这是我的职责，但是现在又要劳累这些兵卒看守你们，跟你们受苦，难道你们心里就不觉得愧疚吗？"李参等人接受训导，向王伽表示歉意。

王伽接着说："你们虽然违反了国家法律，但是，戴着枷锁行走，也太辛苦了。我的想法是给你们去掉枷锁，让你们轻松自由地走到京城后会合，你们能够按期赶到吗？"

囚徒们听后，全都跪拜致谢，同声说："我们一定不敢违期。"

于是王伽去掉他们身上的枷锁，解散了看守护送的兵卒，同囚徒们约定赶到京城会合的日期。王伽说："这天如果有人不来，我就替你们承担死罪！"王伽转身扬长而去。

这些被流放的囚徒们，感念王伽对他们的信任，全都按期赶到京城会合，没有一个人叛逃。

皇上听到这件事后，感到惊异，于是召见王伽，对他的做法夸赞良久。然后，又召见这些囚犯，并允许他们各自带着妻子儿女前来晋谒，并在殿廷上赐宴，宣布赦免他们的罪过。并当即颁布诏书："凡是一切含灵性的有生命的人，都是深知善恶，明辨是非的。如果在平时，官府能够以至诚之心对待人民，明确地加以教育劝导，那么社会习俗必定能够向好的方向转化，人们都能够弃恶从善。以往因为天下离心而发生动乱，德教废弛，官吏又没有慈爱之心，百姓各怀奸诈之意，所以作奸犯科等从无止息，以致人情淡薄，难以治理。现在，我接受上天的使命，安养天下百姓，推行神圣的法纪对他们加以引导，用高尚的品德感化、教育人民，日夜勤勉，孜孜不倦，本意就是建立德化的社会风尚。王伽深深理解我的心意，诚心诚意地教导李参等人，李参等人也能够诚心醒悟，自动到官府承担罪责。这说明百姓并不是难以教化的，只是官员不能以诚心认真劝导，致使他们误犯法纪，陷入犯罪，却又无从悔过自新。假如所有官吏都能像王伽这样，平民都像李参等人，那么达到不用刑法就能使天下大治的境界，又有什么难的呢？"

于是，提拔王伽为雍县县令。

以宽仁之心，至诚待物，化行所属，爱结人心，就能达到教化的功效。

【原文】

兵者，阴事也，哀戚之意，如临亲丧，肃敬之心，如承大祭，庶为近之。今以羊牛犬豕而就屠烹，见其悲啼于割剥之顷，宛转于刀俎之间，仁者将有所不忍，况以人命为浪博轻掷之物。无论其败丧也，即使幸胜，而死伤相望，断头洞胸，折臂失足，血肉狼藉，日陈吾前，哀矜之不遑，喜于何有？故军中不宜有欢欣之象，有欢欣之象者，无论或为悦，或为骄盈，终归于败而已矣。田单之在即墨，将军有死之心，士卒无生之气，此所以破燕也；及其攻狄也，黄金横带，而骋乎淄渑之间，有生之乐，无死之心，鲁仲连策其必不胜，兵事之宜惨戚，不宜欢欣，亦明矣。

【译文】

用兵，是很残酷的事。有悲痛伤感之意，如同面临失去亲人的场面；肃穆恭敬之心，如同身处祭奠仪式，这样才可以讲用兵。如今杀猪狗牛羊的时候，见它们嚎叫于刀割之时，痛苦挣扎于斧案之间，仁慈的人就不忍心杀它，何况眼见以人命来相搏杀的争战之事呢。先不说战争失败的具体情形，即使幸运地获胜，看见战场上死伤无数，到处是断首的头颅、射穿的胸部、折断的手臂、伤残的腿脚，血肉狼藉的场面，哀痛悲切还来不及，哪里会觉得欢喜呢？所以在军队中不应有欢乐欣喜的情形。有喜悦情绪的，不论是高兴还是骄傲轻敌，终归会在战争中失败。田单在守即墨的时候，将军有为国捐躯之心，士兵没有生还之意，这是能打败燕军的根本原因啊！等到进攻狄戎时，士兵披着金甲玉带，驰骋在淄渑之间的土地上，有求生的乐趣，没有为国捐躯之意，鲁仲连认定他一定打不赢，果然言中。用兵打仗的事应当有凄惨的心理准备，不应当有欢喜的妄想，这才是明智的。

【评析】

战争是很残酷的，曾国藩对这一点认识得很清楚，所以，他认为对战争要严肃对待，要事先准备好。打了胜仗不骄傲自满，吃了败仗也不气馁，所谓"胜不骄，败不馁"。还有一点，带兵打仗要不惧生死，自上而下同一条心，这样战斗力才更强。若贪生怕死，上下离心，是不可能打胜仗的。

卷十·诡道

【史例解读】

韩信背水灭赵国

公元前204年，汉王刘邦派大将韩信率数万人马攻打赵国。赵王歇和赵军统帅陈余率二十万兵马集结在井陉口（今河北井陉山上的井陉关），准备迎击韩信。

井陉口地势险要，是韩信攻赵的必经之路。赵国谋士李左车向陈余献计道："汉军一路上势如破竹、士气高涨，但他们长途跋涉，必定粮草不足。井陉这个地方，车马很难行走，汉军走不上一百里路，粮草必然落在后面。我愿意率三万兵马从小路截断他们的粮草，你再深挖沟、高筑垒，坚守营寨，不与他们交战。这样，汉军前不能战，后不能退，不出十日，我们就能活捉韩信。"

陈余是个书呆子，他认为自己兵力比韩信多十倍，打韩信犹如以石击卵，因而没有采纳李左车的建议。韩信探知陈余不用李左车的计策，又惊又喜。他率兵进入井陉狭道，在离井陉口三十里处下寨。

到了半夜，韩信命令两千精兵每人带一面红旗，迂回到赵军大营的侧后方，授以密计，埋伏下来；又派一万人马作为先头部队，背着绵蔓水（流经井陉口东南）摆开阵势。陈余见韩信沿河布阵，放声大笑，对部下说："韩信徒有虚名，背水作战，不留退路，这是自己找死！"

天亮以后，韩信命令部下高擎汉军大将旗号，率汉军生力杀向井陉口。陈余立刻命令出营迎战，双方厮杀多时，韩信佯作败退，命令士兵抛下旗鼓，向河岸阵地退去。赵军不知是计，认为活捉韩信时机已到，争先恐后跑出大营，追杀韩信。

埋伏在赵营后面的汉军乘虚而入，将营内的少许守敌杀光，拔掉赵军旗子，换上了汉军的红旗。韩信率汉军退到背靠河水的阵地后，再无路可退，于是掉转头来，迎战赵军。汉军被置于死地，人人背水拼命死战，以求逃生。赵军的攻势很快就被遏制，既而由进攻转为后撤。但是，赵军将士发现自己的大营已插满了汉军的红旗，顿时军心大乱，斗志全无。韩信指挥汉军前后夹击，赵军兵败如山倒，二十万大军顷刻间灰飞烟灭，陈余被杀，赵王歇也成了汉军的俘虏。

朱元璋弃船断路

元朝末年，农民起义风起云涌，元朝统治摇摇欲坠。公元1355年6月，朱元璋率红巾军3万人由和州（今安徽和县）乘战船千艘渡过长江，攻占了元军盘踞的牛渚矶（今马鞍山市长江东岸），夺取了大量的粮食。

红巾军中有很多将士是和州人，时值和州大灾，粮食奇缺，和州的将士都想把粮食运回和州，不愿继续进军。

朱元璋与大将徐达、常遇春商议道："退返和州，前功尽弃，而且再要攻取牛渚矶也并非一件容易的事，如今之计只有断绝将士的归心。否则，大事难成。"

徐达和常遇春都点头赞同。于是，朱元璋立刻传令亲信将士赶到江边，将停泊在江边的千余艘战船的缆绳砍断，放任战船顺江而下。转眼间，浩浩荡荡的船队就顺水而去，消失在浩渺的烟波雾霭之中。

全军将士都目瞪口呆，不知到底发生了什么事。

朱元璋对将士们说："我们要想建立功业，就不能为一时的安乐所困扰。太平城（今安徽当涂县境内）离此不远，我们必须攻下太平城把它作为立足之地，然后攻取金陵，成就大业。"

将士们面面相觑，但战船尽失，退路已无，只好死心跟着朱元璋去进攻太平城。太平城守将鄂勒哲布哈从未遇到过如此不要命的队伍，交战不久即弃城逃走，红巾军夺取了太平城，有了安身之地。

陆逊耐心破刘备

三国时，吴国将领陆逊奉孙权之命，掌六郡八十一州，兼荆楚各路军马，抵御蜀军入侵。而刘备自虢亭布列军马，直至川口围至夷陵界，绵延七百里，前后四十营寨，昼则旌旗蔽日，夜则火光耀天。

韩当见蜀军到来，差人报告陆逊。陆逊怕韩当轻举妄动，急忙亲自骑马飞奔而来观看，正好看见韩当立马山头，远望蜀兵漫天遍野而来，军中隐隐有黄罗盖伞。韩当认为军中定有刘备，正要出兵攻击。这时，陆逊却劝说道："刘备举兵东下，连胜十余阵，锐气正盛，今只乘高守险，不可轻出，出则不利，但宜奖励将士，广布守御之策，以观察对方变化。而今对方驰骋于平原旷野之中，正在得意之时，我们坚守不出，对方必定移兵于山林树木之间，到时，我们再施奇计制服他们。"

刘备见吴国军队不出击，心中焦躁不安。马良劝道："陆逊是深有谋略之人，现如今陛下远征来攻战，从春到夏，他们之所以不出兵，是想观看我军的变化。请陛下探察后再做决定。"刘备说："他有什么谋略？只是胆怯之辈。以往多次战败，现如今怎敢出兵？"此时，先锋冯习说："今天天气炎热，军队停留于火热之中，用水极其不便。"刘备随即命令各营均移到树木茂盛的山林之地，靠近淡水山涧，等夏去秋来之时再拼力举兵进攻。马良又说："如果我军一行动，若是吴兵突然袭击，我们怎么办？"刘备说："我命令吴班引领万余弱兵进驻吴寨平地，我亲自选精兵八千埋伏在山谷中，如果陆逊发现我军移营，必定乘势袭击，我们就令吴班诈败。陆逊要是来追击，我则领兵突然出击，断其归路，那小子就可被擒获了。"文武官员均贺道："陛下神机妙算，诸臣不及啊！"

话说韩当、周泰得知刘备移兵至阴凉的山林之中，急忙来报告陆逊，陆逊大喜。他亲自领兵察看动静，但见平地聚集不到一万人，大多都是老弱病残者，旌旗上写着几个大字："先锋吴班"。周泰说："吾视此等兵如儿戏也，愿同韩将军分两路击之。如若不胜，甘愿受军令处之。"陆逊到四处仔细察看后，用鞭子指着另一处道："前面山谷中，隐隐约约有杀气起，山谷中一定有重兵埋伏。敌方故意在平地设下这些弱兵，用来诱惑我军。诸位切切不可出兵。"

话未说完，只见蜀兵全副武装，护拥着刘备而过。吴兵见了，全都胆战心惊。陆逊说："我之所以没听诸位出兵之言，正是因为这个。令伏兵出洞，十天之内必定攻破蜀兵。"诸将都说："破蜀应当在开始的时候，现在蜀军连营五六百里，坚守了七八个月，各要害之处已固守，怎能攻破？"陆逊说："各位不晓兵法。刘备是盖世英雄，足智多谋，他的士兵刚刚聚集，法度精甚；现在固守时间长久了，不得我便，士兵疲惫，意志受损。我军取胜，正应在这个时候。"诸位将领纷纷叹服。

后来，吴兵按陆逊的部署，迎战蜀军，蜀军果然大败，刘备只保住了性命逃出重围。陆逊就是因把握住了"以逸待劳"的用兵之计，才大获全胜。

【原文】

练兵如八股家之揣摩，只要有百篇烂熟之文，则布局立意，常有熟径可寻，而腔调亦左右逢源。凡读文太多，而实无心得者，必不能文者也。用兵亦宜有简练之营，有纯熟之将领，阵法不可贪多而无实。

此时自治毫无把握，遽求成效，则气浮而乏，内心不可不察。进兵须由自己作主，不可因他人之言而受其牵制。非特进兵为然，即寻常出队开仗亦不可受人牵制。应战时，虽他营不愿而我营亦必接战；不应战时，虽他营催促，我亦且持重不进。若彼此皆牵率出队，视用兵为应酬之文，则不复能出奇制胜矣。

【译文】

练兵如同写作八股文的人揣摩考题一样，只要有百篇文章烂熟于心，那么文章的结构布局、立意主题之法，就常有熟路可寻，行文腔调也会左右逢源。凡是那些读书太多，实际上却潦草浮泛没有心得体会的人，一定不会写好文章。用兵也应该有精明干练的士兵、成熟有谋略的将领，阵法也不可贪多而不符合实际情况。

这时自己想控制全局是毫无把握的，要立即追求成效，就会虚火上浮而身体困乏，内心不可不知道这一点。发兵进攻敌人必须由自己做主，不可由于顾及他人言论而受牵制。不仅发兵进攻敌人这样，即使平时带兵打仗也不能受人牵制。应该出战时，即使别的营垒不愿出战，我的营垒也必须迎战开火；不应该作战时，即使别的营催促，我也要坚持稳重不轻易出战。如果彼此都牵制勉强出兵，把用兵看作写应酬文章，那么就再不能出奇制胜了。

【评析】

从古至今练兵都要讲求阵法，所谓阵法也就是布阵的方法。阵法运用得当可以提高对敌作战能力，克敌制胜。曾国藩练兵注重实效，而不是走过场，做做样子。古人说养兵千日，用兵一时，只有平时抓紧训练，不松懈，在发生战争时，才不会丧失战斗力。

【史例解读】

巧出奇计弱楚国

春秋战国时期，齐国的宰相管仲深谋远虑，富有远见。在他的辅佐下，齐桓公获得了军事上巨大的胜利，陆续消灭了散布在各个地方的割据势力，只有强硬的楚国还没有臣服齐桓公。

连战皆捷的几位大将建议齐桓公："您为什么不一鼓作气，出兵讨伐楚国，一统江山呢？我们随时为您效劳！"

这番话说到了桓公的心上，他看着手下将领主动请战，心中甚是欢喜，于是决定出兵。管仲得知齐王出兵，马上前去阻止，劝道："现在不是攻打楚国的好时机，大王你千万不要草率行事！"

"为什么？你没有看到现在士气大振吗？而且我国粮草充足，我实在找不出时机不成熟的理由！"齐桓公有些不解。

"我们连续征战数次，兵马早已疲惫不堪。再说楚国和其他诸侯国不一样，它实力雄厚，国力强盛，现在进攻实在很危险！"

"那我们就眼看楚国继续强盛下去吗？难道等着它把我消灭了不成！"齐桓公急了。

管仲笑着说："我自有办法，而且保证你一年之内不动一刀一枪，不伤一兵一卒，就让他降服！"

齐桓公半信半疑，但看着管仲胸有成竹，就放手让他实施既定的计划。于是管仲命人铸造不计其数的铜币，然后派一百名商人去楚国买鹿，临走时嘱咐他们说："齐桓公特别喜欢观赏鹿，愿以重金购买活鹿。"

商人们到了楚国后，四处悬赏购买活鹿。梅花鹿在楚国很普遍，不值钱，两枚铜币就能买到一头，人们大都把它们宰杀了吃肉。楚国人一听有人重金购买活鹿，于是纷纷到山上捕获。随着猎鹿人的增多，鹿越来越少，而鹿的价格也一涨再涨，从开始的5枚铜币到10枚铜币。几个月之后，商人又抬高了价格，40枚铜币一头。在当时，40枚铜币可不是小数目，能买2000斤粮食。楚国上下见有利可图，都放弃自己的行当去寻找野鹿。农民变成了猎人，战士也不顾纪律，上山捕鹿。

不知不觉，一年就快到了。管仲对齐桓公说："您现在可以召集人马，出兵楚国了。现在楚国只有数之不尽的铜币！农民因为猎鹿荒废了田地，没有充足的粮草供应；士兵因为猎鹿无心操练，丧失了作战的技巧和能力。成熟的时机已经到了！"

齐桓公听从管仲的意见，放出发兵的消息。楚王见粮源断缺，人民因为饥荒四处逃亡，士兵也都无心恋战，如果自己勉强打下去，只有死路一条。他连忙派使臣向桓公求和，心甘情愿地归顺了齐国。

曹操奇兵袭乌巢

　　东汉末年，群雄逐鹿。在几经征伐之后，黄河南北地区，逐渐形成了袁绍、曹操两大集团对峙的局面。袁绍兵多将广，地域辽阔，占有很大的优势，曹操担心袁绍攻伐，自己防不胜防，于是陈兵官渡（今河南中牟东北）以吸引袁绍。公元200年8月，袁绍率大军接近官渡，东西连营几十里。双方相持了三个月，互有伤亡，不分胜负。

　　曹操的实力远不如袁绍，时间一久，曹军的粮食供给发生了问题。曹操动摇起来，想撤军回许昌。他给在许昌的谋士荀彧写了封信，征询荀彧的意见。荀彧坚决反对曹操回师，他在回信中写道："袁绍军人数虽然众多但战斗力很差。我军以其十分之一的兵力扼守官渡半年多，袁绍竟不能前进半步，这就是证明。现在袁绍的军队也已很疲乏，此时正是出奇制胜的时候，万万不可错过良机……"

　　荀彧的信坚定了曹操在官渡击败袁绍的信心。几天后，曹军捉获袁军的一个间谍，间谍供认：袁军将领韩猛押送粮车数千辆将要运至官渡，他是来给韩猛探路的。曹操立即派徐晃、史涣二将前去堵截。韩猛不敌徐、史二将，粮食全被徐、史劫走。

　　袁绍失去几千车粮食，十分懊丧。再次运粮时，他派大将淳于琼率万人护送，并将粮食囤积在距自己大营以北四十里的乌巢（河南延津东南）。袁绍手下的谋士许攸是曹操的故友，其亲属因触犯军法被袁绍的亲信谋臣审配关入监狱之中，许攸为自己的亲属争辩了几句，袁绍大怒，将其逐出军营。许攸一气之下离开袁绍，投降了曹操，并把袁绍的军粮全集中在乌巢一事报告给曹操。

　　曹操正在为如何才能出奇制胜而大伤脑筋，听完许攸的话，顿时胸有成竹。他连夜采取行动，命令曹洪留守大营，亲自率领五千精兵，打着袁军的旗号，骗过巡逻的袁军，在破晓之前赶到乌巢。五千精兵，人人带有引火的柴草，众人一齐动手，乌巢顿时火光冲天，而负责守护乌巢的淳于琼还来不及上马，就已成为曹操的俘虏。

　　乌巢的军粮被曹操焚毁后，袁军军心动摇。袁绍又偏听偏信郭图的话逼

卷十・诡道

走了大将张郃、高览，士气愈发衰落。曹操抓住战机，发起猛攻，袁军折损七万余人，袁绍和儿子袁谭落荒而逃，逃回到河北时，仅剩下八百余名骑兵。

明修栈道，暗度陈仓

汉元年正月，项羽恃强凌弱，自立为西楚霸王，定都彭城（今江苏徐州），统辖梁、楚九郡，他"计功割地"，分封了18位诸侯王，还违背楚怀王"谁先攻入关中，谁就做关中王"的约定，把刘邦分封到偏僻荒凉的巴蜀，称为汉王，而把实际的关中之地一分为三，封给了秦的三个降将，用以遏制刘邦北上。刘邦十分怨恨，想率兵攻打项羽，后经萧何、张良一再劝阻，这才决定暂且隐忍不发。

天下分封已定，张良打算离开刘邦回韩国再事韩王成。刘邦赐金百镒，珠二斗，张良却把金珠悉数转赠给项伯，让他再为汉王请求加封汉中地区。项伯见利忘义，立即前去说服项羽。最后，刘邦建都南郑（今陕西南郑县东北），占据了秦岭以南巴、蜀、汉中三郡。

同年七月，张良送刘邦到褒中（今陕西褒城）。此处群山环抱，沿途都是悬崖峭壁，只有栈道凌空高架，以度行人，别无他途。张良观察地形，建议刘邦待汉军过后，烧毁全部入蜀的栈道，表示无东顾之意，以消除项羽的猜忌，同时也可防备他人的袭击。这样，就可以乘机养精蓄锐，等待时机，再展宏图。刘邦依计而行，烧掉了沿途的栈道。张良此计，可谓用心良苦，它为刘邦的巩固发展和日后东进，赢得了重要保证。刘邦入汉中后，励精图治，积极休整。同年八月，刘邦采用大将韩信之谋，避开雍王章邯的正面防御，乘机从故道"暗度陈仓（今陕西宝鸡）"，从侧面出其不意地打败了雍王章邯、塞王司马欣和翟王董翳，一举平定三秦，夺取了关中宝地。初定三秦，刘邦倚据富饶、形胜的关中地区，便可以与项羽逐鹿天下了。一个"明烧"，一个"暗度"，张、韩携手，珠联璧合，成为历史上的一段脍炙人口的佳话。

项羽闻知刘邦平定三秦，怒不可遏，决定率兵反击。张良早已料到这一点，于是寄书蒙蔽项羽，他说："汉王名不符实，欲得关中；如约既止，不敢再东进。"同时，张良还把齐王田荣谋叛之事转告项羽，说是"齐国欲与赵联兵灭楚，大敌当前，灭顶之灾，不可不防"，意在将楚军注意力引向东部。项羽果然中计，竟然无意西顾，转而北击三齐诸地毫无生气的腐朽力量。张良的信从侧面加强了"明烧栈道"的效果,把项羽的注意力引向东方,从而放松了对关中的防范,为刘邦赢得了宝贵的休养生息时间。

卷十一 久战

曾国藩带兵打仗,会考虑到方方面面,不打无准备的仗。他认为两军对峙时,要伺机而动,不要急于求胜,否则就会吃败仗。

【原文】

久战之道，最忌势穷力竭四字。力则指将士精力言之，势则指大局大计及粮饷之接续。贼以坚忍死拒，我亦当以坚忍胜之。惟有休养士气，观衅而动，不必过求速效，徒伤精锐，迨瓜熟蒂落，自可应手奏功也。

【译文】

打持久战，最忌讳"势穷力竭"这四个字。力，是指将士的精力而言；势，是指战略大局，全盘作战计划及粮饷的补充。敌人以坚忍的决心拼命抵抗，我也要以坚忍的精神抗衡，直到胜利。这时只有休养士气，伺机而动，不必急于追求胜利而白白消耗精锐的士气。等到时机成熟，就如瓜熟蒂落一样，自然可以一出击便打败敌人。

【评析】

军队一旦没有了士气，战斗力就会下降，对己军不利。历史例子有很多，诸葛亮最后一次北伐时病死在五丈原，很重要的原因就是求胜心切，没有撤军再次等待时机，因为长线作战，军队供给成了问题，撤军又怕遭到国人指责，所以他选择了速战速决，而司马懿识破诸葛亮的计谋，任凭辱骂拒不出战，不久诸葛亮因操劳过度病死在五丈原，最后蜀军还是无功而返。曾国藩谙熟兵法，当敌我力量悬殊时，更讲求策略，他暗自积蓄力量，等待时机，最后一举歼灭敌人。

【史例解读】

避锐击惰胜敌军

东汉中平六年（189）二月，凉州王国率军进犯陈仓，左将军皇甫嵩与前将军董卓奉命率军4万赴援陈仓汉守军。董卓主张速进，认为"速救则城全，不救则城灭"，但皇甫嵩却认为：百战百胜，不如不战而屈之。善于用兵打仗的，应先做到自己不被敌人战胜，而后待机战胜敌人。陈仓虽小，然而城池坚固，不容易攻取。凉州王国虽然强大，然而久攻陈仓不下，士兵一定疲惫，等到敌人疲惫的时候再攻打，这才是全胜之道。

由于皇甫嵩采取缓进以避其锐、待机以击其衰的作战方针，致使王国自冬至春，攻城80余日却不能攻克，最后在部队力疲气衰的情况下，不得不撤围而退。这时，皇甫嵩抓住这个有利时机，力排董卓阻挠，挥军追击，连战连捷，歼灭王国所部万余人，王国本人则落荒而逃。

"以饱待饥"是"避锐击惰"这一战略原则的应用，它的意思是对于远道而来、急于决战的进攻之敌，根据"敌饥我饱"的实际情况，采取以饱待饥、坚壁不战的方针，既可以避其锐气，又可以消耗敌人体力，为之后反击和歼灭敌人创造条件。唐初李世民击败宋金刚的柏壁之战，就是运用这种战法的战例。

唐武德二年（619）九月，据守马邑称帝的刘武周，在突厥的支持下，南下攻占太原后，派宋金刚率军继续南进，企图夺取河东，进图中原。李世民奉父命进驻柏壁，他对诸将领说："宋金刚率军千里来到这里，精兵强将都带来了。武周太原称帝，主要依靠的就是宋金刚的兵力。宋金刚人数虽然多，但远道而来，粮食匮乏，一路上烧杀掳掠，以充军需。我们应该坚壁不战，等待对方饥疲之日，再行决战。"

李世民任宋金刚如何挑衅，就是不出来迎战，并派遣大将刘洪断绝宋军粮道。这样相持了半年多，宋军粮尽，被迫北撤。李世民挥军反击，穷追不舍，将其大部歼灭，取得了柏壁之战的决定性胜利。

周武王见机灭殷

商朝后期，纣王连年对外发动战争，对内滥施酷刑，残害忠良。他还大兴徭役，建造以酒为池、悬肉为林的离宫，整日过着荒淫的生活，激起百姓和各诸侯国的强烈不满。

此时，一个足以与殷商王朝对峙的奴隶制强国——"周"在沣水西岸悄然兴起。

公元前约1069年，周武王与八百诸侯会于孟津，在孟津举行了声势浩大的誓师仪式，发表了声讨商纣王的檄文，八百诸侯群情激愤，都说："商纣可伐！"但是周武王听从了国师吕尚（姜子牙）的劝告，认为商纣王朝力量还十分强大，征伐商纣的时机还未成熟，于是断然班师返回。

公元前1066年，殷商王朝内部矛盾激化，王子比干被杀，箕子、微子、大师疵等朝廷重臣或被囚或外逃，纣王已到了众叛亲离的地步。于是吕尚对周武王说："天与不取，反受其咎；时至不行，反受其殃。"力劝周武王出兵伐纣。周武王盼这一天盼了十几年，立刻下令遍告诸侯："殷有重罪，不可不伐！"随后以吕尚为主帅，统兵车300辆、猛士3000人、甲士45000人，誓师伐纣。

周军东进，起初，一路上颇不顺利：狂风肆虐，暴雨倾盆，雷电交加，折旗毁车，人马时有伤亡。吕尚巧妙地把这天地肃杀之征解释为鬼神对殷商发怒之状，并大力加以渲染，居然不但稳定了军心，还增强了斗志。由于商纣失尽人心，四方诸侯及沿途百姓纷纷加入武王的伐纣行列，周军士气日益高涨。

这一年12月，吕尚率军渡过黄河，在距殷商都城朝歌仅70里的商郊牧野（今河南汲县）召开了誓师大会，历数纣王罪过，揭开了历史上著名的牧野之战的序幕。此时，纣王正与东南边疆的夷族人交战，朝歌兵力空虚。周军兵临城下的消息传入朝歌，纣王慌忙把奴隶和战俘武装起来仓促应战。双方在牧野短兵相接。战斗中，吕尚身先士卒，率战车和猛士杀入商军，打乱了商军的阵脚。商军本来就没有斗志，不但不再抵抗，反而阵前倒戈，引导周军杀入朝歌。纣王见大势已去，登上鹿台，自焚而死，在中国历史上为时500多年的奴隶制国家殷商，从此灭亡。

公元前1066年底，周武王班师回到镐京，正式建立了周王朝。

【原文】

凡与贼相持日久，最戒浪战。兵勇以浪战而玩，玩则疲；贼匪以浪战而猾，猾则巧。以我之疲战贼之巧，终不免有受害之一日。故余昔在营中诫诸将曰："宁可数月不开一仗，不可开仗而毫无安排算计。"

【译文】

凡是与敌人对峙很长时间的，最应避免的是贸然作战。士兵们会因贸然作战而不在意，不在意就会疲劳。敌人因为贸然作战而更狡猾，狡猾就会变得机巧。用我军的疲累懈怠去和敌军的诡诈机巧作战，终不免有受害的一天。所以我曾经在军营中训诫各位将士说："宁可数月不打一仗，也不可打仗而毫无谋划安排。"

【评析】

曾国藩总结了与太平军作战的经验，得出"宁可数月不开一仗，不可开仗而毫无安排算计"。带兵打仗，就要考虑到方方面面，还要考虑各种因素，不能不作计划安排。

【史例解读】

偷梁换柱吞戴国

周桓王三年（前715），郑庄公假托周天子之命，纠合齐鲁两国攻打宋国。宋殇公听说此事，大惊失色，急忙召司马孔父嘉问计。孔父嘉奏道："我已派人打听清楚，周天子并无讨伐宋国之命，齐、鲁两国是受郑庄公的欺骗才出兵的。现在三国合兵而来，其锋甚锐，不可与它正面争战。但其国内防守必然空虚，只要我们以重金收买卫国，要卫国联合蔡国，以轻兵袭击郑国本土，威胁郑都荥阳，这样，郑庄公就自然会退兵。而郑兵一退，便群龙无首，齐鲁两国也必退。"

宋殇公听从了孔父嘉的献策，卫宣公果真派右宰丑领兵与孔父嘉会合，经由间道，出其不意，直逼郑都荥阳城下。郑世子忽和大夫祭足急忙守城，右宰丑便要趁势攻城，孔父嘉说："我们袭击荥阳得手，只是乘其不备，如果继续攻城，万一郑庄公回兵救援，将会对我形成内外夹攻之势，那是很危险的，不如就此借道戴国，胜利回师。我估计当我军离开时，郑庄公的兵马也该从宋国撤退了。"于是，按照孔父嘉的布置，宋卫两国向戴国进发，想从戴国假道。不料，戴国国君以为宋卫是来攻打戴国的，便关上城门死守。孔父嘉大怒之下，多次攻城，但总也攻不下来。

郑庄公领兵攻打宋国，忽然听说宋、卫两国正进逼郑都，便传令班师。当大军回到半路时，又接到国内送来的军报，说是宋卫已撤离荥阳，转向戴国，庄公便命令军队向戴国进发。

孔父嘉正率联军攻打戴国，听说郑国领兵救戴，已在离城五十里处下寨。接着，又听说戴君得知郑兵来救，已打开城门将郑军接到城内。孔父嘉和右宰丑出来观战，忽然见城楼上竟遍插郑军旗号，郑将站在城楼上，大声说多谢二位将军，我们已经取得戴城了。

原来郑庄公设"偷梁换柱"计，假说救戴，一进城，便吞并戴军。孔父嘉在城外见庄公不费吹灰之力便占了戴城，义愤填膺，决心要与庄公决一死战。

第二天，他刚把寨营安好，忽听寨后一声炮响，火光冲天，都说是郑兵到了，孔父嘉刚要出寨迎战，火光却熄了。方要回营，左边炮声又响，又是火光不绝。刚要看个究竟，左边火光已灭，右边火光又起。孔父嘉认为这是庄公的疑兵计，命令全军不许动乱。

不一会儿，左边火光又起，而且喊声震天。孔父嘉正想前往营救，忽然右边火光再起，一时分不清是谁的人马，孔父嘉只挥军向左，慌忙间迷失方向，遇上一队兵马便互相厮杀起来，结果发现竟是卫国的人马！于是两军合在一起，赶回中营，却发现中营已被郑将占领，孔父嘉无心恋战，夺路而走，遇上伏兵，只得弃车徒步，逃回宋国。跟随的只有二十多人，右宰丑阵亡，三国兵马辎重，也全被郑军俘获。

谨观慎察破楚军

公元前575年四月，晋厉公联合齐、宋、鲁、卫四国攻打郑国。

楚国是郑国的盟友，立即出兵支援，双方的军队在鄢陵（今河南鄢陵西北）相遇。

当时，楚郑联军共有兵车530乘，将士9.3万人，晋军先期到达鄢陵，有兵车500乘，将士5万余人，而宋、齐、鲁、卫四国军队还没有到达鄢陵。楚共王见诸侯各军未到，就想乘机击溃晋军，故此命令大军在晋军大营附近列阵。

晋厉公率众将登上高地观察楚军列阵情况，并研究决战计划。晋将大多惧于楚郑联军的兵力优势，主张坚守不战，以待友军来到。晋军中军主将栾书在仔细观察敌阵后，发现楚郑联军士气不佳，认为几天之后，楚郑联军必然疲惫，因此也主张等待友军来到后再出战。唯有新军副将郤至在观察了敌阵之后发表了主战的意见。

郤至说："根据我的观察和掌握的情报来看，楚郑联军有六个致命弱点，立即出击，定能获胜。第一，楚军人数不少，但老兵多，这些老兵行动迟缓，根本没有什么战斗力；第二，郑国的军队一团糟，到现在还没有列成像样的阵势，这说明他们缺乏训练，不堪一击；第三，两军都在喧闹不止，没有一点儿临战的紧张气氛；第四，据我所知，不但楚郑两军协调不好，就是楚军内部，中军和左军也在闹意见……"

却至说得有理有据，晋厉公和众将都赞同却至的建议：立即发起进攻。

将军苗贲皇原是楚国人，对楚军很熟悉，乘机献计："楚军的精锐在中军，只要能打败他的左、右两军，再合力攻打中军，楚军必败。"

晋厉公接受了苗贲皇的建议，命令晋军首先向楚右军和郑军发起猛烈攻击。战争开始后，晋厉公的战车忽然陷入泥沼中，进退不得，楚共王远远看在眼里，亲自率领一支人马杀奔而来，企图活捉晋厉公。不料，"螳螂捕蝉，黄雀在后"，晋将魏却早已发现楚共王的企图，一箭射去，正中楚共王的左眼，楚共王拔箭，连眼珠都带了出来。楚军见楚共王负伤，军心浮动。这时，晋厉公的战车从泥沼中挣脱出来，厉公指挥晋军掩杀过去，楚军以为诸侯四国的军队已经赶到，阵脚大乱，纷纷后撤，一直退到颍水（今河南许昌西南）南岸方才停止，当晚就班师回国了。

晋军以少胜多，论功行赏，却至立下首功。晋厉公奖赏众将士后，在鄢陵连饮三天，而后凯旋。

以守为攻破燕军

公元前284年，燕王封乐毅为上将军，统率燕、秦、韩、赵、魏等国军队在济西作战，消灭了齐军的主力，连克七十余城。随即率燕军攻占了齐国的国都临淄。

齐国在仅存即墨和莒两座城池的危急关头，突然得知燕昭王去世，惠王继位的消息，非常高兴。齐将田单深知惠王做太子时与乐毅不合，于是就使用离间计，果然奏效。燕军失去了乐毅这位智勇双全的指挥官。田单坚守即墨城，故意放出风声：我最怕燕人把俘虏的鼻子割掉，并且把他们放在攻击部队的最先头，那样的话，即墨城里的人就要畏敌怯战，城池就难保了。燕军听后，就真的将齐国俘虏的鼻子割掉。即墨城里的齐国军民见到敌人割了战俘的鼻子，异常愤怒，死守不屈。

接着，田单又派出间谍向燕军放出风声说：我最怕燕人挖掘即墨城外的坟墓，那会使人伤心沮丧。燕军闻讯，又挖掘齐人的坟墓，烧骨示众。齐国军民从城墙上看见这番情景，怒火中烧，纷纷要求出城与燕军决一死战，报仇雪恨。

田单见出战的时机已经成熟，准备大举反攻。一方面，他把自己的妻妾编入队伍中，把自己的粮饷也分给了士兵，以表示愿与全体军民同生共死；另一方面，又令精壮的士兵都埋伏起来，故意让年老体弱的人和妇女登城防守，并派人向燕军诈降，使燕军得意忘形，放松了警惕。此外，田单还从全城找来一千多头牛，给它们穿上五彩龙纹的绸衣，牛角绑上锋利的尖刀，牛尾绑上浸透油脂的苇草；在城脚挖了几十个洞，并挑选了五千多名勇士，个个脸上涂着乱七八糟的颜色。准备好一切进攻的条件后，齐军乘黑夜，点燃了牛尾上的苇草，被烧得疼痛难忍的牛群，疯狂地冲向燕军，后面还紧跟着涂着花脸、发出惊天动地吼声的五千勇士。城内人敲打着铜器呐喊助威。

燕军被这些突如其来的"天兵神将"吓得手足无措，纷纷溃逃。齐军乘胜追击，一举收复了全部失地。田单的成功，正确的"火牛阵"战术起了很大的作用，但更重要的是他善于激励士气。

奖励立功将士，是历代兵家重视的治军思想。其目的是激励将士的斗志，提高军队的战斗力。唐朝初期，李世民论功行赏，奖励众将而不徇私情一事就为众将所诚服。

【原文】

夫战，勇气也，再而衰，三而竭。国藩于此数语，常常体念。大约用兵无他巧妙，常存有余不尽之气而已。孙仲谋之攻合肥，受创于张辽；诸葛武侯之攻陈仓，受创于郝昭。皆初气过锐，渐就衰竭之故。惟荀罃之拔逼阳，气已竭而复振；陆抗之拔西陵，预料城之不能遽下，而蓄养锐气，先备外援，以待内之自毙。此善于用气者也。

【译文】

打仗，靠的就是勇气。第一次击鼓进攻时，兵将的士气最旺盛，第二次进攻，士气就开始减弱，等到第三次进攻，士气几乎就完全衰竭了。这是古人用兵经验，我对这几句话，经常思索琢磨。大概用兵并无其他奥妙，经常保持锐气不使其用尽就可以了吧！孙权攻打合肥，受挫于张辽；诸葛亮攻打陈仓，败在郝昭手下，这都是因为起初士兵士气太盛，攻打不下就逐渐士气衰竭的缘故。荀罃攻打逼阳城，本来士气已经衰竭，但是后来又振作起来；陆抗攻打西陵的时候，料想到不能很快攻下这座城池，所以他养精蓄锐，保持士气，先准备好外援，就在城外守着，等待城内无法困守自动投降。这就叫作善于运用士气。

【评析】

曾国藩非常注意军队操练。他认为，练兵先练胆，人无胆气，一切都无从谈起。他说打仗靠的就是勇气。军队的士气，随着击鼓次数而发生改变。保持军队的士气，也就是保持军队的战斗力，军队士气越旺盛，战斗力就越强。军队士气衰竭了，就会丧失战斗力。

【史例解读】

出使西域先发制人

公元13年，汉明帝派班超率领36名将士出使西域，想与西域各国建立友好关系。

班超首先到了鄯善国，国王热情接待了他们。可是没几天，国王突然对他们冷淡起来。班超想：准是匈奴使者也到了鄯善，匈奴人多势众，国王惧怕匈奴人，当然就冷淡我们了。

恰在此时，鄯善国侍者来送饭，班超突然问道："匈奴使者住在哪儿？"鄯善国本来对这件事瞒得很严，不料被班超一语说破，侍者以为班超早已知道此事，只好如实相告。班超立即把侍者扣留起来，对随行的36人说道："匈奴人刚到这里，国王的态度就变了，如果他派兵把我们抓起来交给匈奴人，那还有活命吗？"

众人都说："事到如今，只有同舟共济，生死关头，一切听从将军指挥！"

"不入虎穴，焉得虎子！"班超说，"我们只有杀了匈奴使者，才能断绝鄯善国王投靠匈奴人的念头。"

当晚，气温骤降，飞沙走石，班超率30余轻骑，顶着寒风，直奔匈奴人驻地。接近营寨时，班超命十人持鼓，绕到营寨后面，叮嘱他们见前面火起，就击鼓呼喊，虚张声势；又命二十人各持弓箭、刀枪，在敌营前埋伏。一切安排停当，班超率领数骑冲进敌营，顺风放火。顿时，火光四起，战鼓声、喊杀声响成一片。匈奴人从梦中惊醒，惊慌失措，顿时乱作一团。班超一马当先，连杀三人，部下一拥而上，匈奴使者和30多名随从当场被砍死，余下100多名匈奴士卒全部葬身火海，班超部下无一人伤亡。

次日，班超将匈奴使者的首级扔在鄯善国王的脚下，鄯善国王吓得面如土色。班超乘机向他宣传汉朝的威德，劝他与汉和好。鄯善国王本来对匈奴经常来勒索财物心怀不满，又见汉使者有勇有谋，当即答应与汉朝建立友好关系。

班超到了西域不久，匈奴使者也来和西域联络感情，在遇到事先没有料到的情况时他沉着应战主动出击，取得了出使西域的第一个胜利。此后，他又处处争取主动，避免被动，先后使于阗、疏勒等西域诸国归服了汉朝。自那以后，班超治理西域30多年，为当地的发展做出了巨大的贡献。

骄横之帅落荒逃

王莽篡政后，废除汉帝，改国号为"新"。王莽的政权本来就不得人心，加之连年水旱蝗灾，民不聊生。公元17年，终于爆发了王凤等人领导的绿林起义。王莽征发各郡兵马43万，号称百万，令大司空王邑为统帅，企图以绝对优势的兵力一举消灭起义军。

公元23年6月，王邑以43万大兵将只有8000人马的起义军（此时，绿林军推举刘玄为更始皇帝，成立了汉政权，绿林军改称为汉军）主力包围在昆阳城内。大将严尤献计道："昆阳城十分坚固，一时不易攻破。称帝的刘玄现在宛地，我们移兵攻击刘玄，刘玄被我消灭，昆阳自然投降。"王邑笑道："我拥百万之众，连一个不到一万人马的昆阳城还打不下来吗？！"于是将四十多万人马左一层、右一层地布置在昆阳城下，列营数百座。

王邑下令攻城，王凤率兵死守。尽管王邑采取了挖地道、用冲车进攻等多种战术攻城，但昆阳城就是岿然不动。严尤再一次献计道："汉军被围在城内，没有退路，只好死战。我们网开一面，他们必然弃城逃跑，我们乘机掩杀，定可大获全胜！"王邑道："小小几个毛贼，何足挂齿！待我明日攻破城池给你看。"王邑再一次拒绝了严尤的建议。

这时候，汉将刘秀、李轶已求得援军一万多人火速赶到昆阳境内。王邑得知汉军前锋刘秀只带有步骑兵一千余人，就派数千人前去迎战，结果被刘秀打得大败而回。汉军士气大振，刘秀果断地率领3000人的敢死队，绕到城西，涉过昆水，向王邑的指挥部发起突然进攻。王邑见刘秀的人马不多，亲率万余人迎战。同时，他还下令各部队没有他的命令不得擅自行动，以免发生混乱。短兵相接后，刘秀的汉兵以一抵十，锐不可当。王邑大败，大将王寻被杀，各部队因王邑有令在先，都按兵不动。与王邑的新军相反，昆阳城内的汉军见新军一片混乱，知道自己的援军赶到，大开城门，杀出城来。王邑全线溃乱，慌忙后撤。新军摸不清汉军的援军有多少，人心惶惶，争先逃命。适值暴风雨突然来临，暴雨如注，滍川河水泛滥，王邑的大军被河水吞没了数万人，43万大军顷刻土崩瓦解。王邑、严尤只带领几千人马渡过滍川，逃得性命。王莽的军队损失殆尽。

昆阳之战，王邑无勇无谋，又一意孤行，听不得下属的意见，以43万人对汉军的2万人。结果，几十万大军在很短的时间内化为乌有，王邑本人也险些赔上性命。这种惨败，在中国历史乃至世界军事史上都是罕见的。

昆阳之战后，刘秀率领汉军乘胜攻入长安，杀掉王莽，短命的新朝政权就这样寿终正寝了。

卷十二 廪实

曾国藩一生过着简朴的生活,他深知由俭入奢易,由奢入俭难。"勤"则兴旺发达,"奢"则败家亡国。他还主张开放通商港口互通有无,因此,他有着开拓进取的一面。

【原文】

　　勤俭自持，习劳习苦，可以处乐，可以处约，此君子也。余服官二十年，不敢稍染官宦气习，饮食起居，尚守寒素家风，极俭也可，略丰也可，太丰则吾不敢也。凡仕宦之家，由俭入奢易，由奢返俭难，尔年尚幼，切不可贪爱奢华，不可惯习懒惰。无论大家小家、士农工商，勤苦俭约，未有不兴，骄奢倦怠，未有不败。

　　大抵军政吏治，非财用充足，竟无从下手处。自王介甫以言利为正人所诟病，后之君子例避理财之名，以不言有无，不言多寡为高。实则补救时艰，断非贫穷坐困所能为力。叶水心尝谓，仁人君子不应置理财于不讲，良为通论。

【译文】

　　勤劳节俭，保持自己的操守劳苦习惯，能够置身于优裕的环境中，也能够置身于节约的环境之中，这才是君子啊。我做官二十年，丝毫也不敢沾染官宦的奢侈习气。日常的饮食起居，都还谨守着清贫朴素的家风，极为节俭也可以，约略丰厚也可以，但是太丰厚我就不敢领受了。凡是做官的人家，由节俭到奢侈很容易，可是由奢侈恢复到节俭可就难了。你年纪还小，千万不能贪恋奢侈，不能养成懒惰的习惯。无论是有钱的大家族还是清贫的小家庭，不管是士子、农民、雇工还是商人，只要是勤俭节约的，没有不兴旺发达的；只要是骄奢倦怠的，没有不衰败的。

　　在治军、治国方面，没有充足的财力和物资做后盾，就无从下手。自从王安石（字介甫）因谈论利财而被正人君子指出过失而加非议、辱骂，后世的君子们一律避开理财的问题，以从不说有无钱财，不说钱财多寡为清高。实际上到了补救国力、扭转时局的时候，肯定不是贫穷困苦能解决问题的。叶适（号水心）曾说：仁人君子不应当不讲理财问题。这真是一个很好的说法。

【评析】

　　古人说："勤以修身，俭以养德。"曾国藩一生过着俭朴的生活，他深刻体会到由俭入奢易，由奢入俭难。他懂得勤俭节约可以使一个国家、一个家庭兴旺发达，如果是奢侈浪费的话，就会衰败。可以说勤俭节约能兴国富民，奢侈浪费能亡国败家。历史上很多这样的例子。治国、治军没有充足的物力、财力就很难进行。曾国藩认为后世君子视金钱为粪土是一种错误的观点，因为当需要补救国力、扭转时局的时候，没有充足的财力、物力根本解决不了实际问题。所以君子应该研究理财问题。

【史例解读】

节俭立身季文子

季文子是春秋时代鲁国的贵族，著名的外交家，当官30多年。他一生过着俭朴的生活，以节俭作为立身的根本，并且要求家人也过勤俭节约的生活。他穿衣不求华丽，只求朴素，除了朝服以外，没有几件像样的衣服。每次外出，所乘坐的车马也极其简单。见他如此节俭，有个叫仲孙它的人就劝季文子说："你身居上卿，德高望重，但听说你在家里不准妻妾穿丝绸衣服，也不用粮食喂马，你自己也不注重容貌服饰，这样不是显得太寒酸，让别国的人笑话您吗？这样做也有损我们国家的形象，人家会说鲁国的上卿过的是种什么日子啊。您为什么不改变一下这种生活方式呢？这于己于国都有好处，何乐而不为呢？"

季文子听后很不愉快，对那人严肃地说："我也希望把家里布置得豪华典雅，但是看看我们的百姓，还有很多人吃着粗糙且难以下咽的食物，穿着破旧的衣服，还有人正在忍受饥饿。想到这些，我怎能忍心去为自己添置家产呢？如果平民百姓都缺衣少食，而我则装扮妻妾，精养粮马，这哪里还有为官的良心？况且，我听说一个国家的富强与光荣，只能通过臣民的高洁品行表现出来，并不是以他们拥有漂亮的妻妾和良骥骏马来评定。既然如此，我又怎能接受你的建议呢？"听完这番话，仲孙它满脸羞愧之色，同时也使他对季文子更加敬重。

此后，他也效仿季文子，十分注重生活的俭朴，妻妾只穿用普通布做成的衣服，家里的马匹也只是用谷糠、杂草来喂养。

节俭爱民，心不贪婪

宋仁宗的皇后曹氏，是曹彬的孙女儿，生性节俭，喜欢种田，在宫里面种植五谷，并且亲自养了蚕。

有一年的正月十五日,仁宗皇帝要在宫里四处悬挂华丽的灯具,被曹后劝住了。

后来,仁宗死了,英宗才四岁大,便登基做皇帝,却又生着重病,于是把曹后尊为皇太后,在殿上挂了帘子,让她坐在帘子里面办理国家大事。这时候,天下非常太平。英宗的病好了,曹太后就把政权仍然归还英宗。

英宗驾崩,神宗做了皇帝,尊她做了太皇太后。

有一次,神宗皇帝想要去攻打燕蓟(今辽宁),曹太皇太后就说道:"倘若你攻下那地方,也不过坐在南面,接受他们的朝贡与祝贺而已。万一攻打不下,那可是关系着百姓的生命,这么重大的事,哪里可以轻易行动呢?况且那个地方,若是可以取得,早在太祖皇帝和太宗皇帝时便已收复了,为什么会等到现在?"

于是,神宗也就打消出征的念头。

廉洁守己留美名

列子有一段时间在郑国游学。因为所讲的内容过于高深,所以到他门下来听课的人很少,他的衣食也就成了问题。

列子食不果腹经常挨饿,脸上露出了菜色。有一个经常聆听列子讲述治国安邦、修身养性大道理的人,对列子十分佩服。可是久而久之,他发现列子的脸色不好,惊问其故。列子据实相告,这个人非常不平。

有一次他在路上遇见了郑国的宰相子阳,就对他说:"列御寇是一位有道德有学问的人,在你这里却穷困不堪,难道你不喜欢道德学问都好的读书人吗?"

子阳听了十分惊讶,回到宫里之后,他就命令手下人,赶快给列子送去一车粮食。

列子听说有人给自己送粮食来了,连忙打听这粮食是谁送的,押车的人就把情况讲了一番。

列子当即拒绝接受这车粮食,送粮的人十分惊讶,一定要列子收下,可列子就是不收,无奈之下送粮的人只好把粮食又运了回去。

妻子对此十分不解,她惋惜地说:"我听说做有学问的人的妻子,都能得到安逸快乐的生活。现在我们吃不饱穿不暖,上面派人给你送粮食,你却不接受，难道你不要我们活了吗？"

列子说："宰相送粮食给我，并不是他自己知道的，而是因为听了别人说我穷才送我的，他没有来亲自了解我的情况；将来要是有人在他面前说我坏话，而他照样不来亲自了解情况，那不就后患无穷了吗？"

妻子点头称是，果然没过多久，老百姓就作乱杀掉了子阳。列子因拒食子阳送来的粮食而得以免受子阳的牵连。

【原文】

夷务本难措置，然根本不外孔子忠、信、笃、敬四字。笃者，厚也。敬者，慎也。信，只不说假话耳。然却极难。吾辈当从此字下手，今日说定之话，明日勿因小利害而变。如必推敝处主持，亦不敢辞。祸福置之度外，但以不知夷情为大虑。沪上若有深悉洋情而又不过软媚者，请邀之来皖一行。

以正理言之，即孔子忠敬以行蛮貊之道。以阴机言之，即句践卑辱以骄吴人之法。闻前此沪上兵勇多为洋人所侮慢，自阁下带湘淮各勇到防，从无受侮之事。孔子曰能治其国家，谁敢侮之。我苟整齐严肃，百度修明，渠亦自不至无端欺凌。既不被欺凌，则处处谦逊，自无后患。柔远之道在是，自强之道亦在是。

【译文】

洋务问题本来很难处置，但它的本质，也不外乎孔夫子所说的"忠、信、笃、敬"四个字。笃，就是质厚；敬，就是谦慎；信，就是不说假话。然而，这几个字说起来容易，真正做到是极难的事。我们应当从这几个字下手，今天说定的话，明天不能因小的利害关系就改变。如果一定要推举我主持洋务，我也不敢推辞。我可以将祸福置之度外，但是因为不了解外国的情形而深感忧虑。上海那里如果有很懂洋务、了解洋情而又淳厚正直的人，可请他到安徽来。

从正理上说，我们以孔子的忠敬来与洋人打交道。从机变谋划来讲，我们可以采用勾践自辱其身以使吴王骄傲的方式，来对付洋人。听说前些日子，上海的兵勇大多都被洋人侮辱轻慢。而自从你带湘淮各处兵勇防卫以来，还从没有受辱的事。孔子说："能够自治的国家，没有人敢侮辱。"如果我们整齐队伍严肃法纪，各种事宜都处理妥当，自然不会无端受欺。既然不被欺凌，就要处处谦逊，这样自然就没有后患了。以柔和之道谋发展是这样，自强的路也是这样。

【评析】

曾国藩对中西邦交有自己的见解，他十分痛恨西方列强侵略中国，认为"卧榻之旁，岂容他人鼾睡"，并反对借师助剿，以借助外国为深愧。但是当时情形就是如此，曾国藩只好对外处处谦让，以和为贵，对内则修明法度，严肃整治。

【史例解读】

以诚信得天下

晋文公是"春秋五霸"之一。春秋时期，周天子有名无实，只是名义上的君主。因国内动荡，且受到翟戎的侵略，晋侯率兵勤王，一战而胜。于是，周王就把攒茅、阳樊、温、原四座城邑分封给晋侯，以表彰他的功德。

晋文公率兵接受土地。原这个地方本来是周大夫伯贾的封地，因兵败无功，周王将他的土地改封给晋文公。伯贾因此怀恨在心，连夜造谣说："晋兵围攻阳樊，屠杀了全城的百姓。"于是，原国人十分恐惧，誓死固守。

晋国大夫赵衰说："民之所以不归服晋国，是因为没有建立起信义啊，如果表示出诚信，那么原国将不攻自服啊。"文公说："如何表示信义呢？"赵衰说："请您命令军队，每人只带三天的军粮，如果三天不能攻取原国，就撤兵解围而去。"

文公采纳了他的意见，让士兵向城里喊话劝降，说："我军只准备了三天的粮草，三天期满，如果仍然不能攻克，就立即撤兵，决不伤害百姓！"

结果，围满三天，原国仍然不投降，晋文公决定撤兵。这时，原国人探知阳樊并没有遭到杀戮，就有人逃出城，向晋军说，愿意在明日晚献城投降。

晋文公说："寡人约定三日为期限，现在限期已到，寡人立即退师，你们各自尽力守城，不要心存二意。"

于是下令撤围退兵。他的部下请求再坚持一天，原国就会投降。

晋文公说："信誉，是国家的至宝，是天下百姓赖以生存的条件。如果以付出信誉为代价,即使得到了原国,那么用什么来取得天下百姓的信任呢?"

于是解围。原国百姓奔走相告:晋侯宁失城,不失信,是难得的有道之君。遂争相出城投奔文公。

原国随即归附晋国。

张革代师保管秘方

张革青少年时期,曾在三思书院读书。他虽然出身贫寒,但由于功课非常优异,深得书院李先生的赏识。李先生是一位知识渊博、精通阴阳五行的术士。由于他长期研究炼金术,劳累过度,最终吐血而死。

李先生临死前,交给张革一个包裹,包口用火漆封得严严实实,还加盖了印章,托付说:"这里面有一张祖传的炼金秘方,我托你代为保管,等见到我儿子时交给他。"张革郑重地答应了。

张革为李先生料理完后事,就进京赶考去了。一路上,他并没有注意到有一个戴斗笠的跛脚人一直在尾随着自己。走到荒无人烟的郊外时,那个戴斗笠的跛脚人突然从草丛中窜出,手持大刀,逼张革交出炼金秘方。

张革跟那人装糊涂,说自己根本不知道什么炼金秘方。戴斗笠的跛脚人大笑说:"我亲眼看到李先生将祖传炼金秘方交给你,你就不要装糊涂了!"说着,那人摘下头上的斗笠,张革这才发现,这人竟是自己的同窗。

原来,那人那天在门外偷听到了李先生的遗言。

张革无奈,趁其不备,拔腿就跑。跛脚人并未善罢甘休,在后面紧追不舍。最后,张革被逼到了悬崖边。眼看就要被跛脚人抓到了,张革想:哪怕是自己死了,也不能让别人所托之物落入他人之手!于是张革便毅然跳崖。也许是命不该绝,张革跳下去后,恰好被挂在悬崖峭壁边的一棵大树上,幸免于难,当时,他手里还紧紧攥着那个包裹……

大难不死的张革来到京城。一日,他目睹得宠的李太监欺压百姓,非常气愤,就说了几句公道话,不想因此遭到毒打,差点儿丧命,幸而被王大人遇到,讨了个人情,将他救了下来。

王大人见张革伤势很重,便把他带回家中疗养。两人一见如故,很快便成了"忘年交"。在一次闲谈中,张革惊奇地发现,王大人竟然是已故李先生的同乡,而且还是情谊甚笃的儿时好友。有了这层关系,张革便把先生所托之事告诉了王大人。

京试发榜了，张革高中进士，王大人设宴为他庆祝。而此时，他的同窗——那个跛脚人投靠了李太监，成了他的心腹。跛脚人将炼金秘方一事告诉了李太监，并说及张革。李太监恍然大悟，立即直奔王大人府上。

李太监一见张革，发现他竟然是自己曾毒打过的那个人，非常尴尬，也就少了客套，开门见山地说："我听说了，李先生的炼金秘方在你手上，快把它交给我，我保你一辈子荣华富贵，享用不尽。"

张革一口回绝，他说："我并不知道什么炼金秘方，只有一个包裹，那是受先师所托，替他的孤儿保管的。"李太监无计可施，愤然离去。

李太监无功而返，心犹不甘。跛脚人献出一计：明的不行，就来暗的。深夜，一个黑影溜进了张革的房间，偷走了包裹。拿到包裹的李太监欣喜若狂，不料跛脚人却拔出匕首，刺向了李太监……

跛脚人急忙打开包裹，一下子傻了眼：包裹里根本就没有什么炼金秘方，只有一团破布。就在这时，侍卫们冲了进来，拿下了跛脚人。原来张革早就料到李太监会出此下策，所以预先调换了包裹。

过了几天，有一个自称是李先生儿子的少年来到王大人府上，投靠王大人。张革喜出望外——先师的遗愿终于可以实现了。张革回忆先师临终前的情景，那少年立即追问："家父有没有留下什么东西？"王大人立即让张革转交遗物，张革迟疑了一下，回房间取出了包裹交给了那少年。

当夜，那少年悄悄地来到王大人的书房，将包裹交给了王大人。王大人得意忘形地大笑："我终于如愿以偿了！李太监只知蛮干，最后丢了小命；我巧用计谋，神不知鬼不觉地就把秘方弄到手了。张革那小子现在还蒙在鼓里呢！"

王大人话音刚落，门"嘭"的一声被踢开了，张革愤怒地站在门口，大声斥责道："真想不到，你连同乡好友托给孤儿之物也要豪夺！"

不料，王大人却哈哈大笑起来，原来同乡、好友、李先生的儿子……这一切都是他精心策划、胡编乱造的。张革这才明白：他中了王大人的圈套了！但是，他除了愤怒却还有一丝庆幸……

王大人急切地打开包裹，不想里面竟是一些杂物。这时，该轮到张革哈哈大笑了，他说："你的谋划确实天衣无缝，只可惜你求物心切，最后一步棋下得太仓促了！但凡为人子者，闻知家父去世，当会号啕大哭，可这位自称是恩师儿子的少年却毫无表情，反而立即追问有无遗物，这怎么能不让我起疑心呢？！"王大人颓然瘫倒在地。

三年后，张革信守诺言，历经艰辛，终于找到先师的儿子，将珍藏的包裹亲自交给了他。那包裹上面，当年的火漆和印记纹丝未动。

守信是一种高尚的品德，也是一个人立身处世之本。张革为人诚实，信守诺言，终于把先师所托之物——祖传的炼金秘方，完好地交到了其儿子手上。

【原文】

第就各省海口论之，则外洋之通商，正与内地之盐务相同。通商系以海外之土产，行销于中华。盐务亦以海滨之场产，行销于口岸。通商始于广东，由闽、浙而江苏、而山东，以达于天津。盐务亦起于广东，由闽、浙而江苏、而山东，以达于天津；吾以"耕战"二字为国，泰西诸洋以"商战"二字为国，用兵之时，则重敛众商之费；无事之时，则曲顺众商之情。众商之所请，其国主无不应允。其公使代请于中国，必允而后已。众商请开三子口，不特便于洋商，并取其便于华商者。中外贸易，有无交通，购买外洋器物，尤属名正言顺。

【译文】

就拿各省的出海口来说，我认为和外国通商，正和内地的盐务相同。通商就是以海外的土特产，在中国大地上出售。盐务也是以各个海滨城市的物产，销售到各个口岸。和国外通商由广东开始，由福建、浙江到江苏，再到山东，最后到天津。盐务最初也是起源于广东，由福建、浙江到江苏，经过山东，最后到达天津。我们国家以"耕战"两个字为立国的根本，西方各国以"商战"两个字为立国的根本。需要动用兵时，就加重收取商人的税费；和平无事时，就照顾商人的要求。只要众商人所请求的，国王没有不应允的。他们的公使代表商人向中国提请的事务，一定要听到应允方才罢休。众商请求开放三个港口，不但便利外国商人，也便利中国商人。中国和外国商贸交易，就是互通有无，所以购买实用的外国器具物品，更是名正言顺。

【评析】

西方列强用洋枪洋炮打开了中国的大门，强迫中国开放通商港口。曾国藩认为，开放通商港口可以互通有无。与中国内地的盐务一样，不但有利于洋商，也有利于华商，可以施行。并且，外国的器物用具有适用的，我们也可以拿来用。

【史例解读】

晋商

通常意义的晋商指明清500年间的山西商人，晋商经营盐业、票号等商业，尤其以票号最为出名。晋商也为中国留下了丰富的建筑遗产，著名的有乔家大院、常家庄园、王家大院、渠家大院、曹家三多堂，等等。晋商由于种种原因在清朝后期和民国时期衰落了，如今已逐渐淡出了中国经济舞台。

早在明末，一些山西商人即以张家口为基地，往返关内外，从事贩贸活动，为后金政权输送物资，甚至传递文书情报。后金崇德三年（1637），皇太极曾命贵族带领100名内地汉族商贾，携带货物到归化城贸易。清兵入关，军费支出猛增，财政十分困难，对此，都察院参政祖可法、张存仁曾建言："山东乃粮运之道，山西乃商贾之途，急宜招抚，若二省兵民归我版图，则财赋有出，国用不匮矣。"因此，后金政权对山西商人多采用招抚政策。

顺治初年，清政府将山西旅蒙富商范永斗召为内务府皇商，入内务府，赐产张家口，受朝廷委托，往来关内外，岁输皮币入内府。清在统一全国过程中及历次大规模军事行动中，大都得到过山西商人的财力资助。

康熙中叶，山西商人进入外蒙古草原贸易，松辽平原和内外蒙古草原，成为山西商人贩运贸易的新市场。当时，蒙汉贸易必须经过张家口和杀虎口（后改归化城），俗称东口和西口。张家口的八大家名商都是山西人，其中最大的企业是祁县人范家开设的"兴隆魁"，这个商业性企业有职员290多人（有的则说共有职员1000人左右），是清代中国对外蒙和俄国贸易的第二大企业。

在对蒙贸易的西口——杀虎口，山西行商经常在大青山和西营一带贸易，并得到清政府的特殊照顾，获得了很高的利润。这些行商会说蒙语的被称为"通事行",其中最大的"通事行"就是山西人开办的"大盛魁",从业人员达六七千人,人们曾形容"大盛魁"的财产用五十两重的银元宝能从库伦铺到北京。在宁夏,著名的大商号多是万荣、平遥、榆次、临猗一带的山西商人开办,宁夏的名药材枸杞半数掌握在山西人开的"庆泰亨"手中。

在青海,山西商人以西宁为根据地活动于各州县。在北京,粮食米面行多是祁县人经营;油盐酒店多是襄陵人经营;纸张商店,多是临汾和襄陵人经营;布行多为翼城人经营,鲜鱼口以西有布巷,全为翼城人;北京至今留有招牌的大商号"都一处""六必居""乐仁堂"等,都是浮山、临汾等地的山西商人首创和经营。此外,山西商人还到四川、云南、贵州、湖北、湖南、江西、安徽、广东等地贸易和经商。广州的濠畔街,多数房子是山西商人修建的。"广生远""广懋兴""广益义"等实际都是山西人在广州开设的企业。由海上出口茶叶,比如运往印尼的茶,都是由山西人在产地收购,运往广州,由潮帮商人从山西商人手中购进再转运南洋的。至于长江中下游一带,扬州的盐商、江西和福建的茶商以及由长江口出海与日本的贸易,也数山西人最为活跃。山西商人还开拓了国外市场,从陆路对俄贸易最早最多的是山西人,在莫斯科、彼得堡等十多个俄国城市,都有过山西人开办的商号或分号。在朝鲜、日本,山西商人的贸易也很活跃,榆次常家从中国输出夏布,从朝鲜输入人参,被称作"人参财主";介休范家,几乎垄断了对日本的生铜进口和百货输出。在清朝统治期间,能够兴旺发达二百余年的商业世家,最有名的是:榆次的常家、聂家,太谷的曹家,祁县的乔家、渠家,平遥的李家,介休的侯家、冀家,临汾的亢家,万荣的潘家,阳城的杨家,等等。他们既是大商人、大高利贷者,又是大地主,都拥有极为雄厚的资本。

徽商

徽商,即徽州商人,旧徽州府籍的商人或商人集团的总称,而非所有安徽籍商人。徽商又称"新安商人",俗称"徽帮"。徽商萌生于东晋,成长于唐宋,盛于明,徽州,今安徽省黄山市、绩溪县及江西婺源县。徽商是中国十大商帮之一,鼎盛时期的徽商曾经占有全国总资产的4/7,亦儒亦商,辛勤力耕,赢得了"徽骆驼"的美称。徽商的活动范围遍及城乡,东抵淮南,西达滇、黔、关、陇,北至幽燕、辽东,南到闽、粤。徽商的足迹还远至日本、暹罗、东南亚各国以及葡萄牙等地。清朝后期，随着封建经济的瓦解，徽商逐渐衰亡。

徽州与经济发达地区毗邻，境内有新安江直通杭州，水路交通极为发达，山货土特产品又极为丰富，有商品流通的物质基础。同时徽州山多田少，耕作三不赡一，山民不得不"远贾他乡""求食于四方"。《晋书》载，徽州人好"离别"，常出外经商。齐梁时，休宁人曹老常往来于江湖间，从事贾贩。唐宋时期，徽州除竹、木、瓷土和生漆等土产的运销外，商品茶和歙砚、徽墨、澄心堂纸、汪伯立笔等产品的问世，更加推动了徽商的发展。

唐代时，祁门茶市十分兴盛。南唐，休宁人臧循便行商福建。宋代，徽纸已远销四川。南宋开始出现拥有巨资的徽商，祁门程承津、程承海兄弟经商致富，分别被人们称为"十万大公""十万二公"，合称"程十万"。朱熹的外祖父祝确经营的商店、客栈占徽州府的一半，人称"祝半州"。一些资本雄厚的大商人还在徽州境内发行"会子"。元末，歙县商人江嘉在徽州发放高利贷，牟取暴利。元末明初的徽商资本，较之宋代大为增加，朱元璋入皖缺饷，歙人江元一次性助饷银十万两。成化年间，徽商相继打入盐业领域，一向以经营盐业为主的山西、陕西商人集团受到严重打击，于是徽商以经营盐业为中心，雄起于中国商界。

明代中叶以后至清乾隆末年的300余年，是徽商发展的黄金时代，无论营业人数、活动范围、经营行业与资本，都居全国各商人集团的首位。当时，经商成了徽州人的"第一等生业"，成人男子中，经商的占70%，极盛时还要超过70%。徽商还形成了盐、典、茶、木四大行业。除此，还有布匹、丝绸、粮油、陶瓷、漆器、药材、徽菜，以及山杂南北货、京片百货等多种行业。对徽商来说，只要有利可图，无业不就。徽商经营方式也灵活多样，大体有这样五种：一是走贩（长途贩运），二是团积（囤积居奇，贱买贵卖），三是开张（广设店肆，开展竞争），四是质剂（经营典当，权子母钱），五是回易（以所多易所鲜）。也有前店后坊或设厂兼营直接生产的，如郑天镇、朱云治在福建开采铁矿，阮弼在芜湖开设染织厂，汪长彡在房村制造曲蘗，都是一面生产，一面贩卖，合工商业于一身。

清乾隆末年，封建统治日趋没落，课税、捐输日益加重，徽商处境越来越困难。1831年，两江总督兼管两淮盐政陶澍革除淮盐积弊，改行"票法"，靠盐业专利发迹的徽商开始衰败，典当业也因左宗棠垄断及外国银行的侵入而中落。茶、木两商则由于鸦片战争和太平天国运动的影响，连年亏损。尤其是随着帝国主义入侵，外资渗入，国外商品倾销，徽商经营的行业大多被其所替代。同时与帝国主义、军阀官僚联系密切的广东、江浙财阀开始兴起，只掌握传统商业知识、技能的徽商，在商业领域逐渐失去其操纵、垄断和独占的地位，开始走下坡路。

清末和民国时期，虽有个别徽商人物如黟县盐商李宗媚、歙县房地产商人程霖生等崭露头角，但整体上挽救不了徽商颓势。

卷十三 峻法

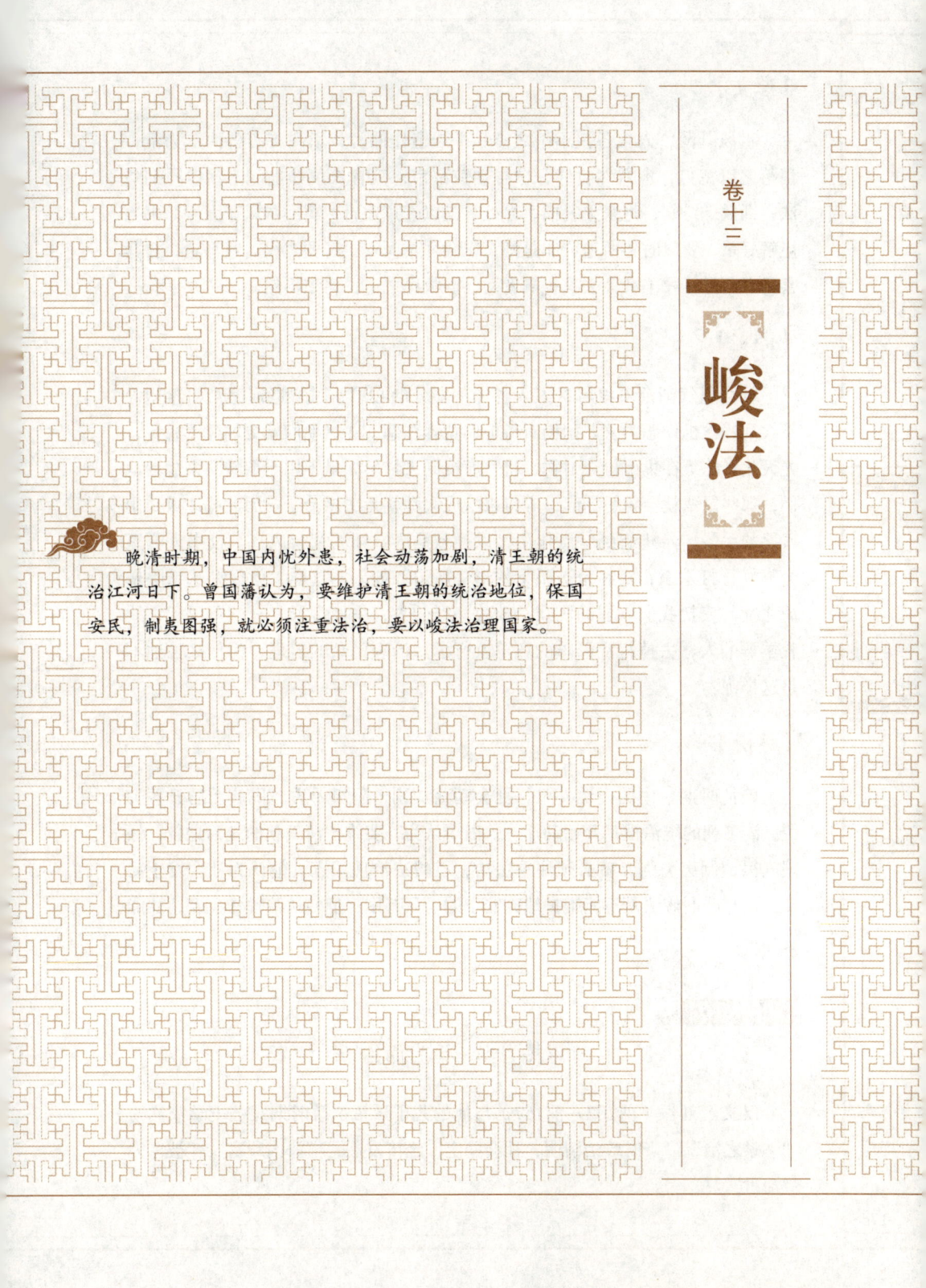

晚清时期，中国内忧外患，社会动荡加剧，清王朝的统治江河日下。曾国藩认为，要维护清王朝的统治地位，保国安民，制夷图强，就必须注重法治，要以峻法治理国家。

【原文】

世风既薄，人人各挟不靖之志，平居造作谣言，幸四方有事而欲为乱，稍待之以宽仁，愈嚣然自肆，白昼劫掠都市，视官长蔑如也。不治以严刑峻法，则鼠子纷起，将来无复措手之处。是以壹意残忍，冀回颓风于万一。书生岂解好杀，要以时势所迫，非是则无以锄强暴而安我孱弱之民。牧马者，去其害马者而已；牧羊者，去其扰群者而已。牧民之道，何独不然。

【译文】

社会风气渐渐不淳厚，人人各怀不安分的心思，时常造谣惑众，希望天下大乱好趁机作恶为害。稍稍对待他们宽容仁慈一些，他们就更加肆无忌惮，光天化日之下在集市抢夺财物，将官府视同无物。如果不用严刑峻法来惩治他们，那些鼠辈就会纷纷涌起，等将来酿成大乱就无法惩治了。因此我注重采用残忍的手段，希望起到一点作用，以挽救颓废败坏的社会风气。读书人哪里会喜好打打杀杀，实在是被眼下的形势所迫。如果不这样，就没办法铲除暴虐之徒，安抚我们软弱的民众。放牧马群的人，去掉害群之马就可以了；放牧羊群的人，去掉扰乱群羊的坏羊就行了。治理民众的道理，为什么独独不是这样呢？

【评析】

晚清时期，中国内忧外患，社会动荡加剧，阶级矛盾、民族矛盾日益尖锐。清王朝的统治根基开始动摇。曾国藩认为，要维护清王朝的统治地位，保国安民，制夷力强，就必须注重法治，以峻法治理国家。他认为社会发生动乱，没有严刑峻法是不能维护地方安宁的，只有用严刑峻法治理作乱者，才能安邦定国。

【史例解读】

以民为本，无为而治

汉文帝刘恒（前202—前157）与他的儿子景帝执政时期，被史学家称为"文景之治"。当时政治清明，社会稳定，经济发展，"海内殷富"，被称为"治世"。

汉文帝即位以后，勤政爱民，虚心听取大臣们的治国建议，即使是对待像周勃这样自恃有功面露骄色的人，每次退朝时，汉文帝也会目送他走下大殿以示尊重。汉文帝知道，皇权本身就象征着一种神圣和威严，皇权加仁德换来的必然是忠诚，皇权加暴虐得到的只能是离心。他用勤政和谦恭的态度施政，仅用一年时间就把朝廷内外梳理得井然有序，受到了人民的爱戴，百姓都称他"真是一位贤德的君王啊"。

汉文帝知道，经济发展是强国富民的根本。他说："农业是天下之本，是最重要的事情。"他最为成功的治国措施就是发展农业。他为皇室设置了"籍田"，亲自耕种，为百姓做榜样。他实行轻徭薄赋政策，减免农业税，促进了生产的大发展。

汉文帝在执政的二十三年里，始终奉行"以民为本，无为而治"的治国方略。其中以民为本是基础，是衡量历朝历代统治者施政水平的试金石。无为而治则是施政手段，就是遵照事物发展的客观规律，顺其自然，实事求是。无为而治不是无所作为，而是高屋建瓴的施政目标和为此而进行的有效督导。汉文帝恰到好处地运用了这一规律，使国家富强，四邻宾服，人民安居乐业。

后来，司马迁在文帝本纪中高度评价汉文帝"德至盛焉""岂不仁哉"。

汉昭帝自幼聪颖善辨忠奸

汉武帝去世时，他所立的太子即后来的汉昭帝，年龄才8岁。汉武帝并不放心，就把他托付给霍光、金日、上官桀、桑弘羊四位大臣，让四人辅佐昭帝。四人当中，霍光是大司马、大将军，掌握着朝廷军政大权，地位最高。

霍光为人正直，又忠心耿耿辅佐汉昭帝，把国家大事处理得有条有理，因此，威望日益增高。但是霍光为人耿直，做事不讲情面，因此得罪了不少人，其中就有上官桀、桑弘羊、盖长公主等人。

当时燕王刘旦（汉昭帝的哥哥）因为没有做成皇帝，一心想废掉昭帝，但又畏惧霍光，于是便和上官桀勾结起来，想设计除掉霍光。

于是，在汉昭帝14岁那年，上官桀趁霍光休假之时，伪造了一封刘旦的亲笔书信，又派人冒充刘旦的使者，把这封信送给了汉昭帝。

汉昭帝打开信，只见上面写道："霍光外出检阅御林军时，擅自使用皇上专用的仪仗。而且他经常不守法度，不经皇上批准，擅自向大将军府增调武官，这都有据可查。他简直是独断专行，根本不把皇上放在眼里！我担心他有阴谋，对皇上不利，因此我愿意辞去王位，到宫里保护皇上，以提防奸臣作乱。"

送完信后，上官桀等人做好一切准备，只等汉昭帝发布命令，就把霍光捉拿起来，谁知汉昭帝看完信后毫无动静。

次日，霍光前去上朝，听说了这件事，就坐在偏殿中等候发落。

汉昭帝在朝堂上没有看见霍光，便问道："大将军在哪里？"

上官桀回答道："大将军因为被燕王告发，所以不敢进来。"

汉昭帝派人请霍光上殿。霍光来到殿前，摘掉帽子，磕头请罪。

汉昭帝说："大将军只管戴上帽子。我知道那封信是假的，你没有罪。"

霍光既高兴又迷惑，问："皇上是怎么知道的啊？"

汉昭帝说："大将军检阅御林军只是最近几天的事情，增调武官校尉到现在也不过十天，燕王远在北方，他怎么知道得如此之快呢？如果将军要作乱，也不必依靠校尉。"

上官桀等人和文武百官听了都大吃一惊。

汉昭帝又说："这件事只需问问送信人就可以弄明白！不过，我想他肯定早已逃跑了。"

左右下属连忙命人去找送信人，送信人果然逃跑了。

一计不成，上官桀等人又生一计，他们经常在汉昭帝面前说霍光的坏话。最后，汉昭帝大怒，对他们说："大将军是忠臣，先帝嘱托他辅佐我，以后谁敢再诬蔑大将军，我就治他的罪！"

上官桀等人看到这个方法也不行，就密谋让盖长公主出面请霍光喝酒，然后借机杀掉他，废掉汉昭帝，立燕王刘旦为帝。但他们的阴谋还没来得及实施，就被汉昭帝和霍光发现，全部被杀。

霍光如果碰上一个昏庸的皇上，恐怕早就被斩首了。而昭帝从信中的时间准确推算出燕王不可能知道近期的事，而且又令人去追查送信人，他这样做的目的，只是想给诬陷霍光的人一个威吓，上官桀果然吓得半死。

更为可悲的是，上官桀等人仍不死心，意图谋反，最终落得个身首异处的下场。

唐太宗以民为本

唐太宗李世民（599—649），"贞观之治"的开创者，他深知获得民心的重要。

《贞观政要·务农》里记载了唐太宗重视农业、以民为本的故事。

贞观二年（628），唐太宗对他的近臣说："任何事情都必须掌握根本。国家以人民为根本，人民以衣食为根本，凡经营农桑衣食，以不失时机为根本。要不失时机，只有君主不生事劳民才能做到。假如连年打仗，营建宫殿，而想不占用农时，能办得到吗？"

大臣王珪说："从前秦始皇、汉武帝，对外穷兵黩武，对内大建宫室，人力物力用尽，灾祸也就接踵而至了，他们难道不想安定百姓吗？只是没有找到正确的方法。隋代的灭亡就是眼前的借鉴啊！陛下承受了隋代遗留下来的弊病，懂得怎样去改变，不过刚开始还比较容易，要坚持到底就很难。我真希望陛下自始至终都能小心谨慎，善始善终。"

太宗说："你讲的很对。安定百姓和国家，关键在于君主，君主能与民休息，百姓就欢乐，君主多私欲，百姓就痛苦，这就是我之所以不敢任情纵欲而不断克制自己的原因。"

贞观二年，长安地区出现蝗虫，太宗到玄武门北面的禁苑，看见蝗虫就抓住了几只，愤怒地说："百姓以粮谷为生命，而你们却吃了它们，宁肯让你们吃了我的肺肠。"举手想吞掉蝗虫，身边的人连忙劝阻。太宗说："朕为百姓承受灾难，为什么要躲避灾难？"于是便吞噬掉蝗虫。唐太宗在《务农篇》中还说："夫食为人本，农为政本。"

贞观十六年，唐太宗发现天下米价一斗卖五个钱，更便宜的，一斗只卖三个钱，因此他对近臣说："国家以百姓为根本，百姓又以粮食为生命。如果粮食不丰收，国家就没有收入。既然粮食对国计民生关系如此重大，我又是百姓的衣食父母，只希望能够克勤克俭，不奢侈浮华，造福于民。我常常想赏赐天下的百姓，使他们都富裕尊贵。现在我减少劳役，不占用他们的时间，使他们能够顺应天时，把庄稼种好，其实这就是使他们富裕的途径。我还推行礼仪谦让的风气，让乡间的百姓，年轻的尊敬年长的，妻子尊敬丈夫，其实，这就是使他们尊贵。只要天下人都得到尊贵，我即使不赏歌舞、不打猎也乐在其中了。"

【原文】

医者之治瘠痈,甚者必剜其腐肉而生其新肉。今日之劣弁羸兵,盖亦当之为简汰,以剜其腐者,痛加训练,以生其新者。不循此二道,则武备之弛,殆不知所底止。立法不难,行法为难。凡立一法,总须实实行之,且常常行之。

【译文】

医生治疗瘦弱的病人身上的痈疮时,如果病情严重,就必须挖掉他身上的腐肉,以便长出新肉。现在品行恶劣、身体孱弱的士兵,也应该被淘汰精简掉,就好比挖掉病人身上腐肉一样。然后再对兵士严加训练,以便生成新的队伍。如果不按照上述两种办法整顿军队,那么军队武力的废弛,不知要到何时才会停止。立法并非难事,难在依法办事。每制定一项法令,都要实实在在地施行它,并持之以恒,长久坚持下去。

【评析】

曾国藩认为要提高战斗力,就要训练士兵,淘汰一些品行恶劣、身体孱弱的士兵。他的带兵理念就是走精兵之路,要想让军队武力不废弛,还需要制定法令,长久地贯彻执行下去。

【史例解读】

锐意改革则国强

赵武灵王是战国时赵国的一位奋发有为的国君,他为了抵御北方胡人的侵略,实行了"胡服骑射"的军事改革。改革的核心内容是穿胡人的服装,学胡人骑马射箭的作战方法。其服上褶下绔,有貂、蝉为饰的武冠,金钩为饰的具带,足上穿靴。为此,他力排众议,带头穿胡服,习骑马,练射箭,亲自训练士兵,使赵国军事力量日益强大,并能西退胡人,北灭中山国,最终成为"战国七雄"之一。

相传,邯郸市西的插箭岭就是赵武灵王实行"胡服骑射"、训练士卒的场所。

战国时,今河套地区属赵国云中郡九原县地。杰出的社会改革家赵武灵王,曾一度君临北至阴山、西达高阙塞的西北边疆地区。

赵武灵王即位的时候,赵国正处在国势衰落时期,就连中山这样的邻近小国也经常来侵扰。而在和一些大国的战争中,赵国常吃败仗,大将被擒,城邑被占。赵国眼看着就要被别国兼并。

赵国地处北方,经常与林胡、楼烦、东胡等北方游牧民族接触。赵武灵王看到胡人在军事服饰方面有一些特别的长处:穿窄袖短袄,生活起居和狩猎作战都比较方便;作战时用骑兵、弓箭,与中原的兵车、长矛相比,具有更大的灵活机动性。他对手下说:"北方游牧民族的骑兵来如飞鸟,去如绝弦,是当今之快速反应部队,带着这样的部队驰骋疆场哪有不取胜的道理。"

为了富国强兵,赵武灵王提出"着胡服""习骑射"的主张,决心取胡人之长补中原之短。可是"胡服骑射"的命令还未下达,就遭到许多皇亲国戚的反对。公子成等人以"易古之道,逆人之心"为由,拒绝接受变法。赵武灵王驳斥他们说:"德才兼备的人做事都是根据实际情况而采取对策的,怎样有利于国家的昌盛就怎样去做。只要对富国强兵有利,何必拘泥于古人的旧法。"

赵武灵王抱着以胡制胡,将西北少数民族纳入赵国版图的决心,冲破守旧势力的阻拦,毅然发布了"胡服骑射"的政令。赵武灵王号令全国着胡服,习骑射,并带头穿着胡服召见群臣。胡服在赵国军队中装备齐全后,赵武灵王就开始训练将士,让他们学着胡人的样子,骑马射箭,转战疆场,并结合围猎活动进行实战演习。

公子成等人见赵武灵王动了真的,心里很不是滋味,就在下面散布谣言说:"赵武灵王平素就看我们不顺眼,这是故意做出来羞辱我们。"赵武灵王听到后,召集满朝文武,当着他们的面用箭将门楼上的枕木射穿,并严厉地说:"有谁胆敢再说阻挠变法的话,我的箭就穿过他的胸膛!"公子成等人面面相觑,从此再也不敢乱发议论了。

在赵武灵王的亲自教习下,国民的生产能力和军事能力大大提高,在与北方民族及中原诸侯的战斗中起了很大的作用。从胡服骑射实行第二年起,赵国就逐渐强大起来。后来不但打败了经常侵扰他们的中山国,还夺取林胡、楼烦之地,在北方开辟了上千里的疆域,并设置云中、雁门、代郡行政区,管辖范围达到今河套地区。

赵武灵王"胡服骑射"是我国古代军事史上的一次重大改革,被历代史学家传为佳话。特别是赵武灵王以敢为天下先的进取精神，在中原王朝把少数民族看作异类的政治背景下，在一片"攘夷"的声浪中，力排众议，冲破守旧势力的阻挠，坚决实行向夷狄学习的国策，表现了其作为古代社会改革家的魄力和胆识。

赵武灵王不愧是一位值得后人纪念和效法的杰出历史人物。

孙武军中无戏言

春秋时的孙武，著有兵书十三篇，有一天带兵书去见吴王阖闾，吴王看后叹为奇才。随后吴王说及本国兵微将寡，问怎样才可以扩军强国。孙武分析形势后说："我的十三篇兵法，不但可施于军旅，还可以训练女子，驱而用之！"

吴王大笑起来，说："我从未曾听说过可以训练女子上战场杀敌！"明显有轻视之意。

孙武说："不相信可以当面试试看，如果不成功，甘当欺君之罪！"

"真的吗？"吴王说，"好，且看看你的本事！"

于是吴王便安排了三百多位宫女给他。孙武把宫女编成两队，让吴王最宠爱的两个妃子做队长，然后把一些军事上的基本动作教给她们，并告诫她们要遵守军令，不可违背。

第二天一早，全体宫女齐集教场训练，吴王也坐在楼上观看。三百多名宫女个个全副武装，右手握剑，左手拿盾，分站两旁。吴王看见心爱的宠妃威风凛凛，心里着实欢喜。

孙武升帐，传令布阵，将黄旗两面，授予两位队长，令为前导，众女跟随队长之后，五人为伍，十人为总，要紧随相继，不得脱离。听鼓声进退，脚步不得混乱。

传谕已毕，令队伍皆跪下听命。一会儿，孙武又下命令："鼓声一响，两队齐起；鼓声再响，左队向右转，右队向左转；鼓起三通，各挺剑互斗。锣声起时收兵！"

号令一出，宫女们觉得好玩，都一个个笑了起来。击鼓的军士禀告，第一次鼓已过了，各人或起或坐，参差不齐。

孙武离座正色说："约束不明，申令不信，将之罪也。可再申前令，解释清楚！"

军吏奉命再大声告谕一次。鼓吏再击鼓，宫女们还是只顾嬉笑，这次孙武生气了，便下令把队长拖去斩首，理由是队长领导无方。

吴王听说要斩他的爱妃，急忙向他求情，说："寡人已知将军的用兵能力了，但两姬乃寡人心爱之人，非此两人，食不甘味，睡不安寝，请看寡人面上，赦免一番！"

孙武拒绝，说："军中无戏言，臣已奉命为将，将在外，君命有所不受，若遵君命，赦免有罪，将何以服众？斩！"

宫女们见他说到做到，都吓得脸色发白。第三次发令，没有一个人敢再嬉笑了。

【原文】

以精微之意，行吾威厉之事，期于死者无怨，生者知警，而后寸心乃安。待之之法，有应宽者二，有应严者二。应宽者：一则银钱慷慨大方，绝不计较，当充裕时，则数十百万掷如粪土，当穷窘时，则解囊分润，自甘困苦；一则不与争功，遇有胜仗，以全功归之，遇有保案，以优奖笼之。应严者：一则礼文疏淡，往还宜稀，书牍宜简，话不可多，情不可密；一则剖明是非，凡渠部弁勇有与官姓争讼，而适在吾辈辖境，及来诉告者，必当剖决曲直，毫不假借，请其严加惩治。应宽者，利也，名也；应严者，礼也，义也。四者兼全，而手下又有强兵，则无不可相处之悍将矣。

【译文】

用严谨精微的态度，去做树立威严的事务，力求达到让犯法而被处死的人没有怨恨，活着的人也知道引以警戒，这样我们的内心才能得到安宁。对待属下的方法，有两个方面应该宽，两个方面应该严。应该宽的：一是使用银钱之事慷慨大方，绝不能斤斤计较。当钱财充足的时候，要挥金如土，一掷数十百万；当穷困窘迫的时候，也要慷慨解囊，分利于人，而自己甘愿穷苦。二是不与人争功，遇到打了胜仗，要将功劳全部归之于别人；遇到有保举的事情，就通过保举优奖笼络他人。应该严的：一是礼节文书要疏远淡泊，来往要稀少，书信要简明扼要，话不要说得太多，感情不要过于密切。二是要剖析明辨是非，凡是他部下将士与官宦百姓争斗诉讼的，又恰在我们管辖范围之内，又有来诉苦告状的人，一定要弄清楚案件原委曲直，毫不假借包容，请他严加惩治。应放宽的是利益和名声，应严格的是礼法和义气。如果四方面都顾及全了，而手下又有强兵，就没有不能相处的悍将了。

【评析】

曾国藩建立湘军，已是中年，为官也有十几年，他的人生阅历较为丰富，为官行事、待人接物自有一套。特别是处理军务，更是严谨精微。对待下属宽严结合，刚柔并济。在清朝后期，能做到像曾国藩这样的人为数不多。

【史例解读】

寇准宽以待人

国家要兴旺发达，首先内部必须安定团结。尤其是上层要将相和睦，亲密友善，千万不可因相争而反目成仇，殃及国家。要做到这一点，双方只有以诚相待，顾全大局，胸怀宽广，相互容忍，这也许是最佳之策了。那种妄图以强力或暗斗制人服人之谋，往往适得其反。

北宋时期，有王旦、寇准两大臣。寇准一贯喜欢说王旦的坏话，王旦却从不计较，专门称赞寇准。

有一天，宋真宗对王旦说："你虽然总是说寇准的优点，但他却专门谈论你的缺点。"王旦回答说："这是合乎逻辑的。我当了很长时间的宰相，处理政事上的缺失必定很多，寇准对陛下毫无隐瞒，更体现了他的忠诚与率直，这也正是我尊重寇准的原因。"真宗从此更加欣赏王旦的贤明。

王旦掌管中书省的事宜，寇准担任枢密使。一天，中书省有报告交枢密院，行文有违反格式之处，寇准便把这件事报告了皇帝。王旦因此受到了批评，属下也受到责罚，王旦没有为自己作丝毫辩解。

不到一个月，枢密院在送交中书省的报告中犯了同样的错误，属下高兴地把错误指给王旦看，王旦却下令将错误的报告送回枢密院。寇准非常惭愧，问王旦说："为什么你会有这么大的肚量？"王旦不作解释。

寇准被罢免枢密使后，托人向王旦求情，想做参知政事。王旦吃惊地说："将相的职位，岂能通过求情谋得？我不接受私下的请求。"寇准被拒绝后，十分遗憾。

不久，寇准被封为武胜军节度使，同中书门下平章事。他入朝感谢皇帝说："要不是陛下了解我，我怎能再达到这个地步？"真宗便把王旦极力推荐他的事全部告诉了寇准。寇准大为感慨，认为自己远远比不上王旦。

寇准在节度使的任期内过生日，制造寿棚，大摆宴席，服装和用具上也超过了规定，流于奢侈，被人奏报了朝廷。皇帝十分生气，对王旦说："寇准在每件事情上都想效法我，朕能够宽恕他吗？"王旦不紧不慢地说："寇准确实贤能，但有时候也确实做了一些傻事。"真宗这才平息了愤怒，说："你说的很对，这件事正是他呆傻的表现。"因此不再追究寇准的过错。

假装糊涂宽待人

北宋年间，宋太宗赵光义在宫中设宴，让殿前都御侯孔守正与左骁卫大将军王荣前来陪同饮酒。酒过三巡，菜过五味，孔守正和王荣二人很快便喝得大醉。

言谈之间，他们在皇帝面前争论起各自在边境建立的战功，双方各执己见，分别强调自己所发挥的作用，互不相让，唇枪舌剑，终于争吵起来。

最后，他们竟然在皇帝面前互相大骂，污言秽语不堪入耳。这种行为严重违反了宫廷礼仪，冒犯了皇帝。侍臣们惊诧之际，纷纷请求将他们送刑部按规定予以惩处。赵光义却没有同意，他命人送他们各自回家休息。

第二天，孔守正和王荣酒醒后，忽然想起昨天陪皇上饮酒的事，他俩知道自己严重违反了律条和宫廷礼节，于是急忙赴金殿承认罪过，自请处分。

不料，赵光义却轻描淡写地说："两位爱卿所说的事情，我现在已经想不起来了。当时，我也已经喝醉酒，大概不比你们醉得轻呀！"

赵光义对昨天的事情矢口否认，对孔守正、王荣二人不遵守礼法的行为也不予追究。这种表现，既让二人感到意外，也让他们对皇上感激涕零。从那以后，他们誓死报答君王，毕生为国效力。群臣眼见皇上如此宽宏大量，爱护臣僚，也更加钦佩、尊敬赵光义。

恩威并施善待人

汉朝时，朱博因善于用人而名扬一时。

有一次，他手下的府功曹对他说道："长陵有一名叫尚方禁的富豪，颇有才华,现在供职于副守尉。以他的才能,完全可以当守尉。"

朱博听从府功曹的建议,派人去暗中调查他。调查的人回来说:"此人年轻的时候行为不检点,曾与别人的妻子私通,后被发现。现在他的脸上有一处刀疤,就是那时候被人砍伤的,府功曹可能是因为受了尚方禁的钱财,才为尚方禁说话的。"朱博点头不语。

过了几天,他又以了解治安情况为由把尚方禁召来,仔细看他的脸,发现果然有一处很深的疤痕。朱博命众人退下,独自留下尚方禁,问他脸上的伤是什么原因。

尚方禁如实做了回答,然后跪在地上请朱博饶恕。朱博大笑,对他说:"男子汉大丈夫,有一点过失算什么?我准备为你洗刷掉原先的羞耻,你看如何?"

尚方禁感动得泪流不止。朱博又趁机说道:"如果我为你洗刷了羞耻,你可愿为朝廷效力?"

尚方禁连连应诺,朱博就告诉他:"这次谈话你知我知,没有其他人知道。你以后的任务就是遇到奸邪之事就记录下来。"

然后朱博撤销了尚方禁蒙羞的案底,并张贴告示"澄清"尚方禁的冤枉,他在一天之内召见尚方禁三次,以表示亲近。

尚方禁早出晚归,四处奔走,揭发了境内多数盗首及其亲信。短短一年,由尚方禁提供线索而侦破的案卷达两尺厚,朱博借机提拔尚方禁为遵县县令,尚方禁感恩戴德地赴任去了。

朱博又召见了那个府功曹,责问道:"你收受他人贿赂,依刑律该如何处置?"

府功曹吓得脸色惨白,跪地谢罪。朱博便以将功折罪为由,命府功曹将历年来所受贿赂及其他不义之财,一文不少地记录下来交给了他。那府功曹十分害怕,就把自己获得的财物全部都写了下来,交给了朱博。朱博看了记录,知道他已老实交代,就对他说:

"此事只有你我二人知道,我有心惩治你,可又委实不忍;如果不给你一个罪名,如何对得起刑律和皇上,你看怎么办?"

府功曹坐在那里,一言不发。朱博命令道:

"你马上坐下来写一个改过自新的赦文,然后……"朱博扔给府功曹一把刀,"把你刚才所记的一切全部销毁。"

府功曹如逢大赦，急忙写完赦文，拿刀把刚才所记的竹简划烂。朱博便让他仍归旧职，府功曹从此以后小心谨慎，再也不敢做错事。

卷十三·峻法

卷十四 外王

曾国藩所处的时代，西方列强在经济、军事、科技等方面已经遥遥领先于中国。

面对日益没落的清王朝，面对西方列强的不断侵略，曾国藩深刻体会到没有先进的科学技术，只能任人宰割，他提出只有学习西方的先进技术为己所用，才能走出危局，发展壮大。

【原文】

逆夷据地求和，深堪发指。卧之侧，岂容他人鼾睡！时事如此，忧患方深。至于令人敬畏，全在自立自强，不在装模作样。临难有不屈挠之节，临财有不沾染之廉，此威信也。《周易》立家之道，尚以有孚之威归反诸身，况立威于外域，求孚于异族，而可不反诸己哉！斯二者似迂远而不切合事情，实则质直而消患于无形。

【译文】

外国人占据了我国的土地，却要求停战议和，这实在令人气愤不已。古人曾说过，自己睡觉的床边，怎么能容忍他人自在鼾睡？现在国家的情况就是这样，实在令人忧虑。要想改变这种局面，让外国人对我们敬畏尊重，我们国家就必须自立自强。装模作样没什么作用。面对危难时有不屈不挠的顽强气节，面对财物有不贪的清廉操守，是树立威信的根本。《周易》中谈到一个家庭自立于社会，尚且需要家庭中的每个成员都具备令人信服的威望，更何况现在是我们国家在外国人面前树立威望，要求被他人信服，我们怎么能够不从自己做起呢？这威望和信服两点，初一听似乎让人觉得而不切合实际，实质上简单、明确，可以在无形中消除许多祸患。

【评析】

曾国藩所处的时代，正是中国内忧外患的时代，这个时期，西方列强在经济、军事、科技等方面已经遥遥领先于中国。因为闭关锁国政策，再加上西方列强的侵略，中国积贫积弱。当时统治者还在做天朝上国的美梦，因循守旧，不知变革图强。

【史例解读】

晚清功臣，一心谋国

左宗棠（1812—1885），字季高，湖南湘阴人，号湘上农人，清朝大臣，福州船政局的建立证明了左宗棠为国着想的忠心。

为了建设清政府的海上防线，他与持购雇外国轮船的保守势力据理力争。他强调:"中国自强之策……必须仿制轮船,必夺彼族之所恃。"他正式上书总理衙门,提出要仿制外国轮船,以求"海疆长久之计"。他的理智分析得到了皇帝的赞许,清政府正式地批准了左宗棠的计划,左宗棠不遗余力地选造船厂的厂址,为筹建船厂四处奔波。

然而就在他奔波劳碌的时候,西北回民起义爆发了。清政府在内忧外患之际,召唤左宗棠出任陕甘总督,立即领军奔赴西北镇压回民起义。这正是船厂筹建的重要时刻,左宗棠左右为难。可是君命难违,战事也刻不容缓。左宗棠不得不冒险使出了缓兵之计。并且立下军令状,说:"这件事(指建造船厂)是我先提出来的,并开始施行的,如果什么地方考虑不周,以致出现疏漏,将来查出来,就把我交付礼部议处,作为对做事不谨慎的人的告诫吧!"他的坚持不懈使清政府同意左宗棠暂留福建,但要他四十天之内把所有的事情处理完,然后立即北上西北。珍贵的四十天是左宗棠"师夷长技以制夷"的思想得到体现的时间,可是左宗棠也陷入了"不成功便成仁"的危险。西北战事若有误,清政府必然降罪于他;如果船厂不能按时建成,不但前功尽弃而且给反对他的人以口实,排挤打击会接踵而来。

左宗棠把自己置于死地,以勇往直前的勇敢精神挑战一切困难。这四十天,他夜以继日,与外商谈判、筹购机器、募雇工匠、选择得力的接班人,还要创办学校,制定各种规章制度。四十天的时间转眼到了,福州船政局神话般地成立了。心力交瘁的左宗棠离开了福州,赴任陕甘总督。望着晨雾中的福州船政局,左宗棠泪眼蒙眬。

清政府也下谕称赞:"左宗棠老成某国,自当坚定,以期有效也。"

守仁爱素朴之道,固汉室江山

汉朝的开国皇帝刘邦的雄才大略无人不知,他的儿子汉文帝刘恒在位期间出现的"文景之治"更是令人叹服。汉文帝刘恒之所以能把刘家的事业进一步向前发展,是因为他懂得渐进的道理,不贪功冒进,以俭养德。

汉文帝刘恒,在位23年。他在位期间,不求建功立业,而是针对汉初民生凋敝的局面,采取"无为而治,与民休息"的国策,使秦末颠沛流离的百姓终于有了休养生息的机会。天下如有旱灾或虫害,他就倍加施恩于臣民,如免去诸侯进贡、开放山木川泽、允许民众渔猎。在对待皇室财政开支方面,他带头缩减自己的衣服、车驾、犬马，裁减官僚机构的官吏，开放粮仓赈济平民，自其登基以迄驾崩，他未曾扩建过宫室苑囿，未曾增加过犬马车驾，凡于民不利的，他就下令予以撤销。

有一天，宫中计划修建露台，文帝叫来工匠进行预算，需要花费百金。文帝听后说："百金等于10户中等人家的产业，我奉守先帝的宫室，经常担心有辱先帝的声名，何必要修这露台呢？"便废止了修台的计划。

他平常穿的衣服也是质地差的布料。为了节省衣料，就是他最宠爱的慎夫人，也不许她长裙拖地；宫中的帷帐不准许有花纹锦绣。他在修葺皇陵时，用的一律是瓦器，禁止用金、银、铜、锡等贵重金属作为装饰，而且不修高大的坟墓，为的是节约费用，让老百姓安居乐业。

他做的所有事都出自一个目的，即"以示淳朴，为天下先"，也就是在全国带头倡导艰苦朴素的风气。

汉文帝的清心寡欲、不讲排场，不仅表现在生前，还表现在他对自己死后的丧事处理上。

他非常不放心自己的丧事，唯恐人们铺张浪费，劳民伤财，因此立下遗诏："我听说天下万物诞生后，没有一个不死的，死是天地间的常理，生命的自然结局，怎么可以过分哀痛呢？方今之时，人们都喜欢活着，厌恶死去，人一死就要厚葬，弄得损财破产，长时间服孝，以致伤身害体，对这种做法我十分不赞成。况且我又无德，没做什么有利于人民的事。现在谢世，却使百姓长期服丧痛哭，寒来暑往，旷日持久，让别人家的父子为我哀痛，老少为我伤心，不能正常饮食，停止祭祀鬼神，这等于加重了我的罪孽，如何对得起天下黎民百姓！我有幸得以守护宗庙，微末之身列于天下君王之上，已有20余年。仰赖天地神灵的福佑，国内安宁，没有战争。我虽不敏，却常恐行为有失，辱没了先帝的遗德。想到岁月悠长，唯恐难以善终。而今有幸得尽天年，能侍奉于高庙之中，以我之不明，有这样的结局，还有什么可悲哀的呢？！你们要命令天下臣民，自出丧之日起，服孝三天即皆可除孝服。不要禁止人家娶妇嫁女、祭祀、饮酒、食肉等；参加丧礼的也不要光着脚；孝服的带子不要超过三寸，不要在车驾、兵器上缠孝布；不要命令男女民众来宫中啼哭，应来宫中举哀的，早晚各举十五声，礼毕即可。非早晚举哀之时，不得擅自哭泣。要布告天下，使臣民明白我的心意，我下葬的霸陵，山川要一仍其旧，不要妄加改变。我死后，把宫中夫人以下的宫女全都放归其家。"

汉文帝奉行中道，循序渐进，一点一滴，赢得了民众，赢得了历史，为西汉中期的繁荣奠定了坚实的基础，在历史上留下了"文景之治"的美名。

正心能够治国

杨云翼（1170—1228），字之美。祖籍赞皇檀山村（今属河北赞皇）。杨云翼生于世宦之家，自幼天资颖悟，刚学会说话就能"画地作字，日诵数千言"。金章宗明昌五年（1194）杨云翼得中状元，授官承务郎，应奉翰林文字。此后官至礼部尚书兼侍读。杨云翼天性雅重，自律极严。他交友重义气，为朋友死生祸福在所不辞。对国家之事，他知无不言，且极具远见。杨云翼博学多才，对历法、医药、经学均有研究，著作除文集外，尚有《续通鉴》《周礼辨》等。他是金朝杰出的人物之一，与赵秉文被金史誉为"金士巨擘"。正大五年（1228）去世，谥赠"文献"。

杨云翼为官期间，金朝已由盛转衰，内外交患。外与西夏对峙，由攻转守，受到侵吞的威胁；东部边界蒙古族虎视眈眈，时时存在被进攻掳掠的危险；又与南宋时和时战。内部吏治腐败，权臣专擅，矛盾重重，党争纷纷；国内横征暴敛，国力亏损，民不聊生，灾乱迭起。面对如此艰险的时局，他忧虑在心，勉力支撑，直言劝谏，不避权势，遂以刚正不阿享誉内外。同代人赞其"宏衍博大""中朝第一"。

泰和年间，金兵频繁用兵南方。杨云翼对于这种穷兵黩武、不顾国家大局的祸国之举，极力反对。他从天时、地利、人和及历史发展的轨迹等方面进行对比，分析利害得失，坦诚直言："国家之虑，不在于未得淮南之前，而在于既得淮南之后……"后来，金兵南伐大败，几至全军覆没，宣宗愧言无面目见云翼。

杨云翼为官清正，办案理事依据律令，不受上司甚至皇帝干扰、阻挠。一次，河朔边境的百姓因被蒙古骑兵追杀，被迫泅渡黄河进入南宋。后来这些百姓回到金国后，朝廷欲依法处决，云翼极力谏止，他说："法所重私渡者，在于防止奸细混入，今平民百姓为兵所迫，奔入于河，只为逃生。如果使民不死于敌，而死于法，那么以后就只有屈从敌人一条路了。"这番话使宣宗幡然醒悟，百姓得以生还。

哀宗即位后，杨云翼升任礼部尚书兼侍读。在讲授《尚书》时，杨云翼对皇上说："帝王的学问不必拘泥于章句之义，只要把握治理国家的要点和关键就行了。例如任贤去邪，如果处理得好，天下就会大治；处理得不好，天下就会大乱。有的人虽然说话不顺你的心，但却是深含哲理的忠言；有的人说的话，虽然听起来很舒服，但却损害了你的志气。诸如此类，关键在于使自己的心正、意诚，那么，问题就自然迎刃而解了。"

杨云翼患有风湿病，遇到风雨阴湿天气就疼痛难忍。皇上很关心他的病情，并亲自询问治好这种病的药方。杨云翼于是借医寓理，回答说："只是先把心治好而已。心中没有病，邪气自然平息。治理国家也是同样的道理。如果君王先把自己的心放正，行为正派，那么正气就树立起来了，朝廷百官就没有人敢于作奸犯科，天下百姓也就自然安居乐业了。"皇上豁然明白。

杨云翼不仅政声卓著，练达吏事，直言敢谏，且文名大盛，与文人名士交往甚广，经常推荐贤才，鼓励后进。元好问曾盛称杨云翼云："唯其视千古而不愧，是以首一代而绝出。"

【原文】

凡恃己之所有夸人所无者，世之常情也；忽于所习见、震于所罕见者，亦世之常情也。轮船之速，洋炮之远，在英、法则夸其所独有，在中华则震于所罕见。若能陆续购买，据为己物，在中华则见惯而不惊，在英、法亦渐失其所恃。购成之后，访募覃思之士，智巧之匠，始而演习，继而试造，不过一二年，火轮船必为中外官民通行之物，可以剿发逆，可以勤远略。

【译文】

凡是拿自己有而他人没有的东西向别人夸耀，都是人世间的常情。面对经常看到的东西就会习以为常，面对极少看见的东西就会感到吃惊，这也是人世间的常情。轮船速度之快，洋炮射程之远，对于英、法两国来说是夸耀他们自己独特拥有的东西，对于我们中国人来说却因非常罕见而感到震惊。如果能购买他们的轮船大炮为我们所有，那么中国人就会因为它常见而不觉得惊讶，英、法两国也就渐渐失去他们所倚仗的优势了。等轮船大炮买回来之后，招募有思想的人才，有智慧又有点技巧的工匠，开始演练熟悉，然后尝试制造。不出一二年，轮船大炮肯定会成为中外官民通行的必需工具，同时还可剿除太平军，为巩固国家政权长远战略服务。

【评析】

　　学习西方列强的先进技术为己所用，这是曾国藩科技强国、科技强军的思想。更重要的一点是引进先进技术，转化为自己的东西，强大军队的实力，这样有利于剿灭叛乱和巩固政权。

【史例解读】

因势利导，先发制人

　　玄武门之变发生于唐高祖武德九年，当时秦王李世民在长安城宫城北门玄武门杀死太子李建成和齐王李元吉。随后，李渊诏立世民为皇太子，下令军国庶事无论大小悉听皇太子处置。不久之后李世民即位，年号贞观。

　　公元617年，李渊在李世民支持下在太原起兵反隋并很快占领长安。公元618年，隋炀帝被杀之后，李渊建立唐朝，并立世子李建成为太子。据说，太原起兵是李世民的谋略，李渊曾答应事成之后立他为太子。但天下平定后，李世民功名日盛，李渊却犹豫不决。李建成随即联合李元吉，排挤李世民。李渊的优柔寡断，也使朝中政令相互冲突，加速了诸子的兵戎相见。

　　这一年，李建成向李渊建议由李元吉做统帅出征突厥，借此想控制秦王的兵马，然后趁机除掉李世民。李世民在危急时刻决定背水一战，先发制人。

　　武德九年六月四日，李世民向李渊告发了李建成和李元吉的阴谋，李渊决定次日询问二人。李建成获知阴谋败露，决定先入皇宫，逼李渊表态。宫城北门玄武门执行禁卫总领常何原本是太子亲信，却被李世民策反。六月四日，秦王亲自带一百多人埋伏在玄武门内。李建成和李元吉一同入朝，待走到临湖殿，发觉不对，急忙掉转马头往回跑。李世民带领伏兵从后面喊杀而来。李元吉情急之下向李世民连射三箭，无一射中。李世民一箭就射死李建成，尉迟恭射死李元吉。东宫部将得到消息前来报仇，和秦王的部队在玄武门外发生激烈战斗，尉迟恭将二人的头割下示众，李建成的兵马才不得已散去。事后，李世民跪见父亲，将事情经过上奏。三天后，李世民被立为皇太子，诏曰："自今军国庶事，无大小悉委太子处决，然后闻奏。"两个月后，李渊退位，李世民登基。

卷十四·外王

【原文】

师夷之智,意在明靖内奸,暗御外侮也。列强乃数千年未有之强敌。师其智,购其轮船机器,不重在剿办发逆,而重在陆续购买,据为己有。粤中猖獗,良可愤叹。夷情有损于国体,有得轮船机器,仍可驯服,则此方生灵,免遭涂炭耳。有成此物,则显以宣中国之人心,即隐以折彼族之异谋。各处仿而行之,渐推渐广,以为中国自强之本。

【译文】

我们学习外国人的技术,表面上是为了平定内乱,剿除奸徒,实际上还可以抵御列强的侵略。列强是我国几千年来从未遇到过的强敌。学习他们的技术,购买他们的轮船机器,重点不是为了剿匪徒,而主要是为了陆续购买,为我们国家所有。广东一带,外国人猖獗,实在令人可恨可叹。外国人放肆的行为实在有损我国尊严。有了轮船机器,就可利用来驯服他们。那么我们的老百姓就可以免遭劫难了。有了这些现成的机器,从表面上看,可以稳定国内人心;从根本上讲,也能破坏列强侵略我们的阴谋。各地都应该仿效推广,以此作为我们中国自强的根本。

【评析】

面对日益落后的清王朝,林则徐、魏源提出"师夷长技",目的就是要学习西方先进的科学技术,以反抗西方列强的侵略。曾国藩早就有"修身、齐家、治国、平天下"的抱负,计求经世致用。在这种内忧外患的情况下,曾国藩接受了林则徐、魏源"师夷长技以制夷"的思想,从西方那里寻找救国之良方。他还提出了"将来师夷智以造船炮,尤可期永远之利"的主张。以自强为目的的洋务事业,在他的倡导和主持之下全面开展起来。

【史例解读】

君子当自强

王隐,字处叔,陈郡(今河南省淮阳县)人。"以儒素自守,不交势援,博学多闻,受父遗业,西都旧事多所谙究"。东晋元帝建国之初,召为著作郎，令撰晋史。

其父王铨（253—295）为魏晋时人，"少好学，有著述之志，每私录晋事及功臣行状"。因社会动荡，王铨早逝，留给王隐的"遗业"，即《晋书》和《蜀记》资料或部分稿本。

建兴年间，东晋丞相军谘祭酒涿郡祖纳对王隐非常器重，雅趣相投，友谊深厚。祖纳爱好围棋，沉迷其中，不问事务。王隐每次予以劝止。祖纳说："聊以解忧。"王隐说："古人生得其时，就借机施展抱负，建立宏图大业。如果生不逢时，就退居独处，修养心性，以立言著述成就自己。因此，无论是得志于仕途，或是失意于当世，对于事业的追求从不懈怠。现在，天下动荡，兴替忽急，晋朝的建立和巩固的历史过程中，还未及编写自己的史书，而在时代的每一个进程中，各种史料散失殆尽，无人有心预为设想。你的经历丰富，年轻时就进入政界，任职各地，对于中外政略得失成败尽皆耳闻目睹，为什么不把它记录下来，编撰裁夺留传后世呢？应仲远作《风俗通》，崔子真作《政论》，蔡伯喈作《劝学篇》，史游作《急就章》，至今犹留传于世，其名因此而不朽。与他们同时代的人中难道没有人才吗？然而却大多默默无闻，正是因为没有自己的著作啊。因此，古人说'君子疾没世而无闻'。《易》说'天行健，君子自强不息'。何况一部国史提供给人们的是国家命运的盛衰与政举的得失鉴诫呢，这才是一个有志之人应该从事的事业，何必每天借棋子来消磨岁月以排遣烦忧呢？"

祖纳喟然叹息说："不是我不赞同你的见解，只是心有余而深感能力不足啊。"

于是祖纳向皇上推荐王隐撰写国史。

晋元帝认为东晋刚刚建立，百废待举，政权还不稳固，无力顾及，暂时不必组织编写《晋史》。

到太兴初年，东晋的政权得到巩固，各种制度基本建立完备，政治稳定，于是征聘王隐为著作郎，负责编写《晋史》。

其时，著作郎虞预也闭门自己撰写《晋书》，由于他生长在东南，对于中原政权变迁及政治事件了解很少，多次拜访王隐，并借阅王隐所写作的书稿，窃取其中的内容，内心十分嫉妒王隐。

虞预出身豪门势族，交结权贵，共为朋党，从而排挤诽谤王隐，致使王隐被谄言陷害，免职回家。

王隐由于贫困潦倒，生计困难，纸笔无着，而难以继续写作。于是向征西将军庾亮求助，得到支持，使他最终编写完成了《晋史》。

君子以自强不息

　　汉朝的冯异，喜欢读书，深通兵法，他跟随光武帝刘秀的时候，进退很有礼貌。将军们和刘秀一起打仗的时候，经常坐在一起讨论战事，声音喧哗。冯异却独自在大树之下静坐思考，官兵都尊敬他，称之为"大树将军"。

　　三国时，诸葛亮辅佐刘备从困境中崛起，勤勤恳恳，一生做事慎重。他治理蜀国的时候，安抚百姓，制定规章，约束官吏，诚心为民，办事公道。尽忠职守的，虽然和自己有仇也给予赏赐，触犯法令的，虽然是亲戚也要处罚。认罪伏法的，尽管罪重也可能释放，强词夺理为自己辩解的，尽管罪轻也可能判死罪。只要做了好事，虽然很小也要奖赏，做了坏事，虽然微不足道也要处罚。他做事精细干练，不丧失原则，要求下属实事求是，以虚伪为耻辱，终于使得蜀国境内安定繁荣，人民对他既敬畏也爱戴。因此，三国的时候，虽然蜀国相对地处偏僻，国力也较弱，仍然能够出兵对抗魏国和吴国，这都是诸葛亮的功劳。

　　唐朝时著名诗人白居易刚学会说话，望子成龙的父亲白季庚，于公务余暇，亲自教子读书识字。心灵性慧的白居易，在父亲的督导之下，进步飞快，五六岁时已经谙熟声韵，九岁时，写诗用韵，信手拈来即是。

　　白居易并不因为天分高而减少后天的努力，他少年时代学习很刻苦，即便因为躲避战祸而贫病交加，也仍然矢志不移地攻读诗书。"葛衣秋未换，书卷病仍看"，便是白居易读书生活的真实写照。

　　正是这样的刻苦勤奋，才使白居易在诗坛上占有一席之地。他不以自己少年的聪明为资本，小小年纪就知道忍耐清苦而勤奋好学。

　　宋朝的吕文靖是个以耿直闻名的官员。宋仁宗的时候，宫廷发生火灾，很多宫殿烧没了。第二天早上，早朝的官员们都来了，但一直到太阳快下山了，宫门也不开，也没人敢问皇帝是否起来了。不久，皇帝终于出来了，在门楼的帘子后面接见百官，只有吕文靖不去，皇帝派人问他什么意思，他说："宫廷出了这么大的事情，群臣都想看看皇帝的样子。"皇上只好打开帘子，吕文靖才肯拜见皇帝。

卷十五

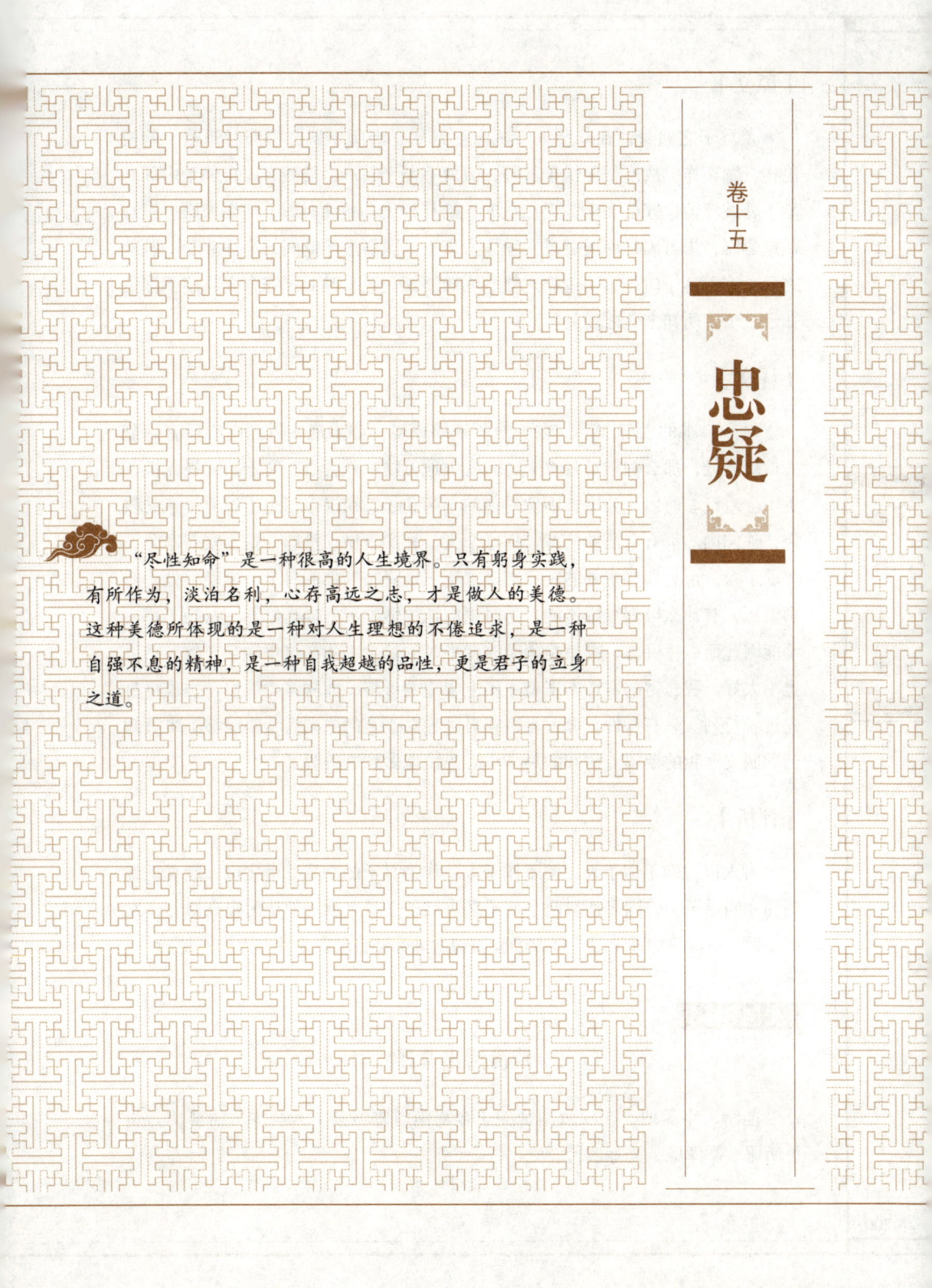

忠疑

"尽性知命"是一种很高的人生境界。只有躬身实践，有所作为，淡泊名利，心存高远之志，才是做人的美德。这种美德所体现的是一种对人生理想的不倦追求，是一种自强不息的精神，是一种自我超越的品性，更是君子的立身之道。

【原文】

盖君子之立身，在其所处。诚内度方寸，靡所于疚，则仰对昭昭，俯视伦物，宽不怍，故冶长无愧于其师，孟博不惭于其母，彼诚有以自伸于内耳。足下朴诚淳信，守己无求，无亡之灾，翩其相戾，顾衾对影，何悔何嫌。正宜益懋醇修，未可因是而增疑虑，稍渝素衷也。国藩滥竽此间，卒亦非善。肮脏之习，本不达于时趋，而逡循之修，亦难跻于先进。独是蜎守介介，期不深负知己之望，所知惟此之兢兢耳。

【译文】

君子讲求的立身之道，在于他所处的环境。如果确实做到内心反省，毫无愧疚之处，那么仰望日月青天，俯视大地万物，就会心胸宽宏，无畏无惧，更不会羞惭。所以，公冶长不愧对他的老师孔子，东汉范滂也不愧对母亲的教诲，他们内心都有自己的信仰。你这个人，朴实真诚，淳厚守信，安守本分，无求于人，可是那些意外的灾祸却接二连三地降临到你的身上，夜晚独处，对影沉思，有什么可悔恨嫌憎的。这时更应该加强学习，提高修养，发扬美德，不能因此而滋生疑虑，哪怕是稍微改变平时的信念。我在这里滥竽充数，结果也不太好。我恶劣的习性本来就跟不上眼前的形势，而我修行缓慢，也难跻身先进者行列。只有一件，那就是恪守自己独立正直的原则，希望能够不辜负知己和朋友对我的期望。所知的只是小心谨慎地做到这些罢了。

【评析】

古人以"仰不愧于天，俯不怍于人"作为君子的立身处世之道，能真正做到的才叫君子。曾国藩还举两个例子来讲君子立身之道。他认为提高修养，发扬美德，就应该加强学习，吸取经验和智慧来弥补自己在修养方面的不足。

【史例解读】

范滂活出尊严

范滂，字孟博。东汉汝南征羌（今河南省郾城县）人。少厉清节，为州里所服。举孝廉，光禄四行。

当时冀州饥荒，盗贼群起，以范滂为清诏使，范滂登车揽辔，慨然有澄清天下之志。巡行到冀州境内，太守与郡令自知赃污，闻风即解印绶逃去。因反对宦官专权，罹党锢之祸，被捕下狱，死于狱中。

范滂升任光禄勋主事。当时，陈蕃为光禄勋。范滂因公务去见陈蕃，陈蕃倨傲不礼，范滂愤而扔掉公文，弃官离去。郭林宗听说这件事以后，责备陈蕃说："像范滂这样的人，怎么能用一般的礼仪规格对待呢？现在他弃官而去，成就了他不向权贵屈就的清名，我们反而落下不尊重仁人志士的不光彩的讥讽，这哪里值得啊？"

建宁二年，大规模诛杀党人，诏令各地立即逮捕范滂等人。督邮吴导抱着诏书，把自己关闭在驿馆内伏床哭泣。范滂听到后说："必定是因为我啊。"当即自己到监狱投案。县令郭揖十分震惊，解下印绶，拉着范滂共同逃亡。他说："天下很大，你何必要去受害呢？"范滂说："我以此而死，那么灾祸就将平息，怎么敢连累你犯罪呢，又让老母亲流离失所呢？"范滂的母亲来与儿子诀别。范滂禀告母亲说："仲博孝敬，能够承担敬养您的责任，我就去黄泉陪伴龙舒君，活着的和亡故的各得其所。只是愿您割断不忍之恩，不要过度悲伤。"母亲说："你如今能够与李膺、杜密齐名，死有何恨！既然拥有了美好的名声，又想求得长寿，哪里能够同时兼得呢？"范滂跪着接受母亲的教诲，再拜然后向母亲辞行。范滂又对自己的儿子说："我要让你做坏事吧，但是坏事毕竟不能做；我要让你做好事吧，然而我从来就没有做过坏事，却落得这步田地。"过路的人听到后，无不流下同情的眼泪。

列子学射明事理

列御寇喜好打猎，经常邀请朋友们一块儿到深山密林中捕猎野兽。可是朋友们每次都婉言谢绝了他的邀请，原因是御寇虽然爱好打猎，但射箭技术却十分糟糕。

御寇自己也十分着急，于是决心从头开始练好箭术。经过一段时间练习，列御寇的箭术突飞猛进。

他为自己的进步得意不已，同时也想向朋友们显示自己箭术的精湛。为了增强说服力，他决定先找个精通箭术的人来给自己的射箭技术做个权威性的结论。

他想到了伯昏无人。伯昏无人是著名的箭术专家，曾经培养了许多优秀的射手。

　　御寇向伯昏无人说明了自己的意图，就在自己的后院立好箭靶开始射箭。

　　列御寇拉满了弦，把装满水的杯子放在肘上，凝神一处，目不斜视，耳不旁听，连发了好几箭。后箭箭尖和前箭箭尾紧紧相连，形成一条线，所有的箭都射到同一点上，箭术实在高明，用百步穿杨来形容一点儿也不过分。

　　然而伯昏无人却像个木头人似的，面无表情地站在那里，嘴里连句赞扬的话也没有。

　　沉默良久，伯昏无人才开口说："你是为了向人展示你的箭术而射的，还没有达到那种不射之射的境界。只有那种看似不经意的射箭，才是真正的好箭术。如果我和你登上高山，脚踩着不断摇动的石头，前面是万丈悬崖和幽深的瀑布，你还能射吗？"

　　于是伯昏无人便带着御寇登上高山，踩着摇动的石头，面临着无底的深渊，背后高低不平，脚一半在山巅之外。

　　御寇好像患了恐高症一样趴在地上，汗水流到脚跟，哪还敢站起来射箭呢？

　　伯昏无人说："最有修养的人，上可以望青天，下可以入黄泉，技穷八荒，放纵自如。现在你战战兢兢，生死得失之心表现于眼神和心态，你内心的害怕就可想而知了。"

【原文】

　　持矫揉之说者，譬杞柳以为桮棬，不知性命，必致戕贼仁义，是理以逆施而不顺矣。高虚无主见者，若浮萍遇于江湖，空谈性命，不复求诸形色，是理以豕恍不顺矣。惟察之以精，私意不自蔽，私欲不自挠，惺惺常存，斯随时见其顺焉。守之以一，以不贰自惕，以不已自循，栗栗惟惧，斯终身无不顺焉。此圣人尽性立命之极，亦即中人复性命之功也夫！

【译文】

　　主张矫揉造作观点的人，就好比把杞柳树当成枝条编成杯盘的样子，不通晓性命之理，必然导致残害仁义，这是倒行逆施而不是顺着行理。高谈虚玄之论而没有主见的人，如浮萍漂泊在江湖之上，空论性命之学问，不再探求事物的实际，这种理论，是模糊不清的，也难以讲通顺。只有体察精微，并不隐蔽自己的意图，不扰乱自己的欲望，常常清醒机警，这样才能随时看到行事顺利。持之以恒，经常自我戒惧要专一不二，遵循坚持下去的原则，战战兢兢，始终有恐惧之念，这样才终生不会不顺利。这是圣人尽自己性情，修身养性以奉天命的最高境界，也是一般人恢复自己本来性情、修身养性以奉天命的本领。

【评析】

一个人要想有所作为，就必须兢兢业业做事。对待学问也是一样，必须认认真真，探求事物本源。曾国藩认为，学习一定要探求事物内在的本质，而不只是事物的外在现象。安身立命要做到"尽性"，这是一般人恢复天性、立身处世的有效法则。

【史例解读】

孔子心存仁义侍仁君

阳虎是鲁国季孙氏的家臣，一直辅佐鲁国的执政者季平子，拥有很大的权力，一心想成为一国之君。机会终于来了，季平子去世后，阳虎把皇位的继承者季桓子囚禁起来。从此，阳虎一手遮天，成了鲁国幕后的国君，掌握着所有的实权。

当时，孔子已经步入中年，他主张的"仁政"在社会上很有名气。阳虎为扩大自己的影响，希望孔子到自己手下做官，他三番五次邀请孔子商谈做官事宜，都遭到了孔子的断然拒绝。原来孔子瞧不起阳虎，而且还和他有过小小的过结，阳虎曾经拒绝让孔子参加季氏家族举行的宴会，还奚落孔子的理论。现在，孔子看穿了阳虎囚君篡位的真面目，决心不和他见面，想方设法避开他。

阳虎并没有就此放弃，他想出了一个好主意。当时有个礼节，诸侯赠赏礼物给士，如果士刚好不在家，那么他回来时，一定要亲自拜访诸侯，以示感谢。阳虎故意趁孔子不在家时给他送去了一份厚礼，这样一来，孔子就会亲自登门拜见。可是，他的如意算盘打错了，孔子"以其人之道，还治其人之身"，趁阳虎出门在外时回访了他。

一次，孔子远远看见阳虎朝自己走来，便转身往回走，可阳虎已经快步跑过来。阳虎说："你提倡'仁'，但不帮助国家解决问题，你这是'仁'吗？"孔子默不作声。阳虎见孔子没有说话，以为他心有所动，又问："岁月不饶人，你现在上了年纪，却一次次错失送上门的机会，你这算聪明吗？你不是想干一番事业吗？现在我给你崇高的地位和享之不尽的财富，你还等什么呢？"孔子理直气壮地回答："尽管我提倡'学而优则仕'，也提倡'仁'，但我还要看看我侍奉的国君是不是仁君，值不值得我去辅佐他！"孔子说完这句话就径直朝前走去，只剩下阳虎站在那里发呆。

人贵有自知之心

皇甫谧，字士安。安定朝那（今宁夏固原县东南）人。他过继给叔父为子，迁居新安。二十岁已过还不喜欢读书，终日游荡无度，人们都把他视为弱智的呆傻人。突然有一天，不知他从哪里得到几颗瓜果，就拿给自己的叔母任氏吃。

任氏说："《孝经》上写道，即使每餐都有牛、羊、猪等三牲的鲜美肉食奉养老人，仍然不能称为孝。你现在已经年过二十岁了，眼睛不识字，行为没有教养，心中不懂道理，没有什么能耐可以让我感到安慰。"

她深深地叹息说：听说从前孟子的母亲为了培养孟子成才，多次迁居，最终成就了孟子的仁德。曾子的父亲信守诺言，果断杀猪，使诚实的美德得以延续。难道是因为我没有选择好邻居，教育的方法有问题所造成的吗？不然，为什么你如此愚笨不化啊！修养德行，勤奋苦读，是为了你自己的未来前途，受益的是你自己啊，对于我来说又能得到什么好处呢。

任氏说着就伤心地对着他痛哭不止。

皇甫谧的内心受到很大震撼，幡然悔悟，于是拜同乡人席坦为师，接受教育，勤学不倦。因为家境贫穷，就自己耕读持家，带着书籍种田，伴着经典睡眠。就这样，他博通典籍，深悟百家言论，并把著书立说作为自己终生的事业。皇上下诏任他做太子中庶子、议郎、著作郎、司隶校尉等官，他拒不赴任，终身不仕，著述颇丰。有《礼乐》《圣真》等论著传世。受到世人敬重。

以心为本，一心合天

张浚，字德远，南宋汉州绵竹（今四川省绵竹县）人。四岁时父母亡故，沦为孤儿。但他行直视端，无诳言，识者知为大器。后入太学，中进士第。靖康初，为太常簿。高宗即位，除枢密院编修官。

靖康事变后，南宋朝廷被迫南迁，局势混乱不堪，这时，发生了一件恶性事件，后军统制韩世忠的部下逼迫朝廷谏臣坠水而死，张浚坚决奏请将手握军权、立有大功的韩世忠查办，结果罢免了韩世忠观察使的职务。史书说：从此"上下始知有国法在"。

建炎三年，护卫亲军发生兵变，形势严峻，恰巧韩世忠率军队抵达常熟。张浚说："世忠来，大事可定。"急以书信相招。韩世忠到来，相对感动而流泪。韩世忠说："世忠愿与张浚以身家性命担当。"于是，张浚召集韩世忠、张浚手下将士，厉声问道："今日之举，孰顺孰逆？"一致回答说："贼逆我顺。"张浚说："叛贼悬示重赏，要我的脑袋。如果我今天的行为违背天意人心，你们觉得我该杀，现在就可杀了我去领赏；否则，就跟着我去杀贼，任何人胆敢退缩，就以军法从事，严惩不贷。"众皆感愤，愿服从节制，建功杀贼。于是，张浚命令韩世忠率军赴阙救驾，平息了亲军叛乱。

孝宗即位，召见张浚。当时，张浚任职建康府，兼行宫留守，节制建康、镇江府、江州、池州、江阴军军马。皇上说："很早就听说你的名字，现在，朝廷所能依靠的只有你啊。"礼请张浚入座，咨询国家要务。张浚从容回答说："帝王之学，以心为本，一心合天，还有什么事情办不成呢？所谓'天'，就是指天下的公理、人心。必须兢兢业业，克服私心杂念，坚持修养品德，保持清醒，躬行公正，使赏罚举措，没有失当之处，那么，天下人心就会自动归顺，诚心拥戴，敌人也会从内心诚服。"孝宗悚然警醒说："我当谨记不忘。"

【原文】

阅王夫之所注张子《正蒙》，于尽性知命之旨，略有所会。盖尽其所可知者，于己，性也；听其不可知者，于天，命也。《易·系辞》"尺蠖之屈"八句，尽性也；"过此以往"四句，知命也。农夫之服田力穑，勤者有秋，散惰者歉收，性也；为稼汤世，终归礁烂，命也。爱人、治人、礼人，性也；爱之而不亲，治之而不治，礼之而不答，命也。圣人之不可及处，在尽性以至于命。尽性犹下学之事，至于命则上达矣。当尽性之时，功力已至十分，而效验或有应有不应，圣人于此淡然泊然。若知之若不知之，若着力若不着力，此中消息最难体验。若于性分当尽之事，百倍其功以赴之，而俟命之学，则以淡泊如为宗，庶几其近道乎！

【译文】

我阅读王夫之所注解的张载的《正蒙》篇，对于尽性知命的要旨略有领会。对自己所能知道、能改变的事，充分发挥自己的作用，就是性。对自己不可知、无法改变的事，听凭老天的安排，就是命。《易·系辞》上"尺蠖之屈"这八句，说的就是尽性；"过此以往"四句，讲的就是知命。农夫耕田地、种庄稼，勤劳的有好收成，懒惰的就会歉收，这就是性。在商汤大旱之年的庄稼，无论怎么勤劳，庄稼终归是颗粒无收，这就是命。喜欢别人，教化别人，礼遇别人，是性。喜欢别人，别人却不亲近自己；教化别人，别人却不遵从实践；礼遇别人，别人却不回应，这就是命。圣贤之人不可企及的地方，就在于尽性而知命，尽性还属于平常人可办到的范围，知命就非常难了。当尽性的时候，努力已达到十分，而效验或者有或者没有，圣人对这种情况非常平静淡泊。好像知道又好像不知道，好像用力又好像没有用力，这其中分寸最难把握体验。如果对于应当尽力之事，百倍努力以求其成功，而对于听天由命的事，则应以淡泊为原则，这样差不多就接近大道了。

【评析】

人生在世，有可为之事，也有不可为之事。有可为之事，应尽全力为之，这就是尽性；有不可为之事，当尽力从之，这就是知命。所谓性，就是对可知的事物尽其所能去知道它；所谓命，就是对不可知事物只好听天安排。理解了这两层意思，也就明白了人力和神力的界限，进而也就明白了自己的责任以及所应采取的态度。总之，所谓尽性，就是尽心竭力；所谓知命，就是淡泊达观。

【史例解读】

庄子性情淡泊道法自然

庄子的智慧是超然的,仿佛是天空中的行云悠然自得。

一天,秋高气爽,太阳已爬到半空,庄子还长卧未醒。忽然,门外车马滚滚,喧嚣非常,随后有人轻轻叩门。

原来是楚威王久仰庄周大名,欲将他召进宫中,辅佐自己完成图霸天下的大业。

楚威王派了几位大夫充当使者,抬着猪羊美酒,携带黄金千两,驾着驷马高车,郑重其事地来请庄周去楚国当卿相。

半个时辰过后,庄子才睡眼惺忪开门出来。

使者拱手作揖,说明来意,呈上礼单。

不料,庄子连看也不看一眼,仰天大笑,说了一些令众使者大跌眼镜的话:

"免了!千金是重利,卿相是尊位,请转告威王,感谢他的厚爱。

"诸位难道没有看见过君王祭祀天地时充作牺牲的那头牛吗?想当初,它在田野里自由自在,一旦作为祭品被选入宫中,给予很好的照料,生活条件是好多了,可是这牛不想当祭品,还有可能吗?还来得及吗?

"去朝廷做官,与这头牛有什么区别呢?天下的君主,在他势单力孤、天下未定时,往往招揽海内英才,礼贤下士。一旦夺得天下,便为所欲为,视民如草芥,视功臣为敌手,真可谓'飞鸟尽,良弓藏;狡兔死,走狗烹'。

"你们说,做官又有什么好结果?放着大自然的清风明月、荷色菊香不去观赏,偏偏费尽心机去争名夺利,岂不是太无聊了吗?"

使者见庄子对于世情功名的洞察如此深刻,也不好再说什么,只得怏怏告退。

其中一位使者听后如梦初醒,勘破数十年做官迷梦,决定回朝后上奏威王告老还乡。

庄周仍然过着无忧无虑的生活,登山临水,笑傲烟霞,寻访故迹,领略自然,抒发感情,盘膝静坐,冥思苦想,在贫穷中享受人生的快乐和尊严。

决不败义求生

荀巨伯,东汉桓帝时的一位贤士,一向以恪守信义、笃于友情,为乡邻所敬仰。

一次,他远在千里之外的一位友人得了重病,巨伯听说后立即收拾行装,草草地安排了家事就上了路。他一路日夜兼程,风餐露宿,用了一个多月的时间,才赶到了好友所居的县城。

这座县城位于北部,时值匈奴侵扰,巨伯走在街上,心里十分纳闷:偌大的城怎么不见个人影?但他急于要见病榻上的朋友,来不及细想,便直奔朋友的家中,终于在一片瓦砾和断壁之中找到了那位已奄奄一息的朋友。

此时,他的朋友面色惨白,无力地躺在病榻上,巨伯见状,忙取出身上仅剩的一点儿食物,又到外面找了一点儿水,送到朋友面前。这位朋友因病、饥,再加上此时见到巨伯内心激动,一时说不出话来,他将巨伯给他的食物重又无力地推回到巨伯面前,然后摆摆手,巨伯不能完全领会朋友的意思,就再三恳求说:"你先把这点儿东西吃下去,我想办法为你治病,千万不要着急。"

友人勉强撑起身来,拉住巨伯的手说道:"你不远千里来看望我,真让我感动,可这里绝非久留之地,你赶紧吃点儿东西,离开这里。胡人很快就要攻城了,这不,城里的人早就跑光了。"

荀巨伯这才明白,为什么此地如此荒寂,可眼下朋友重病在身,身边无人照料,又怎么能行呢?自己决不能将他一个人留下!想到这些,他坚决地对朋友说:"我不远千里来探望你,可你现在却要赶我走,败义求生的事,我荀巨伯绝不做!"

正说着,忽听门外一阵杂乱声,还不时夹杂着乱哄哄的吆喝声,朋友马上意识到情况不妙,焦急地催促荀巨伯赶快从后门逃走,可巨伯就是执意不从。

门被踹开了,几个虎背熊腰的大汉,手持大刀,杀气腾腾出现在面前。他们见屋中只有两个男人,一个卧病在床,一个正在为他递水,便大声喝道:"我大军一到,全城皆空,你们是何人,竟敢在此独留?"荀巨伯镇定地回答道:"在下荀巨伯,因朋友病重,无人照料,因此千里探视,不忍离去。望刀下留情,要杀就杀我吧。"

胡人想不到此人能如此重义轻生，也颇为感动。一个看似小头目的大汉回头对身后的几位说："我等不该入此仁义之国！"遂挥手带领屋里兵汉退出门外去了。

卷十五 · 忠疑

卷十六

荷道

文章之道应思路开阔，意境深远，济世载道，以气象光明俊伟为最贵。一定要在平时注重情感与材料的积累，这样在写文章时，才能文思如泉涌。

【原文】

文章之道，以气象光明俊伟为最难而可贵。如久雨初晴，登高山而望旷野；如楼俯大江，独坐明窗净几之下，而可以远眺；如英雄侠士，裼裘而来，绝无龌龊猥鄙之态。此三者皆光明俊伟之象。文中有此气象者，大抵得于天授，不尽关乎学术。自孟子、韩子而外，惟贾生及陆敬舆、苏子瞻得此气象最多，阳明之文亦有光明俊伟之象，虽辞旨不甚渊雅，而其轩爽洞达，如与晓事人语，表里粲然，中边俱彻，固自不可几及也。

【译文】

写作文章的道理，以气势宏伟广阔、意境深远最难达到，也最为可贵。就像是连日阴雨绵绵的天空刚刚放晴，登临高山之上，眺望平旷的原野，有一览无余之感。又如登临高楼俯瞰大江，独自一人坐在明亮的窗台下，在洁净的茶几旁悠然远眺。又如豪侠英杰之士，身穿狐白裘衣，英姿飒爽，飘然出尘而至，丝毫没有龌龊卑下的污浊之色。这三者都是光明俊伟的气象，文章中如果能达到这种境界，基本上得益于天赋，与人后天努力学习没太大关系。除了孟子、韩愈外，只有汉代的贾谊、唐代的陆贽、宋代的苏轼，他们的文章中达到这一境界的相对最多。明代王守仁的文章也有光英明朗、宏伟雄俊的气象，虽然文辞意旨不够渊博高雅，但他文章的形式与内容浑然一体，明快通畅，就好像和知书达理的人谈话，文章言辞和内容都很华美，中心和铺陈相得益彰，这确实不是每个人都能够轻易达到的。

【评析】

曾国藩认为文章之道应思路宏开，意义宽广，济世载道，以气象光明俊伟为最贵。他最不愿意看到的便是无病呻吟的文章。他还认为，写文章应在真挚的感情达到极点，不吐不快的时候。如果写文章到了这种不吐不快的时候，就表示你的写作达到了新的水平。若想达到不吐不快的境地，一定要在平时注重情感与材料的积累，这样在写文章时，才能文思如泉涌，而所讲的道理，才足以表达心中至真至正之情。

【史例解读】

韩愈做文章不说空话

韩愈（768—824），字退之。祖籍河南邓州，后迁至河南河阳（今河南省孟县南）。因其郡望昌黎，故后人称之为韩昌黎。贞元进士，官至吏部侍郎，因谏阻奉迎佛骨，贬潮州刺史。他大力提倡儒学，反对佛教、道教，反对藩镇割据。倡导古文运动，他的散文内容丰富，形式多样，语言简洁生动，思想鲜明，立意新颖，风格雄健奔放，曲折自如，为古文运动树立了典范。苏轼称其"文起八代之衰"，被尊为唐宋八大家之首。谥号"文"，又称韩文公。著作有《昌黎先生集》传世。

韩愈三岁丧父，由兄嫂抚养成人。他七岁读书，十三岁便能作文。他认为自己幼年丧父，依附兄嫂，只有通过艰苦奋斗才能摆脱困境。因此，他刻苦攻读儒家著作，矢志不移。

有一个关于韩愈起名的传说，在兄嫂的抚育下，韩愈渐渐长大，这年送他去拜师入塾学习，于是，嫂嫂郑氏就想给弟弟起个高雅新奇的学名。郑氏翻看着书籍，一时总找不到一个合意的字。韩愈站在一旁，说："嫂嫂，你要给我起个什么名呢？"郑氏说："你大哥名会，二弟名介，会、介都是人字头，会乃聚集，介乃耿直，象征他们的品行和成就出类拔萃。那么，三弟的学名，也须找个人字作头、含义更要不同凡响的字。"韩愈立即说："嫂嫂，那么就选'愈'字最佳，我就叫韩愈。"郑氏问："'愈'字如何解说？"韩愈道："愈，超越也。我将来一定要做出一番大事业，前超古人，决不当平庸之辈。"嫂嫂高兴地拍手说："好！好！就用'愈'字！"

韩愈少年时就胸怀远大志向，19岁时已经是一位才华横溢、名满当地的青年。于是赴京应试，结果他在京中一连住了几年，连续四次参加考试，最后才考中了第十三名进士。之后，又经过三次殿试，也没得到一官半职，很不得志，一时郁闷黯然。这天他独自游历，遇到一位先生，交谈后，那人送他几句话："人求言实，火求心虚，欲成大器，必先退之。"韩愈捧读赠言，陷入深思：自古道骄兵必败，自己缺少的正是谦虚宽让的心胸。于是，他选用这首赠言中的最后两个字：退之，作为自己的字。从此他更加虚心勤学，结交儒士，砥砺学识，最终独树一帜，开创了一代新的学风，名闻天下。

贾谊少年有为被破格提拔

贾谊从小就刻苦学习，博览群书，先秦诸子百家的书籍无所不读。少年时，就跟着荀况的弟子、秦朝博士张苍学习《春秋左氏传》，后来还做过《左传》的注释，只可惜失传了。他对道家学说也有研究，青少年时期，就写过《道德论》《道术》等论著。他还酷爱文学，尤其喜爱战国末期的伟大诗人屈原的著作。

汉高后五年（前183），贾谊才18岁，就因为能诵《诗经》《尚书》和撰著文章而闻名于河南郡。当时的河南郡守吴公（后为汉朝廷尉），是原来秦朝名相李斯的同乡，又是李斯的学生。吴公了解到贾谊是一个学问渊博的人才，对他非常器重，把他召到自己的门下，十分宠爱。吴公是李斯的学生，也是很有学问的，贾谊在他门下学习，受到很大的教益。

汉高后八年（前180），高后吕雉死，右丞相陈平、太尉周勃杀诸吕，迎立高帝刘邦庶子代王刘恒为帝，是为汉文帝。第二年，即汉文帝刘恒元年（前179），吴公被征召到朝廷，任命为廷尉（最高司法长官）。吴公没有忘记他的得意门生，就向汉文帝推荐说：贾谊颇通诸子百家之书，是个难得的人才。汉文帝就把贾谊召到朝廷，任命为博士。从此，贾谊步入了政治舞台。当时贾谊才二十一岁，在当时所有的博士中，是最年轻的。

博士是一种供皇帝咨询的官员。每当汉文帝提出问题让博士们讨论时，许多老先生一时都讲不出什么来，但是贾谊与众不同，因为他学识渊博，又敢想敢说，因此对文帝提出的问题对答如流，滔滔不绝，说得有理有据。其他博士都认为贾谊说出了自己想说而说不出来的看法，非常佩服他的才能。这使汉文帝非常高兴，在一年之内就把他破格提拔为太中大夫（这是比博士更高级别的议论政事的官员）。

贾谊认为汉朝已经建立二十多年了，政局大体稳定，为了巩固汉朝的统治，他向汉文帝提出了一系列改革建议。他的改革建议，是针对汉承秦制而发的。他认为汉朝承袭了秦朝的败俗，废弃了礼义，因此应该移风易俗，使天下回心而向道。他建议制定新的典章制度，兴礼乐，改正朔，易服色，改变官名，等等。改正朔，就是改变秦以"水"为德，以十月为一年之始的历法；易服色，就是改变秦的服色尚黑的制度，主张汉的服色应该尚黄。由于当时文帝刚即位，认为条件还不成熟，因此没有采纳贾谊的建议。

但是对贾谊的其他建议，文帝是采纳的。如文帝二年，贾谊提出了著名的《论积贮疏》，指出当时社会上出现的"背本趋末"（也就是弃农经商）的现象对统治者不利，主张实行重农抑商的政策，大力发展农业生产，加强粮食储备，预防饥荒，以达到安百姓治天下，即巩固汉王朝统治的目的。汉文帝采纳了他的建议，下令鼓励农业生产。这对恢复经济、建立封建统治的经济基础起了积极作用，但是重农抑商作为封建统治者长期的既定政策，限制了商品经济的发展，越往后它的消极作用就越明显。

贾谊还帮助汉文帝修改和订立了许多政策和法令，他提出的遣送列侯离开京城到自己封地的建议，汉文帝都采纳了。

【原文】

古人绝大事业，恒以精心敬慎出之。以区区蜀汉一隅，而欲出师关中，北伐曹魏，其志愿之宏大，事势之艰危，亦古今所罕见。而此文不言其艰巨，但言志气宜恢宏，刑赏宜平允，君宜以亲贤纳言为务，臣宜以讨贼进谏为职而已。故知不朽之文，必自襟度远大、思虑精微始也。

【译文】

古代人谋求天下大事业，常以专心致志、严谨认真的态度来对待。诸葛亮凭借区区蜀国汉中的一个小地方，却想要出兵关中，向北面讨伐曹魏。他的志向宏伟远大、所处形势的艰难危急，实在是古今少见的。但是《出师表》这篇文章，不谈任务的艰巨，只说志气应该恢宏，赏罚应该分明，为君者应当亲近贤人作为义务，为臣者应当以讨伐奸贼、进谏忠言为自己的职责。由此可以推知，那些流传千古的不朽的好文章，必定是作者胸襟远大、思虑精密周到的结果呀。

【评析】

谋求事业需要专心致志、严谨认真的态度，写文章同样需要。曾国藩认为诸葛亮的《出师表》这篇文章能流传千古，就因为诸葛亮胸襟远大、思虑精密周到。

【史例解读】

用人要德才兼备

诸葛亮（181—234），字孔明，号卧龙，琅琊阳都（今山东沂南）人，蜀汉丞相，谥曰忠武侯。诸葛亮是中国历史上少有的一位德才兼备的栋梁之材，他以其隆中策预见天下三分，显示其大才；以其鞠躬尽瘁尽忠蜀汉，显示其大德。其人如此，其用人也以德才兼备为准则。

诸葛亮第一次北伐时向刘禅上疏，即《前出师表》，疏中说："亲贤臣，远小人，此先汉所以兴隆也；亲小人，远贤臣，此后汉所以倾颓也。先帝在时，每与臣论此事，未尝不叹息痛恨于桓、灵也。"

桓帝、灵帝是东汉末年的皇帝，二人都信任宦官，大兴党锢之祸，杀戮贤臣，以致社会动荡不安。诸葛亮上《前出师表》时，刘备已去世，由他辅佐刘禅，故在出征前总结了先汉与后汉兴亡的经验教训，谆谆告诫刘禅，不要学桓、灵二帝"亲小人，远贤臣"，要学先汉"亲贤臣，远小人"，才能使蜀国兴隆，以复兴汉室。

诸葛亮在《十六策》里指出："治国之道，务在举贤。若大国危不治，民不安居，此失贤之过也。夫失贤而不危，得贤而不安，未之有也。"因此，诸葛亮在治理蜀国时特别重视提拔德才兼备之人。

他推荐董允为侍中，领虎贲中郎将，统宿卫重兵，负责宫中之事。刘禅想增加后宫嫔妃，董允认为古时天子后妃之数不超过十二人，今已足数，不应增加。刘禅宠爱宦官黄皓，黄皓为人奸佞，想干预政事，董允上则正色匡主，下则数责黄皓，他在时，黄皓不敢胡作非为。

蒋琬、姜维都是诸葛亮精心选拔的接班人。蒋琬入蜀，初时任于都县令。刘备前去巡视，正看见蒋琬饮酒醉倒，不理政事，非常生气，要杀掉他。诸葛亮深知其人，为之说情："蒋琬，社稷之器，非百里之才也。其为政以安民为本，不以修饰为先，愿主公重加察之。"

刘备一向敬重诸葛亮，没有惩罚蒋琬。后来，诸葛亮提拔蒋琬为丞相府长史，每次出征，他都足食足兵保障供给。诸葛亮经常赞蒋琬为人"忠雅"，可与他一起辅佐蜀汉大业。诸葛亮死前，秘密上表给刘禅："臣若不幸，后事宜以付琬。"

诸葛亮死后，蒋琬执政，其人大公无私，胸怀广阔，能团结人。同时他能明知时势，使得国泰民安。

姜维继承了诸葛亮复兴汉室之志，屡次北伐，虽无大胜，但魏兵也不能侵入。等到司马昭派大军伐蜀，刘禅昏庸，不听姜维派兵扼守阴平的主意，终于使邓艾得以偷渡而直捣成都。刘禅献城投降，并命令姜维也投降。姜维想假借投降的机会，杀掉钟会，复兴蜀汉，最后没能实现。其夙愿虽未实现，但足见其忠烈。

朱元璋终成大业

元朝至正十二年（1352）九月，农民起义军红巾军所据濠州被元军包围已七个月之久，形势十分危急。这段时间里，朱元璋曾奉命攻打灵璧、萧县和虹县，试图分散元军的注意力，但效果一直不好。正当元军即将对濠州发动总攻时，元军主帅突然病死，士兵们失去主帅，无心恋战，纷纷逃散。濠州之围遂解。

郭子兴的军队终于得到喘息，就在濠州城内饮酒高歌，庆祝胜利。朱元璋是个志向远大之人，他在军中待的时间长了，对各种事情看得越来越透彻明白，渐渐觉得这帮人治军无方，驭下无道，成不了什么大气候。他还深深地认识到，在这群雄割据、形势混乱的局势下，不发展自己的军队，不招揽英雄豪杰为己所用，很难有出头之日。

至正十三年六月，朱元璋禀明郭子兴，欲回故乡钟离招募士兵，郭子兴同意了。

不到十天，朱元璋就募集了七百人。他将队伍带到濠州，交给郭子兴，郭子兴非常高兴，提升他为镇抚，并把这七百人交给他统领。不久，又升他为总管。

朱元璋虽已升为总管，但他还是感觉这样下去是不行的。

至正十三年年底，朱元璋把自己统率的七百人交给别人，只带着徐达、汤和、吴良等二十四人离开濠州，前往定远发展自己的势力。

这次出行并不顺利，还没有开始，朱元璋就患了重病，只得返回濠州治病，过了半个月才有所好转。此时，他听说张家堡驴牌寨屯居着一支三千人的民兵，主帅与郭子兴相识，现在断了粮，处境艰难。机不可失，朱元璋觉得这是扩充势力的好机会，他不顾大病初愈，找到郭子兴，请求派自己前去招降。

郭子兴问："带多少人？"

朱元璋说："人多易生疑，带十人就可以了。"

郭子兴也不勉强，便派给他十个人。

朱元璋带病走了六天，才到达张家堡。主帅与他一见面，朱元璋便对他说："郭公与你是老相识，他听说你们缺粮，又得到消息说，有别的军队要来攻打你们，特地派我来通报。如果你们愿意跟随郭公，就与我一同回去。不愿意的话，也要赶快移到别处，以避来犯之敌。"

主帅想了半天也没有想出好办法，他见朱元璋说得真诚，就与他交换了信物，答应收拾好行装，就到濠州归附。朱元璋见主帅如此，便将费聚留下等候，自己先回濠州，报告了郭子兴。郭子兴大为高兴，夸奖朱元璋办事得力。

然而过了三天，费聚来报，说事情有变，驴牌寨主帅想把队伍拉到别的地方去。朱元璋立即带着三百名士兵赶去，费尽口舌，劝主帅归附郭子兴。但主帅仍是犹豫不决，朱元璋便定下一计，让人请主帅议事，乘机将他挟持而去。离开营寨十余里后，又派人到寨中传话，说主帅已经选好了新的营地，让部众移营。

部众信以为真，便烧了营寨跟去。主帅见大势已去，无可奈何，只得投靠了他。

接着，朱元璋又带兵去豁鼻山，招降了以秦把头为首占山为王的草寇八百余人。

朱元璋对收编来的队伍进行集中训练，在较短时间内，使他们的战斗力有了明显提高。不久，他率领这支部队攻克了屯居横涧山的缪大亨武装，缪大亨投降。就这样不到半年，朱元璋的部队就发展到了十几万人，势力逐渐壮大，为日后统一全国打下了坚实的军事基础。

【原文】

三古盛时，圣君贤相承继熙洽，道德之精，沦于骨髓，而学问之意，达于闾巷。是以其时罝兔之野人，汉阳之游女，皆含性贞娴吟咏，若伊莘、周召、凡伯、仲山甫之伦，其道足文工，又不待言。降及春秋，王泽衰竭，道固将废，文亦殆殊已。故孔子睹获麟，曰："吾道穷矣！"畏匡曰："斯文将丧！"于是慨然发愤，修订六籍，昭百王之法戒，垂千世而不刊，心至苦，事至盛也。仲尼既没，徒人分布，转相流衍。厥后聪明魁桀之士，或有识解撰著，大抵孔氏之苗裔，其文之醇驳，一视乎见道之多寡以为差：见道尤多者，文尤醇焉，孟轲是也；次多者，醇次焉；见少者，文驳焉；尤少者，尤驳焉。自荀、扬、庄、列、屈、贾而下，次第等差，略可指数。

【译文】

夏、商、周三代的鼎盛时期，圣明的君主和贤能的大臣世代相传，社会一片繁荣。道德的精义深入人心，讲求学问的社会风气普及到市井乡间，因此，那时候哪怕是捕兔子的村夫或者是汉江边游玩的女子，都善于通过吟咏表达自己的情绪。至于像伊莘、周召、凡伯、仲山甫这些人，他们的品德高尚，文才精工，自当不用多言。等到了春秋时期，君王的恩泽衰败枯竭，道义本行将废弛，文章也就有了变化。所以孔子看到人们捕获麒麟，就叹息说："我崇尚追求的大道完结了呀。"被匡人威胁，就说："古代的礼乐制度要丧失了。"于是慨然发愤，修订六经，昭示称王百代所需要的应当效法或鉴戒的史事，使之流传千世也不更改。真是用心良苦之至，事业盛大至极呀！孔子死后，他的弟子们遍布天下，不断传授他的学说。后世杰出的人才或者擅长著书立说的人，大多都是孔子的传人。他们的文章或者醇厚或者驳杂，是因为他们对道德礼仪认识的多少而有不同。掌握大道特别多的人，他的文章就醇厚深沉，孟轲就是这样的人；掌握大道较多的，文章内容就较为醇厚；掌握大道少的，文章就有些驳杂浮泛；掌握大道最少的，文章就驳杂虚浮得最厉害。在荀况、扬雄、庄子、列子、屈原、贾谊之下，擅长作文的人们的高低次序，基本上可以标示出来。

【评析】

曾国藩认为，文章醇厚或者驳杂，是由写作的人掌握大道精深或者浅薄所决定的。掌握大道特别精深的人，他的文章就醇厚深沉，孟子就是这样的人。掌握大道较精深的，文章内容就有些驳杂。掌握大道较浅薄的，文章就更加驳杂浮泛。掌握大道最浅薄的，文章就驳杂虚浮得最厉害。他认为那些流传千古的不朽文章，必定是作者胸襟宽广、思虑精密周到的结果。

【史例解读】

孟子智谏齐宣王

　　孟子一心想向齐宣王宣讲施行仁义的主张，但他知道齐宣王喜爱音乐，喜欢勇武，喜爱财物，喜爱女色，一下子是不可能接受他的主张的，只能因势利导。

　　一天，孟子谒见齐宣王，问道："您曾经告诉庄暴说您爱好音乐，有这回事吗？"

　　齐宣王承认说："是的，我说过。但我不爱好古代音乐，只爱好一般流行乐曲罢了。"

　　孟子说："只要您爱好音乐，那齐国便会很不错了。无论是现在流行的音乐，还是古代的音乐都一样。"

　　齐宣王见孟子不是来批评自己的，而是讨论自己爱好的音乐，便来劲了，于是说："您能把这个道理讲给我听吗？"

　　孟子说："要听这个道理，我想先问您一个问题，一个人单独欣赏音乐，和跟别人一起欣赏音乐，究竟哪一种更快乐呢？"

　　齐宣王脱口而出："当然是跟别人一起欣赏音乐更快乐些。"

　　"那么，跟少数人一起欣赏音乐是快乐的，跟多数人一起欣赏音乐也是快乐的。但究竟哪一种更快乐？"孟子步步深入。

　　齐宣王不知不觉中完全接受了孟子的心理，暗示说："当然是跟多数人一起欣赏音乐更快乐。"

　　"那么，就让我对大王您讲讲音乐和娱乐的道理吧。"孟子见时机已经成熟，就趁机巧妙地将音乐过渡到政治上来，说："假如国王在这儿奏乐，老百姓听到鸣钟击鼓、吹箫奏笛的声音，都感到头痛，愁眉苦脸地纷纷议论：'我们的国王这样爱好音乐，这样快乐，可为什么我们却苦到这般地步呢？'这没有别的原因，就是因为国王只图自己快乐而不同百姓一同快乐的缘故。"

　　齐宣王不由得一惊，还没等开口说什么，又听孟子继续说："假使国王在这儿奏乐，百姓听到了鸣钟击鼓、吹箫奏笛的声音，全都眉开眼笑地互相转告说：'我们的国王大概很健康吧，要不，怎么能够这样快乐地奏乐呢？'这也没有别的原因，只是因为国王同百姓一同娱乐罢了。由此，我得出这么一个道理，如果国王能同百姓一同娱乐，就可以使天下归服了。"

孟子借讨论音乐向国王进谏，终使宣王心服口服地接受了他的观点。

卷十七 藏锋

"藏锋"一词有多种含义,这里指不显露自己的锋芒。曾国藩认为做人应韬光养晦,不过分外露自己的才华,否则只会导致失败。

【原文】

《扬雄传》云："君子得时则大行，不得时则龙蛇。"一曲一直，一伸一屈。如危行，伸也。言孙，即屈也。此诗畏高行之见伤，必言孙以自屈，龙蛇之道也。

诚中形外，根心生色，古来有道之士，其淡雅和润，无不达于面貌。余气象未稍进，岂耆欲有未淡邪？机心有未消邪？当猛省于寸衷，而取验于颜面。

【译文】

《扬雄传》中说道："君子遇到政治清明君王，就要努力实施自己的理想抱负；遇到政治黑暗、君主无道的时候，就要像龙和蛇那样，能屈能伸。"龙蛇，就是指一直一曲，一伸一屈。比如说保持高洁的品德，就属于伸的一方面。言语谦逊，就属于屈的一方面。此诗讲害怕行高于世，必被伤害，所以言语谦逊，以自屈求全，这就是龙蛇之道。

诚心诚意表现在人的外貌上，生根于心里，显示于气色上。古往今来有道之人，他们的淡雅谦和无不通过外貌表现出来。我的气色丝毫没有改进，难道是我内心强烈的欲望没有淡化？机心没有消弭？我应该在心中深刻反省一下，让我的品行修养通过外貌表现出来。

【评析】

曾国藩的"龙蛇伸屈之道"，正是"内圣"大法之素质，是一种自我保护、自我实现的生存之道。

屈是为了伸，藏心本是蓄志。不屈不以伸展，不藏心，志从何来？曾国藩的"藏心"表现在他与君与僚属的共同处事上，这种藏锋来自他对中国传统文化的体认，来自一种儒释道文化的综合。

【史例解读】

优孟借葬马谏楚庄王

春秋时期的楚庄王以爱马而闻名，他命人为自己养了好多马。其中有一匹楚庄王最心爱的马，竟给它穿上五彩缤纷的锦衣，养在富丽堂皇的屋子里，拿切好的枣干喂它，睡在有帐幕有绸被的床上。可惜，这匹马越来越胖，享了没多久的福，就四腿一蹬断了气。楚庄王伤心至极，对大臣们说："你们快去找天下最好的棺材把它装进去，外面还要再套上一口好棺材，要用大夫的礼节埋葬它。"

左右大臣觉得这事过于荒谬，纷纷劝阻道："大王，怎么可以把对大夫的礼节用在畜生身上呢？"楚庄王脸一沉，训斥道："谁敢再来劝我，我就杀死他。"群臣听了这番话后一个个缩着脑袋，不敢再吭声了。

这时，大臣优孟忽然失声痛哭起来，楚庄王奇怪地问："你哭什么呀？""我哭马呀！"优孟边哭边说，"这匹马是大王最心爱的，凭着楚国这样伟大而又富裕的国家，我们有什么样的事办不到呢？只用大夫的礼节来埋葬它，还是太亏待它了。我看应该用君王的礼节来埋葬它才对呀。"

楚庄王饶有兴趣地问："用君王的礼节来埋葬马？你且说说看。"

优孟答道："臣请求用雕刻花纹的玉做棺材，外面再套上榨木做成的大棺材。派武士挖掘坟墓，让老人和儿童来背土。供给它的祭品要用最上等的东西，还要请各国的使者来吊唁它。诸侯听到了这件事，就都知道大王轻视人而重视马了！"

楚庄王听到最后才明白，优孟哪里是在哭马，分明是在用巧妙的语言讽刺自己太看重马啊。楚庄王意识到自己错了，叹口气说："难道寡人的过错，竟到了这种地步了吗？你觉得该怎样处置这匹马呢？"

优孟见楚庄王已有所悔悟，接着说："请大王把这匹马以六畜之礼埋葬，在地上挖个土灶作为棺木的外套，用铜铸的大鼎作为棺木，用姜、枣、粳米为祭品，用大火把它煮熟煮烂，最后埋葬在人们的肚皮里——这就是最好的处置办法。"

楚庄王被优孟诙谐的话语逗得哈哈大笑，让人将马肉烧得喷喷香，分给大家吃。从此以后，楚庄王再也没有犯重畜轻人的错误了。

善于纳谏的齐威王

齐威王叫田齐，是田和的孙子，前356年至前320年在位。齐威王以善于纳谏闻名诸侯，齐国的中兴，也正是齐威王通过广泛纳谏，采群策进行改革而实现的。据说齐威王即位后的前9年，只知吃喝玩乐，根本不理国家大事，一切政事全由卿大夫掌管。在这9年里，韩、赵、魏、鲁等各国时常攻打齐国，齐国经常打败仗，出现了"诸侯并伐，国人不治"的局面。面对国家的这种困局，齐威王也好像心安理得，置之不问。不过知情的人都看出了齐威王并不是平庸之辈，关键是怎么使他振作起来。

当时，齐国有个大臣叫淳于髡，他生得很矮小，但很有口才，非常幽默风趣，每次出使诸侯国，他都能顺利完成任务，是齐国的外交人才。他看到齐威王通宵饮酒，不理政事，政治混乱，国势危急，心中十分着急，但又怕得罪君主，于是便用隐语进谏。他对齐威王说："我们国家有一只大鸟，三年不飞也不鸣。大王，你知道是什么道理吗？"齐威王立刻意识到淳于髡是在用大鸟比喻自己，说他待在宫里，百事不管，毫无作为。于是回答说："此鸟不飞则已，一飞冲天，不鸣则已，一鸣惊人。"齐威王从此开始振作起来。淳于髡还劝齐威王不要通宵饮酒，并以自己的亲身体会说明："酒极则乱，乐极则悲。"齐威王就改掉了通宵饮酒的毛病。

齐威王纳谏有很多生动的例子，其中最有名的当数邹忌鼓琴取相的故事。邹忌是一个很有才学的人，他看到齐威王的所作所为，也想劝谏他振作起来，但邹忌当时的身份就连见到齐威王都不可能，又怎么能向他进谏呢？他听说齐威王喜欢听音乐，就想出了一条计策。有一天，他抱着一架琴进宫求见齐威王。他说他是本国人，叫邹忌，是个琴师，听说国王爱听音乐，特来拜见。

那天，齐威王正无事，感到很无聊，听说来了一个琴师，心中高兴，就赶忙令人传话让他快进来。邹忌拜见齐威王之后，就坐下调着弦儿好像要弹的样子，可是最终还是没有弹。齐威王挺纳闷，问他："你调了弦儿，怎么不弹呢？"邹忌还是不弹，却说："我不只会弹琴，还知道弹琴的道理。"齐威王虽说能弹琴，可是不懂得弹琴还有什么道理，就叫他细细讲讲。邹忌从伏栖氏作琴讲起，一直谈到文王、武王各加一弦，越讲越玄。齐威王有些听得懂，有些听不懂。可是说了这些个空空洞洞的闲篇有什么用呢？齐威王听得有些不耐烦了，就没好气地说："你说得挺好，挺对，可是你为什么不弹给我听听呢？"邹忌听了齐威王这话，就正色道："大王瞧我拿着琴不弹，有点不乐意了吧？怪不得齐国人瞧见大王拿着齐国的大琴，9年来没弹过一回，都有点不乐意呢！"齐威王这才恍然大悟，就赶忙站起来，说："原来先生是拿弹琴来劝我，我明白了。"他叫人把琴拿下去，就和邹忌谈论起国家大事来。邹忌劝他重用有才能的人，加强生产，节省财物，训练兵马，好建立霸业。齐威王自称要发扬他父亲桓公午的业绩，远的要继承黄帝的光辉，近的要继承齐桓公、晋文公的霸业。

后来，齐国中兴，成为东方强国。

因势利导进谏言

春秋时期，齐国国相晏子生活非常俭朴，齐景公经常看着他身上的粗布衣裳叹气道："你真是个乡下人啊！"

晏子的住宅和普通老百姓的房子没什么区别，家中陈设甚至比老百姓的还要简陋。

齐景公知道后，便想给他建造一所好一点的房子。

一天，退朝后，齐景公叫住晏子说："您的住宅靠近集市，每天在嘈杂的声音中度日，实在让你受苦了，更何况灰尘满街，地势很低，狭窄且又潮湿的环境实在不能适合像您这样的人居住，请您还是搬到宽敞明亮的地方去吧！一切费用都由我来负担，你看怎么样？"

晏子摇头道："感谢大王美意。住宅的好坏不一定是以豪华和简陋来区分的，况且我所住的地方是齐国的先代贤士们住过的。我有时想，自己住在这里是不是有资格，会不会有辱先贤们啊。再说，我住在靠近集市的地方，买东西很方便，怎么可以麻烦百姓再为我另建房屋呢？还是算了吧！"

齐景公见他不肯换房，便转换话题，笑着问："您住在集市附近，可知什么东西最贵，什么东西最便宜吗？"

晏子一听，不由得想起自景公继位以来频繁施用的一大酷刑——刖刑，即把人的双腿砍断。有很多老臣冒死进谏要求废除此酷刑，都徒劳无功。晏子多次想劝谏，但一直苦无机会。今日齐景公问起物价贵贱来，晏子想了一想，说道："假肢是最贵重的，鞋子是最便宜的。"

齐景公脸色微微一变，若有所悟地低下头，沉思了许久。

"好了！"齐景公严肃地对晏子说道，"从明天开始我就废掉刖刑。"

【原文】

凡民有血气之性，则翘然而思有以上人。恶卑而就高，恶贫而觊富，恶寂寂而思赫赫之名。此世人之恒情。而凡民之中有君子人者，率常终身幽默，

卷十七·藏锋

暗然退藏。彼岂异性？诚见乎其大，而知众人所争者之不足深较也。自秦汉以来，迄于今日，达官贵人，何可胜数？当其高据势要，雍容进止，自以为才智加人万万。及夫身没观之，彼与当日之厮役贱卒，污行贾竖，营营而生，草草而死者，无以异也。而其间又有功业文学猎浮名者，自以为材智加人万万。及夫身没观之，彼与当日之厮役贱卒，污行贾竖，营营而生，草草而死者，亦无以甚异也。然则今日之处高位而获浮名者，自谓辞晦而居显，泰然自处于高明。曾不知其与眼前之厮役贱卒，污行贾竖之营营者行将同归于澌尽，而毫毛无以少异，岂不哀哉！

【译文】

大凡有血气刚性的人，都会想超过他人。他们讨厌卑微的职位，向往崇高的权势，讨厌贫穷而希望富贵，讨厌默默无闻而思慕富贵显赫的名声。这些都是世上人之常情。但是大凡人中君子，一生中往往都是寂静藏锋，恬淡地弃官归隐。难道这些人跟一般人天性不同吗？事实上，这些人才真正看到了大的东西，并且知道一般人所争逐的是不值得计较的小事。从秦汉时期到如今，所谓的达官贵人，哪里能数得尽呢？当时他们身居高位，广有权势，举止仪态从容高雅，自以为才智过人万倍。但等到他们死后再看，他们和当时的杂役贱卒、低下行当的买卖人，熙熙攘攘地活着又草草潦潦死去的人，真是没有什么不同的。当然其中也有所谓依靠功业文章猎取浮名的人，也自以为才智过人万万倍。但等到他们死后再看，他们和当日的杂役贱卒、低贱贩夫，熙熙攘攘地活着又草草地死去的人，也是没有什么特别不同的。既然这样，那么今日那些身居高位而取得虚名的人，自以为自己的文章蕴含深义而地位高贵，因而泰然自若地自奉为高明，竟然不知道自己跟眼前那些执劳役、供使唤的杂役贱卒，做低下生意的买卖人一样都要同归于死亡，而没有丝毫的差异，难道不叫人悲哀吗？

【评析】

锋芒本意是刀剑的尖端，比喻显露出来的才干。一个人若无锋芒，那就是提不起来，所以有锋芒是好事，是事业成功的基础，在适当的场合显露一下既有必要，也是应当。但锋芒可以刺伤别人，也会刺伤自己，运用起来应该小心翼翼，平时应插在剑鞘里。所谓物极必反，过分外露自己的才华只会导致自己的失败。尤其是做大事业的人，锋芒毕露既不能达到事业成功的目的，又有可能失去前途甚至身家性命。所以，有才华的人应该含而不露，该装糊涂时一定要装糊涂，切勿恃才放旷，这样你就有双份的才华。

老子说："大巧若拙，大辩若讷。"意思是最聪明的人，真正有本事的人，虽然有才华学识，但平时像个呆子，不自作聪明；虽然能言善辩，但好像不会讲话一样。

你不露锋芒，可能永远得不到重任。你锋芒太露，却又易遭人陷害，虽容易取得暂时成功，却为自己掘好了坟墓，当你过分显露自己的才华时，也就埋下了危险的种子。

【史例解读】

毛遂自荐显才能

公元前259年，秦军大举进攻赵国，不到一个月，就兵临赵都邯郸城下。经过长平之战，赵国力量虚弱，此时，外无援兵，内乏粮草，面临亡国的危险。邯郸城内人心惶惶。

赵王派公子平原君到楚国搬兵救赵。平原君接到赵王命令，立即召集门客说："赵国危在旦夕，赵王令臣出使楚国求援，我欲带二十位智勇双全、文武兼备的人一同完成这一重要使命。"说完，他就开始挑选同行的门客。挑来挑去，总共挑出了19个人，还差一个人，却怎么也挑不出合适的人选了。

平原君为难起来，正在这时，从未被选中的人群中站出一个人来。此人其貌不扬，平时很少言语。他走到平原君跟前，说："公子若实在找不出合适人选，在下不才，愿滥竽充数，随公子前往。"

因为门客众多，平原君不能一一认出，问道："你是谁，我以前怎不曾见过你？"

"在下是毛遂。"那人回答。

平原君实在没什么印象，就问："你来到我门下多久了？"

毛遂回答说："三年多了吧。"

平原君盯着毛遂看了看，摇了摇头说："锥子放在布袋里，很快就会露出锋芒。你在我门下待了这么长时间，我怎么从未听说过你呢？这次去楚国，责任重大，关系赵国的存亡，你既然无突出才能，还是留下看家吧！"

毛遂镇静地说:"我虽然在公子门下三年多,但公子从未把我放到您的布袋里。若公子把我放到布袋里,我早就脱颖而出了。"

平原君觉得毛遂态度坚决,又没有其他人选,就对他说:"好吧,请你跟我们一起去楚国吧。"其他门客都相视而笑,认为毛遂不会有什么本事。

平原君他们简单收拾了一下行装就上路了。一路上,平时少言寡语的毛遂侃侃而谈,纵论滔滔,天文地理,列国形势,无所不知,令同行的人刮目相看。

到了楚国,平原君只身前往楚王宫,面见楚王,20位门客都留在宾舍等候消息。

却说平原君见了楚王,历陈赵国的危急形势和楚国救赵的利害关系。可楚王心不在焉,表面应付,迟迟不明确表态是出兵还是不出兵。谈判从早晨一直谈到黄昏,仍未取得实质性进展。

门客们等得有点心急,便怂恿毛遂去了解一下谈判情况。

毛遂来到王宫,径直来到平原君跟前,气呼呼地说:"赵楚两国联合抗秦的事,用不了两句话就可以谈完,公子却从早晨谈到黄昏,是何道理?"

楚王见来了个毛头小子,便问平原君:"这个人是谁呀?"

平原君赶忙起身答道:"此乃臣的门客毛遂。"

楚王一听,勃然大怒,呵斥道:"大胆狂徒,寡人正与你家主人谈论军国大事,你闯进来想干什么?还不赶快退下!"

平原君连忙扯住毛遂,叫他离开宫殿,以免招惹事端。

毛遂用力挣脱平原君,一个箭步跳到楚王面前,一手按住佩剑,两眼直盯着楚王说:"大王敢对我大声呵斥,不过是仰仗楚国兵多将广。可现在,大王的性命就操在我手里,即使大王有雄兵百万也是远水不解近渴。我家主人在此,请大王放尊重些!"

楚王被毛遂的举动吓得大气不敢喘,抖着身子只盯着毛遂按剑的手。

毛遂向四周扫了一眼,见楚王的卫兵都执剑在手,气氛紧张得让人透不过气来。毛遂面无惧色,继续说道:"当年,商汤以七十里之地而王天下;文王也不过百里地盘,却能号令诸侯。夺取天下不在将士多寡,而在于能顺应形势,壮大声威。今楚国拥有方圆五千里的辽阔疆域,上百万的铁甲雄兵,称霸天下,无可匹敌。可秦国只凭一个区区白起,几万人马,竟一战攻克鄢、郢,再战火烧夷陵,三战羞辱大王的先人,这种万世的怨仇,连赵国都为楚国感到耻辱，难道大王就不知道羞愧吗？今天，我家主人奉赵王之命，不畏艰险，千里迢迢来到楚国，与大王合纵结贤，共同抗击秦国。大王不但不思报仇雪恨，反而推诿再三，慢待来使，当着我家主人的面呵斥我，真是岂有此理！"

楚王被毛遂一席话，激得面红耳赤，羞愧难当，态度骤然变化，对毛遂客客气气地说："先生所言一针见血，寡人一时糊涂，险些错失良机。今日愿从先生，共同抗秦。"

毛遂紧追不舍，问："大王一言既出，驷马难追，合纵之事就这么定了？"

楚王说："确定无疑，决不反悔！"

毛遂当即招呼楚王左右："请取鸡、狗、马血来！"

不一会儿，侍者拿来血和祭器。毛遂双手将马血捧给楚王，说："请大王先饮。"

楚王舔了一口，毛遂又将狗血递给平原君喝，然后自己把鸡血一饮而尽。众人高呼，盟誓完毕。

平原君等人辞别楚王，回国复命。

楚国之行，平原君感慨颇多，从此他不但把毛遂待为上宾，而且对身边的人说："天下才士，我见过成百上千，可从未见过像毛先生这样胆识过人的人。毛先生不鸣则已，一鸣惊人，他的三寸不烂之舌，真可以抵上几十万大军啊！"此后每逢大事，平原君都虚心向毛遂求教，毛遂也因此次使楚一举成名，此后深得平原君器重。

李斯之死

李斯，字通古，战国末年楚国上蔡（今河南上蔡西南）人。他少怀大志，认为"地位卑贱是莫大的耻辱，政治穷困是莫大的悲伤"。为了摆脱穷困的现状，他煞费苦心，经过几十年的挣扎与努力，终于成了秦朝的丞相，权倾一时，享尽荣华富贵。他曾协助秦始皇吞并六国，统一中国，在位时风光无限。

由于秦始皇的赏识，李斯不仅官运亨通，他的家人也都跟着沾光。李斯长子李由做三川郡守，掌握了一定的军政大权，其他子女也都与当时贵族结了亲。

有一次，李由回到咸阳，李斯在家设宴，百官都来赴宴祝贺。在这种热烈的场面上,李斯想起了他的老师告诫他的"物忌太盛"一句话,他感慨地说:"我本是一介平民,今天却做了丞相,可以说是富贵到了极点。但是,物盛则衰,我还不知道将来结局如何。"由此可见,李斯并没有完全陶醉于荣华富贵之中,他对现实的认识还是比较清醒的。

秦朝建立以后,由于秦始皇对平民百姓实行残暴统治,各地百姓的反抗从来没有停止过。除了武装斗争外,广大人民还以歌谣的形式咒骂秦始皇,如说"阿房阿房,亡始皇"等。百姓的不满和反抗,使地主阶级也很担心。因此,秦始皇在统一后的十余年间,先后进行了五次远途巡行,其目的就是到各地耀武扬威,加强对全国的控制。

尽管秦始皇到各处巡行,残酷镇压百姓,然而反抗还是不断发生,比如有人拦截皇家使者,有人公开咒骂秦始皇:"今年祖龙(秦始皇)死。"所以,在秦始皇三十七年(前210),秦始皇决定进行第五次巡行。

这一次巡行,丞相李斯和秦始皇宠爱的小儿子胡亥等一同前往。巡行的路线是:从咸阳出发,出武关,沿丹水、汉水流域到云梦,再沿长江东下直至会稽(今浙江绍兴市南)。登会稽山,祭大禹,并刻石留念。在北归之时,秦始皇得了重病,不久死在沙丘。

秦始皇死后,李斯怕引起天下大乱,令人每日照常送水送饭,不让外人知道音讯。按照惯例,秦始皇的位置应由他的长子扶苏继承。扶苏倾向于儒家思想,不同意秦始皇焚书坑儒,曾当面提过意见,惹得秦始皇一肚子气,就把他派到西北大将蒙恬那里镇守边关。这时,宦官赵高也正在搞阴谋活动,他曾是胡亥的老师,想让胡亥当皇帝,他就可以掌握大权。此时唯一需要的是拉拢李斯,所以他就想方设法让李斯也同意胡亥做皇帝。赵高口才极好,善于雄辩,曾与李斯有这样的一段对话。

赵高说:"皇帝临死前,曾写过一封召扶苏参加葬礼的信,这封信还没有送出去,皇帝就死了。这封信没有人知道,现在在胡亥手里。决定由谁来继位,全由胡亥和我来决定,你认为如何?"这是在试探李斯。

李斯说:"这是亡国的言论,不是人臣应该议论的。"反映出李斯对赵高的不满。但赵高早就对李斯的为人一清二楚,就拿蒙恬和李斯进行对比,李斯自觉不如蒙恬。于是,赵高乘机又说:"扶苏刚毅,骁勇善战,扶苏继位后必定任用蒙恬为丞相。"这话很能抓李斯的心。赵高接着又威胁说:"现在天下实际上掌握在胡亥和我的手里,扶苏、蒙恬还有你的命运也全都攥在我们手里。"李斯见形势不妙，就只好听从赵高的调遣了。胡亥、赵高将秦始皇召扶苏来咸阳送葬的书信，改为斥责扶苏"无尺寸之功""不孝"的信，令他自杀，同时责备蒙恬"不忠"，也令他自杀。结果扶苏被迫自杀，蒙恬不愿自杀，后被囚禁起来，最终还是服毒而死。

秦二世元年（前209），胡亥继承了帝位，开始了比秦始皇更加残暴的统治。李斯与胡亥、赵高的结合，为的是互相利用，所以后来他们之间钩心斗角，也就是很自然的事情了。

李斯是个非常在意功名的政客，比昏庸无能的胡亥，当然要精明得多。他看到了秦王朝的危机，但为了保存自己的既得利益，他也不敢劝诫胡亥。一次，胡亥责问李斯说："过去韩非曾经说过，古代的君王都是十分辛勤劳苦的，难道君王治理天下是为了挨苦受累吗？这是因为他们无能。贤人有天下，就要让天下适应自己，如果连自己都不能满足，又如何治理天下呢？我想随心所欲，而又要永远统治天下，你李斯有什么办法吗？"此时，李斯的儿子李由镇压农民起义不利，大将章邯要追查李由的责任，并讥讽李斯的无能，李斯因此心中恐惧，为得到秦二世胡亥的信任，提出一套"督责之术"。

李斯说：贤主若能行"督责之术"，群臣就会竭尽全力地为君王服务；不能行"督责之术"的君王，如尧、舜等，比百姓还操劳，简直是受罪。

什么是"督责之术"呢？实际上就是严刑酷法和君王的独断专行。李斯说："彼唯明主为能深督轻罪，夫罪轻且督深，而况有重罪乎？故民不敢犯也。"就是对臣子和百姓实行"轻罪重罚"，使人人不敢轻举妄动。君主要独断专行，要驾驭群臣，不能受臣子的影响。李斯认为，只有这样，君主才能随心所欲，为所欲为。实行"督责之术"，群臣百姓也就不敢造反了，君王的地位才能牢靠。

李斯关于"督责之术"的主张，既有取宠于胡亥的一面，也有他继承法家思想的一面。他还一再引用申不害、韩非的话，来证实自己的观点。不过，李斯讲得更加露骨而已。糊涂可笑的胡亥，不顾天下百姓的反抗，采纳了李斯的"督责之术"。此后，杀人多者为"忠臣"，残忍者为"明吏"，弄得天下怨声载道。

在李斯、赵高的怂恿下，秦二世胡亥更加奢侈腐化，胡作非为。为了镇压农民起义，不断地从关中征发百姓去打仗，给百姓造成极大的负担。秦二世胡亥为了修好阿房宫，征发徭役，把百姓推向苦难的深渊。当时全国百姓的反秦起义已是风起云涌。为了统治阶级的共同利益，李斯同右丞相去疾、将军冯劫劝秦二世胡亥停建阿房宫，减少一些徭役。当时，秦二世正与宫女宴饮作乐，见李斯等人上书十分恼怒，下令将他们逮捕入狱。李斯在狱中多次上书，都被赵高扣留。赵高借机说李斯与其儿子李由谋反，对李斯严刑拷打，李斯被迫承认谋反，在秦二世二年（前208）七月被杀死。

【原文】

古之英雄，意量恢拓，规模宏远，而其训诫子弟，恒有恭谨厚藏，身体则如鼎之镇。以贵凌物，物不服；以威加人，人不厌。此易达事耳。声乐嬉游，不宜令过。蒱酒渔猎，一切勿为。供用奉身，皆有节度。奇服异器，不宜兴长。又宜数引见佐吏，相见不数，则彼我不亲。不亲，无因得尽人情；人情不尽，复何由知众事也？数君者，皆雄才大略，有经营四海之志，而其教诫子弟，则约旨卑思，敛抑已甚。

【译文】

古代的英雄，志向和胸怀都很广阔，事业规模宏大，但是，他们教训告诫子孙，做人应该虚心、谨慎、藏锋，身体要如同铜鼎一样稳固。以权势打压别人，别人难以服平；以威望影响别人，别人不会讨厌。这是容易办到的事。声色犬马、嬉游聚会之类的活动，不应该做得过度。像赌博、酗酒、钓鱼、打猎这样的事情，一概都不要做；吃穿应酬等各种花费都要有节制。对于奇异服装、稀有玩物，都不应有太大的兴趣。应该适当地与辅佐自己的官吏见面交流，相见不多，他们与我就不亲近，我就无法了解他们的思想感情，不了解他们的思想感情，又如何去了解民众的事情呢？这几位先生都具备雄才大略，都有治理国家的志向，而他们教育告诫子弟，都是意旨简约，往卑微处着想，非常收敛抑制。

【评析】

曾国藩认为做人应韬光养晦。所谓"木秀于林，风必摧之"，一个人锋芒太露，很容易招致他人的嫉恨，并最终为自己带来祸患。孔子谆谆告诫要"温、良、恭、俭、让"，实际上也就有藏锋的意思在里面。

深藏不露的人，好像他们都是平庸之人，都胸无大志，实际上只是他们不肯在言语上露锋芒，在行动上露锋芒而已。因为他们有所顾忌，言语露锋芒，便要得罪旁人，得罪旁人，旁人便成为阻力，成为破坏者；行动露锋芒，便要惹来旁人的妒忌，旁人妒忌，也会成为阻力，成为破坏者。表现本领的机会，不怕没有，只怕把握不牢，只怕做的成绩不能使人特别满意。《周易》曰："君子藏器于身，待时而动。"无此器最难，而有此器，就不患无此时。只是额上生角，必触伤别人，不磨平触角，别人必将力折，角被折断，其伤必多。锋芒就是额上的角，既害人，也伤己。

【史例解读】

荒淫无道，自食恶果

春秋时，晋献公在征伐骊戎时，俘获了一个骊女，封为骊姬。晋献公非常宠爱她，被她所迷惑，导致太子申生上吊自杀，公子重耳和夷吾逃亡在外，秦国大举入侵。后来晋国在重耳的重新执政下，才成为诸侯的霸主。可以说，晋国五世之乱，都是由骊姬蛊惑挑拨造成的。《史记》载：吴国攻破越国后，越国人将西施进献给吴王夫差，请求退兵，吴王答应了他们。此后，吴王沉溺于美色当中，朝政荒废，并且拒绝听取伍子胥的忠告；越王勾践却时时怀有复国之心，卧薪尝胆，二十二年后，一举进攻灭掉吴国。夫差收纳了西施，因而自取灭亡。

汉成帝喜爱能歌善舞的赵飞燕，将其召入宫中，宠爱她，沉溺于这"温柔乡"中不能自拔，并愿终老于此。赵飞燕的妹妹合德也是绝世佳人，汉成帝周旋于两位美人中乐不思蜀。披香博士淖方成大骂："此祸水，灭火必矣。"不久以后，汉成帝果然驾崩了，做了"温柔乡"中的风流鬼。

唐武后十四岁时很美，唐太宗将她召入宫中，并封为才人，后来太宗驾崩，她出家为尼。唐高宗惊其美艳，又将她召回宫中，封为昭仪，继而立皇后。高宗死后，唐武后废了中宗，自己称帝，并将国号由"唐"改为"周"，唐朝的命运差点葬送在她手中。后来武则天八十岁时死了，中宗复国，唐朝的国运才重新振兴。

唐玄宗宠爱杨贵妃，荒淫无度，并纵容她收胡人安禄山为养子，加官晋爵。后来安禄山反叛，扰乱中原，攻陷长安，皇帝出逃，贵妃在马嵬驿被赐死。这一切灾难都可以归结为玄宗过分宠爱杨贵妃的结果。

《左传》记载：宣公九年，陈灵公与孔宁、仪行父同大夫御叔的妻子夏姬私通，并将进谏的大夫泄治杀害，最终他们自己也惹下了杀身之祸。鲁桓公元年，宋太宰华父督在路上看到孔父嘉的妻子，一直目送着她，并赞叹其"美而艳"，后来把孔父嘉杀死，夺其妻子。不过最终他也逃脱不了被杀的命运。所以说历史上败家亡国，自取灭亡，多数都是女色招来的祸乱。

心不为利所诱

赵柔，字元顺，北魏金城（今甘肃省兰州市）人。年少时就在当地很有名气，以德行和才学识见成名。后来出任著作郎，官至河内太守。很有诚信，惠泽百姓，为世人所称颂。

赵柔曾经在路上拾到金珠一贯，价值相当于数百匹丝绢，他丝毫不为这种意外之财动心，当即追上失主送还给他。后来朋友送给他数百枚铧，赵柔就和儿子拿到市场上卖掉。有人从赵柔手里购买，每只铧只要价素绢二十匹。有个商人看到他的价格便宜，认为有利可图，就提出每只铧按三十匹绢的钱付款全部收购。他的儿子善明觉得也很合理，就准备成交，并想收回已经卖出的铧。赵柔说："做生意就像做人，一言既出，就应当守信，怎么能因为利益就做出改变呢？"地方上的名流和平民，听到这件事后，从内心敬重佩服赵柔。

樊重，字君云，南阳郡湖阳（今河南省唐河县西南湖阳镇）人。祖先是周朝的仲山甫，封于樊地，便以樊为姓。樊重继承了祖上世代善于耕作和经商的传统，家财殷富。他为人温和、厚道，乐善好施，赈赡宗族，恩加乡里。临终时让家人焚毁借据文契，不再追讨。被后人称为"君子之富"的楷模。

樊重治理家业严格、公正，一家三代没有分过家，子孙早晚都要向长辈行礼问候，礼仪规矩就像官府一样严整。经营家业，物尽其用，节俭持家。全家上下同心合力，各自尽力做好应做的事。因此，家道兴隆，财富每年成倍增长，拥有土地达到三百多顷。据说，他家准备制作家用器具等日常用具，于是就提早做出谋划，自己种植梓树和漆树，邻居们笑话他迂腐。但是几年后，梓树和漆树长成材了，木材、油漆都能自给自足。曾经嘲笑他的人才佩服他的远见，也来向他借用梓木、油漆。就这样，樊重家越来越富。他的外孙何氏兄弟因分家，而争夺财产，互不相让，樊重就送给他们土地。他平时借给别人的钱计有百万之多，在他八十多岁去世时，嘱咐家人将借贷文契统统烧掉。

史官评价樊重时写道：从前楚顷襄王问阳陵君："什么是君子之富？"阳陵君回答说："君子之富，就是给予别人恩惠不自认为是有德，也不图谋得到别人的报答；赡养别人而不把别人当作工具驱使。亲戚友爱，众人敬重。"那么，樊重应该可以称为君子之富吧！

卷十七 · 藏锋

卷十八

盈虚

曾国藩深悉月满则亏、水满则溢、人满则败的道理，大自然及世间万事万物的发展都遵循这个规律。不求十全十美，懂得功成身退，所以他能做到持盈保泰。

【原文】

尝观《易》之道，察盈虚消息之理，而知人不可无缺陷也。日中则昃，月盈则亏，天有孤虚，地阙东南，未有常全而不缺者。"剥"也者，"复"之几也，君子以为可喜也。"夬"也者，"姤"之渐也，君子以为可危也。是故既吉矣，则由吝以趋于凶；既凶矣，则由悔以趋于吉。君子但知有悔耳。悔者，所以守其缺而不敢求全也。小人则时时求全；全者既得，而吝与凶随之矣。众人常缺，而一人常全，天道屈伸之故，岂若是不公乎？

【译文】

我曾经思考《周易》中所讲的道理，探究盈虚损益的道理，这才知道人不可能没有缺陷。中午时分太阳就会逐渐向西落下，月亮到了圆满就会开始亏缺，天空有空旷无依之处，大地没有东南尽头，所以世界上没有总是十全十美的事物。《周易》中的"剥"卦，是讲阴盛阳衰，小人得势而君子困顿，可这正孕育着相对应的"复"卦，即阳刚重返、生机蓬勃，所以君子认为得到"剥"卦是可喜的。《周易》中的"夬"卦，是讲君子强大，小人逃离，可是这也暗藏着"姤"卦，即阴气入侵，小人卷土重来，所以君子认为得"夬"卦，也潜伏着危险，不能掉以轻心。本来是吉祥的，由于吝啬可以走向不祥。本来是不祥，由于悔改而又向吉祥发展。君子只有知道有灾祸，知道世上有许许多多不吉祥的灾祸，才可以忍受得住缺陷而不去追求过于完美的东西。小人不懂得这个道理，时时要追求完美；完美既然得到了，而吝惜和不吉也就跟着来了。如果众人都有不足，而一人常十全十美，老天爷的处事，难道会如此不公平吗？

【评析】

古人深晓阴阳相生、祸福相长的道理。所谓"否极泰来"，就是说事物坏到一定程度就会向好的方面转化。月满则亏，水满则溢，人满则败，大自然及世间万事万物的发展都遵循这个规律。

曾国藩深悉"盈虚"之间的转换之理，不求十全十美，只求平稳退路。认为平定大功足以"千古"，其他则听之任之，而关键是怎样收场。曾国藩深受儒家入世思想的影响，角逐功名，治国平天下。但他也受老庄出世思想的影响,委曲求全,明哲保身。当他叱咤风云时,俨然一儒者;当他功成身退时,仿佛一道家。有伸有屈,有进有退,乃是明智之举。

【史例解读】

孙武功成身退

孙武也就是孙子,出生于约公元前535年,字长卿,后人又尊称孙武子,《孙子兵法》的作者,著名的军事家。

孙武出生在齐国,后被伍子胥推荐到吴国为官。当时的楚国是中原诸国中的强国,伍子胥为了替父报仇一直筹划攻打楚国,孙武在对楚国的攻战中充分发挥了他的军事才能,不但击败楚国,而且攻下了当时的楚国国都郢都,致使楚国一蹶不振。

破楚凯旋以后,吴王想论功行赏,按功劳孙武第一,但是孙武说什么也不接受,下决心归隐山林。吴王深觉不甘,再三挽留,但是孙武执意要走。吴王于是派出了伍子胥去劝说,孙武见伍子胥来了,就让左右的人都退下,推心置腹地对伍子胥说:"你知道自然规律吗?夏天去了则冬天会来,吴王从此会仗着吴国之强盛四处攻击,当然战无不利,不过从此骄奢淫逸之心也就冒出来了。要知道功成身退,不然会有后患。现在我不但是想自己隐退还想劝你一起隐退。"

可是伍子胥不以孙武的话为然,孙武和伍子胥话不投机,也就不再多说。随后孙武飘然隐去,从此不知所归。

后来果如孙武所料,伍子胥被吴王夫差处死,头颅挂在了城门上。吴王夫差也在和越王勾践争霸中,先胜后败,最后身死国灭。

【原文】

天下事焉能尽如人意?古来成大事者,半是天缘凑泊,半是勉强迁就。金陵之克,亦本朝之大勋,千古之大名,全凭天意主张,岂尽关乎人力?天于大名,吝之惜之,千磨百折,艰难拂乱而后予之。老氏所谓"不敢为天下先"者,即不敢居第一等大名之意。弟前岁初进金陵,余屡信多危悚儆戒之辞,亦深知大名之不可强求。

今少荃二年以来屡立奇功,肃清全苏,吾兄弟名望虽减,尚不致身败名裂，便是家门之福。劳师虽久而朝廷无贬辞，大局无他变，即是吾兄弟之幸。只可畏天知命，不可怨天尤人。所以养身却病在此，所以持盈保泰亦在此。

【译文】

天下事怎能尽如人意？自古以来成就大业的人，一半是天缘相助，另一半是勉强迁就。攻克南京，也是本朝的大功勋，千古的大功名，这全都是凭借上天意旨做主，怎么会完全由人力决定呢？上天对于大功名，很吝惜，经千百次折磨、艰难动乱之后才能获得。老子所说的"不敢为天下先"这句话，就是说不敢身居天下第一等大功名的意思。弟弟前年刚进入南京，我写的信中大多是恐惧敬诫的话，也深深知道名望是不能强求的。

少荃自同治二年以来屡建奇功，肃清江苏全境，我们兄弟的名誉声望虽然有所降低，还不至于身败名裂，这就是家门的福分。让军队疲惫无力的时间已经很长久了，而朝廷并没有贬斥之词，全局没有其他变故意外，这就是我们兄弟值得庆幸的事。只应该敬畏上天，认识天命，可不能埋怨上天，怪罪别人。这是我们用来保养身体、消除疾病的方法，这是我们用来维持圆满、保持安泰的方法。

【评析】

人生不如意之事十之八九，功名利禄不是自己说想要就能立即得到的，需要经历艰苦的付出才能获得。曾国藩一方面执着追求功名富贵，一方面又善于在"名利两淡"的"淡"上下功夫，讲求功成身退，所以他能做到持盈保泰。

【史例解读】

刘邦蓄势待发屈己图大业

秦朝末年，刘邦率众起义，进占沛县。城中父老想推举他为县令，呼声甚高。

刘邦推辞说："当今天下大乱，各路诸侯并起反秦，如果选择首领不当，就会一败涂地。我不是爱惜自己的性命，只是担心自己才能低下，不能保全沛县的父老乡亲。这件大事，还请各位慎重考虑，推举可以胜任的人来做沛县的县令。"

在场的萧何、曹参都是文官，他们顾虑重重，担心大事不成，反被秦朝诛灭全家。同时，两人又深知刘邦能成大事，便极力推举刘邦。

沛县的百姓们也对刘邦说："我们早就听说过，日后您定是大富大贵之人。况且我们已经占卜过了，没有人比您更为吉利。如果您不当县令，还有谁能当呢？"

刘邦又多次推辞，但别人谁也不敢担此重任，最终还是刘邦做了沛公。

秦被灭后，项羽分封诸侯，又把刘邦封为汉王，并拨给刘邦三万兵马（原来刘邦有十万），随同他前往汉中。众人皆不服，认为这是项羽借机削弱他，都主张与项羽决一死战，而刘邦却接受封号，前往汉中。

刘邦率这些人马前往汉中，可选的路线有两条：一是直往南，走通往汉中的谷道，南端的谷口是汉中的南康县；一是向西到达眉县西南，走斜谷，再入褒谷。刘邦选择了从杜南经蚀中然后西行到达眉县，由眉县西入斜谷，经斜谷再由关中到达汉中。

刘邦与将士们一路西行，到达眉县西南，随后大军有序进入斜谷。斜谷道路狭窄，泥土带着湿气，几万大军一字行于峡谷之中，蜿蜒有十余里之长。

自进入斜谷，穿越秦岭，又是一番景象。谷底的两侧是令人望而生畏的悬崖峭壁，飞鸟哀鸣猿猴啼，一片凄凉景象。只有头顶上的那一线天空，还能让士卒们寄予希望。行进在峭岩陡壁的栈道上，下面就是万丈深渊，人马从这上面颤巍着走过。第一次走这种栈道的士兵，眼睛都不敢往栈道下边看，只是闭着眼睛往前走。

途中，将士们一个个都很沉闷，不知道所谓的汉中到底在哪里，离家乡有多远，辛苦征战了这么多年，为什么会被遣往汉中。心中有着一丝忧虑，又有几分恐惧，可终归还是觉得自己的生路只能系在这一线天空的前方。

当将士们将要走出斜谷时，人们回首顾盼，都深深地出了一口长气，高兴地祝贺，大家一个个发誓要打回老家，与项羽血战到底。等士兵度过栈道时，刘邦却下令把栈道全部烧毁，这一下，将士们都迷惑不解，可又无法辩驳，只得听命行事。霎时间，谷内浓烟滚滚，火光冲天，古栈道就此毁于一旦。

汉王刘邦这才向众人解释，项羽的探子就在身后，不烧毁就不能消除他的疑虑。等日后势力壮大，大家再重修栈道，打回老家。将士们这才如梦方醒，纷纷交口称赞。

果然，项羽听说此事，对刘邦放松了警惕。刘邦趁机在汉中休养生息，招兵买马，势力逐渐壮大。最后，刘邦重返中原，大败项羽，建立汉王朝，是为汉高祖。

沛县父老推举刘邦为沛公，他并非不乐意，而是行以退为进之策，试一试众人是否真的服他。造反是灭门大罪，如果众人不服，必然不成，还是不干为妙；只有众人心服，才利于管束和指挥。同样，进驻汉中，火烧栈道，也是以退为进，最后终成大事。

所以，不露锋芒，只是一个人成大事的手段，而不是毫无进取的态度；偏安一隅，只是蓄势待发的预备过程，而不是苟且偷生行尸走肉地活着。刘邦做到了，就成功了。这也蕴含着一个不容忽视的道理，那就是：忍耐一时，自然会风光一世。

待时而起终成大业

春秋时期，楚国的储君，也就是楚庄王在登基后，为了观察朝野的动向，也为了让别国对他放松警惕，当政三年以来，没有发布一项政令，在处理朝政方面没有任何作为，朝廷百官都为楚国的前途担忧。

楚庄王不理政务，每天不是出宫打猎游玩，就是在后宫里和妃子们喝酒取乐，还不允许任何人劝谏，他通令全国："有敢于劝谏的人，就处以死罪！"

楚国主管军政的官职是右司马。当时，有一个担任右司马的人，看到天下大国争霸的形势对楚国很不利，就想劝谏楚庄王放弃荒淫的生活，励精图治，使楚国成为继齐国、晋国之后的强国。然而，他又不敢触犯楚庄王的禁令去直接劝谏，他绞尽脑汁也没有想出使楚庄王清醒过来的办法。

一天，他看见楚庄王和妃子们做猜谜游戏，楚庄王玩得十分高兴。他灵机一动，决定用猜谜语的办法，在游戏娱乐中暗示楚庄王。

次日上朝，楚庄王还是一言不发，这位右司马陪侍在旁。就在庄王准备宣布退朝的时候，他给楚庄王出了个谜语，他说："奏王上，臣在南方时，见到过一种鸟，它落在南方的土岗上，三年不展翅、不飞翔，也不鸣叫，沉默无声，这只鸟叫什么名字呢？"

楚庄王知道右司马是在暗示自己，就说："三年不展翅，是在生长羽翼；不飞翔、不鸣叫，是在观察民众的态度。这只鸟虽然不飞，一飞必然冲天；虽然不鸣，一鸣必然惊人。你回去吧，我知道你的意思了。"

楚庄王感觉到大臣们要求富国强兵的心情十分迫切，认为自己整顿朝纲、重振君威的时机已经到来。半个月后，楚庄王上朝，亲自处理政务，废除十项不利于楚国发展的刑法，兴办了九项有利于楚国发展的事物，诛杀了五个贪赃枉法的大臣，起用了六位有才干的读书人当官参政，把楚国治理得很好。

国内政局好转，于是他便发兵讨伐齐国，在徐州战败了齐国。又出兵讨伐晋国，在河雍地区，同晋军交战，楚军取得胜利。

最后，在宋国召集诸侯国开会，自此楚国便代替了齐、晋两国，成为天下诸侯的霸主。

【原文】

谆谆慎守者但有二语，曰"有福不可享尽，有势不可使尽"而已。福不多享，故总以俭字为主，少用仆婢，少花银钱，自然惜福矣；势不多使，则少管闲事，少断是非，无感者亦无怕者，自然悠久矣。余斟酌再三，非开缺不能回籍。平日则嫌其骤，功成身退，愈急愈好。

【译文】

让大家严格遵守的只有两句话，那就是"有福分不可享受完，有权势也不能用光"。有福而不过分享用，就是要以勤俭节约为主，少用仆人，少花银钱，自然就是珍惜福分了；有权势而不过多实施，少管闲事，少评判是非，没有人感谢你也没有人惧怕你，你就自然可以长久了。我还在再三考虑，不辞职就不能回家乡休养。平日里总嫌这样做太仓促，但是成就功业以后引退，则是要越快越好。

【评析】

曾国藩认为，现有福分和权势不能一下子用完。所谓珍惜福分，就是过着俭朴的生活，不铺张浪费，不花费无谓的钱财。所谓珍惜权势，就是不滥用权力，对事情不妄加评判，少惹是生非。他说"有福不可享尽，有势不可使尽"，表明他为官做人的原则，也是他叱咤官场几十年的经验所在。

【史例解读】

王藻弃官归隐为清廉

　　潼州（今四川省绵阳市）管理狱事的官吏王藻，有个既贤淑又富正义感的妻子。王藻每天回家总要携带一些银钱来，妻子便怀疑他在办案时受贿枉法，她曾旁敲侧击地追问过，也曾以假乱真地试探过，但丈夫不是搪塞她，就是迁怒于她，夫妻间常因此而不愉快。

　　既然丈夫不讲实情又不改过，说服他的唯一办法，只能是让他在事实面前低头。这天，妻子叫婢女梅香给丈夫送去了十只猪蹄。王藻乐不可支，他正愁午饭没酒菜呢。美酒佳肴时光快，转眼一天结束了，王藻美滋滋地进了家。"那十三只猪蹄，你吃着味道怎样啊？"妻子在王藻喝茶时，得意地问。

　　王藻一听急了："分明是十只，怎么是十三只？"不等妻子解释，就把梅香喊了过来，劈头问道："大胆婢女，说，那三只猪蹄哪去了？"

　　梅香立时红了脸，急辩道："夫人让我送去了十只猪蹄呀！""夫人说是十三只，而你送去的是十只，那三只呢？"

　　王藻以为梅香偷吃了三只，再三追问，梅香死活不承认有十三只猪蹄。王藻便按照惯例，毒打梅香。梅香痛不过，只得含冤招认自己吃了三只猪蹄。王藻对妻子说："婢女招认了，确实是十三只猪蹄，她偷吃了三只。"

　　妻子默默不语，低头哭泣了一会儿，含泪言道："我总算明白你因何携带银钱回家了！现在，我的怀疑也得到了证实。"见王藻要开口，妻子摆手阻止："你沉住气听我说，若我冤枉了你，随你发落。对一些案件，你用酷刑逼供，犯人受不住时，要么含冤招供，要么花钱来买通你，让你减轻刑罚。我多次问你，你避而不说，我只好用婢女送猪蹄的事来试你一下，婢女果然屈打成招了！由此看来，在酷刑的折磨下，有哪一项罪名敢不招认呢？你想想为妻有没有冤枉你？"王藻无言以对，惭愧地低下了头。

　　妻子真诚进言道："为官要清正才能名垂青史，不义之财再多也分文不值！愿你以后再也不要带银钱回来了！"说完，她把一些钱递给丈夫，让他送给梅香，并向梅香赔礼道歉。

　　王藻一一照办，并在壁上题诗以表悔过的决心。诗为："从今不愿持刀笔，放下归来游翠林。"夫妻俩把钱财分给了穷人，又变卖了房屋，离开了潼州。王藻弃官为民，和妻子远走他乡了。

曾国藩功成身退以自保

太平天国起义爆发后，清政府曾多次派正规军八旗兵和绿营兵去镇压。但是，八旗、绿营却在太平军面前连连败北。为了对付太平军，清廷想了个新招，命令全国各省立即兴办地方团练，共同对付太平军。

当时，曾国藩是清廷的在籍侍郎，因为母亲病故，在老家湖南湘乡守丧。他得知清廷命令各省可以兴办地方团练的消息后，便以在籍侍郎的资格受命帮办湖南团练。没过多久，一支以洋枪洋炮装备的军队出现在湖南大地，这支军队叫作湘军，由水师和陆师组成。

湘军是曾国藩一手打造的，湘军与清政府的其他军队完全不同。清政府的八旗兵和绿营兵皆由政府编练，遇到战事，清廷便调遣将领，统兵出征，事毕，军权缴回。湘军则不然，其士兵皆由各哨官亲自选募，哨官则由营官亲自选募，而营官都是曾国藩的亲朋好友、同学、同乡、门生等。由此可见，这支湘军实际上是"兵为将有"，从士兵到营官所有的人都绝对服从于曾国藩一个人。这样一支具有浓烈的个人隶属色彩的军队，任何别的团体或个人要调遣它，是相当困难甚至不可能的。

湘军成立后，立即把攻击的矛头指向太平军。在曾国藩的指挥下，湘军依仗洋枪洋炮攻占了太平天国的部分地区。为了尽快将太平天国起义镇压下去，在清朝正规军无能为力的情况下，清廷于1861年11月任命曾国藩统率江苏、安徽、江西、浙江4省的军务，这4个省的巡抚（相当于省长）、提督（相当于省军区司令）以下的文武官员，皆归曾国藩管制。自从有清以来，汉族人获得的官僚权力，最多是管辖两三个省，因此曾国藩是清以来获得最大权力的汉族官僚。对此，曾国藩并没有洋洋自得，他头脑非常清醒，时时怀着戒惧之心，居安思危，审时韬晦。

事实上，曾国藩的韬晦是非常必要和重要的，因为当曾国藩率湘军攻占湖北省城武昌的消息上报到清廷时，朝廷上下反应不一。咸丰皇帝喜形于色，对身边的大臣们说："没有想到曾国藩这样一个书生，竟有这样大的本事，建立如此丰伟功绩。"众大臣听皇帝夸奖曾国藩，不仅产生了妒意，而且还有了戒备之心，怕曾国藩危及自己的既得利益。因此，有的人在皇帝夸奖曾国藩后就不失时机地提醒咸丰帝说："曾国藩在家为其母守丧时，已不是清廷的官员。这样一个在籍侍郎居然能一呼百应，从者万人，此恐非国家之福。"本来很高兴的咸丰皇帝听到这么一说，脸色立即由晴转阴，长时间陷入沉思，一语不发。曾国藩对清廷皇帝、大臣们的心理是很了解的，所以他在取得了一定成绩时，没有喜形于色，而是非常谨慎。

太平天国起义被镇压之后，曾国藩因为作战有功，被封为毅勇侯，世袭罔替。这对曾国藩来说，真可谓功成名就。但是，曾国藩此时并未感到春风得意、飘飘然，相反，他却感到十分惶恐。他在这个时候不是陶醉于自己的成绩和名利，而是担心功高招忌，遭受狡兔死、走狗烹的厄运。他想到了中国历史上曾有许多身居高位的重臣，因为不懂得功成身退而身败名裂。曾国藩决心以历史为镜，在功成名就之时，妥筹保身良策。曾国藩思来想去，采取了如下行动：

一方面他写信给其弟曾国荃，嘱咐其将来如有机缘，尽快抽身引退，方可"善始善终，免蹈大戾"。曾国藩叫弟弟认真回忆一下湘军攻陷天京后是如何渡过一次政治危机的。湘军进了天京城后，大肆洗劫，城内金银财宝，其弟曾国荃抢得最多。左宗棠等人据此曾上奏弹劾曾国藩兄弟吞没财宝罪，清廷本想追查，但曾国藩很知趣，进城后，怕功高震主，树大招风，急办了三件事：一是盖贡院，当年就举行科考，提拔江南人士；二是建造南京旗兵营房，请北京的闲散旗兵南来驻防，并发给全饷；三是裁撤湘军4万人，以示自己并不是在谋取权势。这三件事一办，立即缓和了多方面矛盾，之前准备弹劾他的人都不上奏弹劾了，清廷也只好不再追究。这就是曾国藩叫弟弟认真回忆的那次政治危机。现在他写信给弟弟，要他尽快抽身引退，也是一种保全自己的上上之策。

另一方面他上折给清廷，说湘军成立和打仗的时间已经很长了，难免沾染上旧军队的恶习，且无昔日之生气，奏请将自己一手编练的湘军裁汰遣散。曾国藩想以此来向皇帝和朝廷表示：我曾某人无意拥军，不是个谋私利的野心家，是位忠于清廷的卫士。曾国藩的考虑是很周到的，他在奏折中虽然请求遣散湘军，但对他个人的去留问题却只字不提。因为他知道，如果自己在奏折中要求留在朝廷效力，必将有贪权之疑；如果在奏折中明确请求解职回归故里，那么会产生多方面的猜疑，既有可能给清廷留下他不愿继续为朝廷效力尽忠的印象，同时也有可能招致清廷猜忌，担心他被原湘军将领推举为领袖而成为朝廷心腹大患。

其实，太平天国被镇压后，清廷就准备解决曾国藩的问题。因为他拥有朝廷不能调动的强大军队，对清廷是一个潜在威胁。清廷的大臣们是不会放过这个问题的。如果完全按照清廷的办法去解决，不仅湘军保不住，曾国藩的地位肯定也保不住。

　　正在朝廷琢磨着如何解决这个问题时，曾国藩的主动请求，正中统治者的下怀，于是下令遣散了大部分湘军。由于这个问题是曾国藩主动提出来的，因此在对待曾国藩个人时，仍然委任他为清政府的两江总督。

中华传统文化核心读本书目

【处世经典】

《论语全集》
享有"半部《论语》治天下"美誉的儒家圣典
传世悠久的中国人修身养性安身立命的智慧箴言

《大学全集》
阐述诚意正心修身的儒家道德名篇
构建齐家治国平天下体系的重要典籍

《中庸全集》
倡导诚敬忠恕之道修养心性的平民哲学
讲求至仁至善经世致用的儒家经典

《孟子全集》
论理雄辩气势充沛的语录体哲学巨著
深刻影响中华民族精神与性格的儒家经典

《礼记精粹》
首倡中庸之道与修齐治平的儒家经典
研究中国古代社会情况、典章制度的必读之书

《道德经全集》
中国历史上最伟大的哲学名著,被誉为"万经之王"
影响中国思想文化史数千年的道家经典

中华传统文化核心读本书目

《菜根谭全集》
旷古稀世的中国人修身养性的奇珍宝训
集儒释道三家智慧安顿身心的处世哲学

《曾国藩家书精粹》
风靡华夏近两百年的教子圣典
影响数代国人身心的处世之道

《挺经全集》
曾国藩生前的一部"压案之作"
总结为人为官成功秘诀的处世哲学

《孝经全集》
倡导以"孝"立身治国的伦理名篇
世人奉为准则的中华孝文化经典

【 成功谋略 】

《孙子兵法全集》
中国现存最早的兵书,享有"兵学圣典"之誉
浓缩大战略、大智慧,是全球公认的成功宝典

《三十六计全集》
历代军事家政治家企业家潜心研读之作
中华智圣的谋略经典,风靡全球的制胜宝鉴

中华传统文化核心读本书目

《鬼谷子全集》
风靡华夏两千多年的谋略学巨著
成大事谋大略者必读的旷世奇书

《韩非子精粹》
法术势相结合的先秦法家集大成之作
蕴涵君主道德修养与政治策略的帝王宝典

《管子精粹》
融合先秦时期诸家思想的恢弘之作
解密政治家齐家治国平天下的大经大法

《贞观政要全集》
彰显大唐盛世政通人和的政论性史书
阐述治国安民知人善任的管理学经典

《尚书全集》
中国现存最早的政治文献汇编类史书
帝王将相视为经时济世的哲学经典

《周易全集》
八八六十四卦,上测天下测地中测人事
睥睨三千余年,被后世尊为"群经之首"

中华传统文化核心读本书目

《素书全集》
阐发修身处世治国统军之法的神秘谋略奇书
以道家为宗集儒法兵思想于一体的智慧圣典

《智囊精粹》
比通鉴有生活，比通鉴有血肉，堪称平民版通鉴
修身可借鉴，齐家可借鉴，古今智慧尽收此囊中

【文史精华】

《左传全集》
中国现存的第一部叙事详细的编年体史书
在"春秋三传"中影响最大，被誉为"文史双巨著"

《史记·本纪精粹》
中国第一部贯通古今、网罗百代的纪传体通史
享有"史家之绝唱，无韵之离骚"赞誉的史学典范

《庄子全集》
道家圣典，兼具思想性与启发性的哲学宝库
汪洋恣肆的传世奇书，中国寓言文学的鼻祖

《容斋随笔精粹》
宋代最具学术价值的三大笔记体著作之一
历史学家公认的研究宋代历史必读之书

中华传统文化核心读本书目

《世说新语精粹》
记言则玄远冷隽，记行则高简瑰奇
名士的教科书，志人小说的代表作

《古文观止精粹》
囊括古文精华，代表我国古代散文的最高水准
与《唐诗三百首》并称中国传统文学通俗读物之双璧

《诗经全集》
中国第一部具有浓郁现实主义风格的诗歌总集
被称为"纯文学之祖"，开启中国数千年来文学之先河

《山海经全集》
内容怪诞包罗万象，位列上古三大奇书之首
山怪水怪物怪，实为先秦神话地理开山之作

《黄帝内经精粹》
中国现存最早、地位最高的中医理论巨著
讲求天人合一、辨证论治的"医之始祖"

《百喻经全集》
古印度原生民间故事之中国本土化版本
大乘法中少数平民化大众化的佛教经典